作者简介

谭智心　湖南常德人，中国人民大学管理学博士。现就职于农业部农村经济研究中心，副研究员。兼任第七届中国农村合作经济管理学会理事、中国农业经济学会青年委员会委员、北京农业经济学会理事，央视网、凤凰网特约评论员。主要研究方向：农村合作经济、农业政策分析。曾主持国家级课题1项，省部级课题4项，中农办、农业部等相关部门委托研究项目10余项。出版著作3部，参编著作20余部，在核心期刊发表研究论文50余篇。

谭智心◎著

联合的逻辑

农民合作社联合社运行机制研究

人民日报学术文库

人民日报
出版社

图书在版编目（CIP）数据

联合的逻辑：农民合作社联合社运行机制研究 /
谭智心著 . —北京：人民日报出版社，2017. 11
ISBN 978 - 7 - 5115 - 5134 - 4

Ⅰ. ①联… Ⅱ. ①谭… Ⅲ. ①农业合作社—研究—中国
Ⅳ. ①F321. 42

中国版本图书馆 CIP 数据核字（2017）第 298206 号

书　　名：联合的逻辑：农民合作社联合社运行机制研究
著　　者：谭智心

出 版 人：董　伟
责任编辑：刘天一
装帧设计：中联学林

出版发行：人民日报出版社
社　　址：北京金台西路 2 号
邮政编码：100733
发行热线：（010）65369509　65369846　65363528　65369512
邮购热线：（010）65369530　65363527
编辑热线：（010）65369518
网　　址：www. peopledailypress. com
经　　销：新华书店
印　　刷：三河市华东印刷有限公司

开　　本：710mm×1000mm　1/16
字　　数：236 千字
印　　张：15
印　　次：2018 年 4 月第 1 版　　2018 年 4 月第 1 次印刷

书　　号：ISBN 978 - 7 - 5115 - 5134 - 4
定　　价：68. 00 元

前　言

　　自 2007 年 7 月 1 日《中华人民共和国农民专业合作社法》颁布实施,至今已有 10 年时间。这段时间是我国农民专业合作社(以下简称《合作社联合社》或"联合社")发展的黄金时期,截止到 2017 年 7 月,我国工商部门注册登记的农民合作社达到 193.3 万家,是 2007 年底的 74 倍。加入合作社的农户数量超过 1 亿户,约占我国农户总数的 46.8%。随着农民合作社数量的不断发展壮大,农民合作社联合社的成立与发展逐渐具备了成员基础,走向联合成为农民专业合作社发展的必然趋势。据农业部初步统计,目前我国农民合作社联合社已经成立了 7200 多家,涵盖农民专业合作社 9.4 万多个,带动农户超过 560 万户。联合社广泛分布于种植、养殖、农机、植保、加工等各个领域,成为我国发展现代农业、繁荣农村经济、增加农民收入的重要组织力量。

　　虽然我国农民合作社联合社在基层的自发探索,积累了很多宝贵经验,但仍处于发展初期,中央和地方政府指导和支持农民合作社联合社发展的政策体系尚未建立,联合社的发展方向、内部结构、治理机制、监管监督、支持引导等具体事宜均未明确。当前,国家层面已经启动修法程序,农民合作社联合社的相关内容将成为《中华人民共和国农民专业合作社法》修订的主要内容之一。在法律修订之前,对农民合作社联合社进行深入、系统的研究,意义重大。

　　本书将从我国农民合作社联合社的运行实践出发,分析总结目前我国农民合作社联合社的不同契约类型,从农民合作社联合社的成因、产权、治理、运行、绩效等方面对联合社的运行机制进行全方位的剖析,并借鉴国际合作社联盟和部分发达国家联合社(会)成功运行的典型经验,为我国相关部门研究制定关于农民合作社联合社的法律修订及政策建议提供参考。

本书共分为9章。

第1章为绪论部分。本部分介绍了研究的背景及意义;对已有的研究文献进行了梳理回顾,总结了已有研究的不足,提出了下一步的研究方向;对本书的研究方法、技术路线和可能的创新进行了说明。

第2章介绍和分析了目前我国农民合作社联合社实践中出现的4种契约类型。研究表明,按照我国农民合作社联合社内部的契约联结机制,可将其分为生产型联合、营销型联合、产业链型联合、综合型联合4种类型。生产型联合社能够利用农资大批量采购成本节约和现代化生产现代采用管理技术的优势,降低成员合作社的生产运营成本;能够获得产品销售的谈判能力,提高成员合作社的产品销售价格;但向产业链下游拓展的能力比较有限。营销型联合社可以减少中间环节,为农产品直供直销奠定基础;可以改善专业合作社的"卖难"问题,改变每个合作社都要跑市场、搞销售的弊端;可以摊薄运营成本、创立联合品牌、提高经营效益;缺点在于合作社之间的利益联结方式较为松散。产业链型联合社有助于减少成本、保障货源、稳固销售渠道,能够很快发展成为有规模、有效益的利益共同体。但位于产业链条上同一环节的合作社交流有限,可能会造成成员合作社的"企业依赖症",不利于组织的民主化建设。综合型联合社能够充分整合社区内的各种资源,有助于实现各专业合作社和其他成员的协调发展,但组织的开放性较差,吸纳成员受到地域限制。

第3章分析了我国农民合作社联合社的产生动因。研究表明,单个农民专业合作社向农民合作社联合社转变的动因,是实现组织转变过程中出现的"潜在利润"。实现此种转变的路径分为诱致性制度变迁和强制性制度变迁两种。联合社成员合作社的产品同质性越强,内部的谈判成本越低,民主机制越健全,越容易走诱致性制度变迁的道路;成员社的产品异质性越强,内部的主导主体过于强大,形成制度的环境对某个主体过于依赖的联合社,越容易走强制性制度变迁的路线。

第4章分析了我国农民合作社联合社的产权安排。研究表明,农民合作社联合社的财产主要来自成员出资、公积金、国家财政直接补助、他人捐赠以及合法取得的其他资产四个部分。联合社的产权契约具有不完全性特征,个体财产产权的界定不完全,而且权能缺失;公共财产产权的模糊性特征导致容易出现机会主义行为。联合社的产权安排是联合社内部成员之间缔结的组织契约,目的是攫取联合社产生的组织剩余("准租金"),获取农民合作社联合社"准租金"的制度安排就是联合社产权的产生与分配过程。联合社成员的要素资源禀赋对产权安排将产生一定程度的影响。

第5章分析了农民合作社联合社的治理机制。研究表明,农民合作社联合社的治理既要体现合作社的经典原则,也要体现联合社自身的特点。关于联合社的成员资格问题,建议顺应实践发展需求,在新修订的《中华人民共和国农民专业合作社法》中,对联合社的注册登记、成员管理、组织运行等问题予以明确,特别是对企业等资本利益代表加入联合社的行为进行限制,体现了联合社的为农服务属性和民主管理特征,为联合社的发展提供了法律保障。联合社的治理结构作为实现组织目标、组织控制权和剩余分配权的契约安排,受联合社交易特征、主体特性和制度环境的影响。联合社内部往往存在着所有者和经营者相分离的情况,所以"委托—代理"问题在联合社内部广泛存在。联合社理事长(代理人或经营者)的行为激励与自身经营产品占联合社的比重、对互惠关注的敏感性程度以及自身在盈余分配时所占的份额有关。

第6章分析了农民合作社联合社的运行方式。研究表明,按照农民合作社联合社内部利益联结机制的紧密性和松散性程度,可将联合社分为要素契约型和商品契约型两种类型。这两种契约类型在我国现阶段农民合作社联合社发展过程中同时存在,说明不同的联合社在不同发展阶段,需要采取不同的契约联结方式。这种联结方式能够有效降低联合社运行中的交易成本,实现组织目标和组织剩余。理论研究和实证分析均表明,农民合作社联合社对要素契约或商品契约的选择,受联合社产权结构、交易特征、治理结构、外部环境和交易成本的影响。

第7章分析了农民合作社联合社的组织绩效。研究表明,农民合作社联合社的组织绩效评价问题,不仅仅是评价一个联合社发展的优劣状况,而是在现阶段如何正确、合理、科学地看待联合社的发展和地位问题。对农民合作社联合社评价指标的设计,将成为未来对联合社给予指导和扶持的风向标。从联合社的本质属性和自身特点考虑,联合社的绩效评价体系可分为经济绩效、社会绩效和发展绩效三个维度。理论研究和案例分析均表明,联合社的组织绩效与其对商品型契约或要素型契约的选择有关,契约选择将通过组织的交易特性最终传导到组织绩效。

第8章研究了世界合作社联合组织对我国的启示。研究表明,合作社之间的联合与合作是历史发展的必然趋势;"民主控制"是当前国际合作社联盟对民主原则的准确表述,也较为适合我国农民合作社联合社的运行实践;不应回避联合社运作过程中的资本介入行为,要守住联合社"自治、自立"的基本底线;要充分发挥联合社扎根农村基层的组织优势,以联合社为载体实现更多服务功能。

第9章提出了农民合作社联合社的法律修订相关条款及政策建议。研究表明,将农民合作社联合社的相关问题纳入法律修订内容,是符合《中华人民共和国农民专业合作社法》修订程序和顺应我国联合社发展实践要求的重大举措,对我国未来的农民合作社发展事业具有积极意义。对联合社的法律修订相关条款建议是:一是将联合社纳入法律修订相关条款内容,明确联合社的组织原则、业务方向、联合规模、决策机制等方面的内容;二是在法律中规范关于联合社的相关概念与提法,做到与我国目前农民合作社和联合社的实践相符;三是明确联合社的成员资格,保证联合社的为农服务属性和联合社的民主管理特征;四是将组织决策中的"一人一票"原则改为"民主控制"原则,既与国际合作社联盟保持一致,也契合我国联合社的发展实践;五是增加信用合作相关内容,完善农民合作社联合社开展信用合作的范围和风险控制机制;六是调整联合社的政策导向,体现激励与监管并重的指导方针。

合作社之间的联合与合作,既是国际合作社联盟确定的"自愿和开放的社员""社员民主控制""社员的经济参与""教育、培训和信息服务原则""自治、自立""合作社间的合作""关心社区"合作社七项基本原则之一,同时也是世界各国在发展合作社过程中的普遍做法。当前我国出现的农民合作社联合社的基层实践表明,中国农民合作社与世界上其他国家合作社一样,具有实现发展壮大的内在需求。鉴于中国与世界其他国家有着不同的资源禀赋、社会文化和发展历程,应鼓励中国农民合作社联合社在发展过程中实现本土资源的优化配置和具有民族特点的制度创新,从而体现中国特色。

目 录
CONTENTS

第1章

绪　论

1.1　研究背景及意义

1.1.1　研究背景

2007年7月1日,《中华人民共和国农民专业合作社法》(以下简称《合作社法》)正式施行①,成为我国农民专业合作社发展历程上的里程碑事件。该法的核心要旨在于明确我国农民专业合作社的市场法人主体地位,为我国农民专业合作社的成立、运营和发展提供法律依据。法律还专门从项目安排、财政扶持、金融服务、税收减免等方面,明确规定相关部门要为农民专业合作社发展提供政策扶持。在《合作社法》的引导下,中央和地方有关部门纷纷出台扶持政策,为我国农民专业合作社日益壮大创造了良好的政策环境。

在有法可依和政策支持的有利背景下,我国农民专业合作社迎来了难得的发展契机,合作社如雨后春笋般不断涌现,并呈现出快速发展态势。农业部提供的数据显示,2007年《合作社法》颁布实施以后,当年年底在工商部门注册的农民专业合作社才2.6万家,到2008年底(合作社法施行一年后)发展至11万家,1年多的时间增长了4倍。2009年底农民专业合作社的数量比2008年底又翻了一番,

---

① 《中华人民共和国农民专业合作社法》由中华人民共和国第十届全国人民代表大会常务委员会第二十四次会议于2006年10月31日通过,并于2007年7月1日起开始施行。

截止到"十一五"末(2010年底),全国在工商部门登记的农民专业合作社达到37.91万家,实有入社农户约2900万户,约占全国农户总数的11%。"十二五"时期(2011—2015年)是我国农民合作社①发展的黄金期,合作社数量快速增长,2015年底,我国工商部门注册登记的农民合作社达到157.3万家,是"十一五"末的4.15倍,加入合作社的农户数量超过1亿户,占农户总数的45%。截至2017年7月底,我国在工商部门依法登记的农民合作社达到193.3万家,是2007年底的74倍,年均增长60%,实有入社农户超过1亿户,约占全国农户总数的46.8%,平均每个行政村近3家合作社,参加合作社的农户收入普遍比非成员农户高出20%以上。

随着农民合作社数量的不断增加,农民合作社联合社的成立与发展逐渐具备了成员基础,广大农民和合作社必然在更高层次上产生合作的要求,走向联合成为农民专业合作社发展的必然趋势(苑鹏,2008)。在内部发展动力和外部市场压力的双重推动下,合作社联合社在实践探索中逐渐发展起来,据农业部初步统计,截至2017年10月,我国农民合作社联合社已经成立了7200多家,涵盖农民专业合作社9.4万多个,带动农户超过560万户。联合社广泛分布于种植、养殖、农机、植保、加工等各个领域,成为我国发展现代农业、繁荣农村经济、增加农民收入的重要组织力量。

实践是认识的基础。随着农民合作社联合社基层探索的日益深入,中央对联合社的认识也逐步清晰。2013年中央1号文件明确提出,"引导农民合作社以产品和产业为纽带开展合作与联合,积极探索合作社联社登记管理办法。抓紧研究修订农民专业合作社法",将农民合作社联合社的立法问题提上了议事日程。为落实中央1号文件精神,2013年12月,工商总局、农业部联合出台了《关于进一步做好农民专业合作社登记与相关管理工作的意见》(工商个字〔2013〕199号),明

---

① 2013年中央1号文件中,将"农民专业合作社"的说法变更为"农民合作社",并提出要"鼓励农民兴办专业合作和股份合作等多元化、多类型合作社",从此以后农民合作社的内涵更加丰富,专业合作社成为农民合作社的一种类型,但本书主要以以产业为依托的农民专业合作社为研究对象,以区别于供销合作社、信用合作社、社区股份合作社等合作形态。又由于《中华人民共和国农民专业合作社法》中关于合作社的提法,含有"专业"二字,故本书中关于"农民合作社"和"农民专业合作社"的提法不再做具体区分。

确提出要"引导农民专业合作社以产品和产业为纽带开展合作与联合,积极探索农民专业合作社联合社登记管理办法",文件第(十)(十一)(十二)(十三)(十四)、(十五)条专门针对如何开展农民专业合作社联合社登记管理工作作出了详细规定。① 2014年中央1号文件中又提到,"推进财政支持农民合作社创新试点,引导发展农民专业合作社联合社",说明农民合作社联合社已经成为现代农业经营体系中的重要组织力量,进入国家财政扶持试点名录。同时,地方对基层合作社自发组建联合社也多持鼓励与支持的态度,截止到2016年4月,共有11个省(自治区、直辖市)②从省一级层面出台了专门针对农民合作社联合社的登记管理办法,还有8个省份③在出台的合作社登记管理办法或意见中对联合社的注册登记作出了相应规定。可见,中央对农民合作社联合社的发展寄予厚望,地方也在探索中积极为联合社合理合法进入市场提供政策支持。

从国际经验看,合作社的联合与合作,既是国际合作社联盟确定的合作社七项原则之一④,也是世界各国合作社发展中的普遍做法。19世纪中后期以来,欧美国家的合作社实现了快速发展,数量急剧增加,但由于市场竞争的日趋激烈,技

---

① 文件第(十)条规定:"引导农民专业合作社以产品和产业为纽带开展合作与联合,积极探索农民专业合作社联合社登记管理办法。"第(十一)条规定:"农民专业合作社联合社应当由农民专业合作社根据发展需要自愿联合组建,以服务成员为宗旨,实行民主管理。"第(十二)条规定:"农民专业合作社联合社设立、变更、注销及备案登记参照《农民专业合作社法》、《农民专业合作社登记管理条例》相关规定办理,在设立登记时领取《农民专业合作社法人营业执照》。"第十三条规定:"农民专业合作社联合社成员应为农民专业合作社,且成员数应在3个以上。设立农民专业合作社联合社应有符合《农民专业合作社法》、《农民专业合作社登记管理条例》规定的章程、组织机构、成员出资、业务范围。农民专业合作社联合社可以与其成员使用同一住所。"第(十四)条规定:"农民专业合作社联合社名称依次由行政区划、字号、行业、组织形式组成,组织形式应当标明'专业合作社联合社'字样,并符合国家有关名称登记管理规定。"第(十五)条规定:"农民专业合作社联合社由住所所在地的县(市)区以上工商行政管理部门登记。"

② 这11个省(自治区、直辖市)是浙江、贵州、安徽、山东、山西、吉林、甘肃、黑龙江、内蒙古、河南、重庆。

③ 这8个省份是湖南、北京、辽宁、江苏、江西、海南、四川、新疆。

④ 合作社原则是合作社本质特征的体现。在现代合作社170多年的发展历程中,随着合作社实践的发展,对合作社原则一直在不断地进行修改和调整。最近的一次调整是在1995年英国曼彻斯特召开的第31届国际合作社联盟大会上,调整后的合作社七项原则为:自愿和开放的社员;社员民主控制;社员经济参与;自治、自立;教育、培训和信息服务;合作社间的合作;关心社区。

术革新的不断加快,以及资本向各领域渗透的日益深入,单个合作社生存的压力越来越大,急需寻找新的发展出路。一些国家的合作社通过兼并、合并等方式进行重组,组建大型合作社,增强合作社的发展能力。有些国家,如英国、法国、德国、日本等,合作社开始发展纵向与横向联合,建立了多种形式的合作社联社。这些合作社联社通过联合、合作等方式不断扩大规模,由基层联合社组建成地区联合社,并由地区联合社发展成全国总联盟。联合社的服务内容涉及生产、储运、加工、销售、消费、金融、住房、医疗、教育等多个领域,并向环保、IT 等现代产业延伸。从组织形式上看,这些国家的联合社组织形式各异,有的是大型合作社(如美国、荷兰、德国),有的是合作社集团(如英国、法国),有的则以综合农协的形式出现(如日本、韩国)。可见,合作社联合社的发展具有深厚的国际背景,促进中国农民合作社联合社与国际接轨,也是世界合作社事业发展的重要组成部分。

1.1.2　研究意义

从当前我国农民合作社联合社的发展实践来看,联合社在构建新型农业经营体系、提高农产品市场竞争力、推进现代农业发展等方面发挥了重要作用。在基层的自发探索中也出现了一些典型,提供了可资借鉴的经验。但是,从发展阶段来看,我国的农民合作社联合社还处于发展初期,中央和地方政府指导和支持农民合作社联合社发展的政策体系尚未建立,联合社的发展方向、内部结构、治理机制、监管监督、支持引导等具体事宜均未明确。目前,国家层面已经启动修法程序,农民合作社联合社的相关内容将成为《合作社法》的主要修订内容之一。所以,在法律修订之前,对农民合作社联合社进行深入系统的研究,了解中国农民合作社联合社发展的现状、内部运行机理及未来发展趋势等内容,显得尤为重要。本书将从契约视角出发,分析我国农民合作社联合社的内外部契约关系,为法律和政策制定提供参考。

具体来说,研究的意义有以下几个方面。

第一,从理论价值来看,选择契约视角来对我国农民合作社联合社的成员结构、产权安排、运行机制、利益分配等内容进行系统研究,并结合世界发达国家联合社的发展历程与成功经验,有助于准确定位我国目前农民合作社联合社的发展阶段及路径,建立和完善我国农民合作社联合社的理论体系。

第二,从法律价值来看,《合作社法》修订在即,这部法律运行近 10 年,社会各界对其诟病颇多,特别是中国农民专业合作社的"异化"现象,使得现有的法律条款略显尴尬。在农民合作社联合社即将作为独立的市场主体进入公众视野之时,法律修订的方向如何?是严守国际合作社原则,还是根据中国实践的特点进行适当的调整?

第三,从政策价值来看,我国农民合作社联合社的发展急需国家从法律和政策层面出台指导法规和扶持政策。那么,政府应该从哪些方面对农民合作社联合社进行指导?采取何种方式进行指导?是否应该根据不同的契约类型进行分类指导?政府介入的"度"如何掌握?

第四,从实践价值来看,当前我国农民合作社联合社还处于发展初期,合作社联合社的类型多样,内部的运作机制各不相同,有些联合社还不规范。本书将厘清各种类型合作社联合社内外部主体之间的契约关系,并对联合社成员的契约选择行为及其影响因素给出合理解释,这将有助于认清当前我国各类农民合作社联合社的本质特征及其发展趋势,从而更好地指导我国农民合作社联合社的基层实践。

1.2 国内外研究进展

1.2.1 合作社研究的理论进展及视角变迁

合作社联合社属于合作社发展过程中的高级形态。国际合作社联盟将"合作社间的合作"作为合作社的本质特征之一,所以联合社本身也是合作社。从理论进展看,国内外关于农民合作社的理论研究经历了新古典经济学到新制度经济学的变迁,研究视角及其研究方法也发生了相应的转变。

新古典经济学早期关于合作社的理论研究主要集中在纵向协调(Emelianoff, 1942)、独立企业(investor - owned firms, IOFs)(Enke, 1945;Helmberger & Hoos, 1965)和横向联合(Kaarlehto, 1954;Ohm, 1956)等三个方面,如 Emelianoff 将研究重点放在社员的关系上,构建了一个较为复杂的合作社理论框架;Enke(1945)从企业的角度分析了消费合作社的经济效率;Kaarlehto(1954)分析了合作社之间在应对市场竞争时的横向联合机制。上述新古典经济学的研究框架可以分析合作社的产生、本质特征以及市场战略的采用,但是不利于解释合作社的内部结构及其运作机制等问题。

新制度经济学兴起于20世纪60年代,该理论可以对合作社的组织特征、结构与制度安排、经济效率等内容进行较好的解释,所以人们开始从早期注重新古典经济学边际与均衡分析的研究模式,转向关注如何采用交易成本理论(林坚和马彦丽,2006;黄祖辉等,2007)、委托代理理论(Staatz,1989)、博弈理论(Hendrikse,1998;黄胜忠,2008)、不完全契约理论(谭智心等,2012)等新制度经济学的分析方法,来探讨合作社内部的制度安排及其效率问题。

1.2.2　契约视角下农民专业合作社研究现状

现代契约理论是近20年发展起来的主流经济学最前沿的研究领域。现代经济学中契约概念的内涵比法律上使用的契约概念的内涵则要广泛得多。经济学中契约的概念实际上是将所有的市场交易(无论是长期的还是短期的、显性的还是隐性的)都看作一种契约关系,并将此作为进行经济分析的基本要素。合作社联合社作为独立的经济实体,与外部环境中其他主体之间及内部成员之间存在着多种形式的交易和分配行为,这些行为的实现都需要一系列的契约作为其存在的前提,所以合作社联合社本身就是一系列契约关系的组合(孔祥智,2012)。

当前,从契约角度出发的关于农民专业合作社的研究较少,主要集中在以下几个方面:农民专业合作社内部法律关系的调整(张尚谦,2011);农民专业合作社内部成员(包括经营者、中小社员)的激励行为及其影响因素(谭智心和孔祥智,2011,2012);农民专业合作社契约模式选择的影响因素分析(刘洁,2012);合作社与农户之间契约关系的选择(萧莲,2010)等。

1.2.3　农民合作社联合社研究述评

我国关于合作社联合社的研究出现在20世纪80年代,主要研究领域为供销合作联社(潘军,1983)和信用合作联社(李廷贵,1993),而关于农民合作社联合社的研究则兴起于2007年《合作社法》颁布实施以后。从已有的研究文献来看,关于我国农民合作社联合社的研究主要集中在 4 个方面。

(1)关于联合社的本质。这方面的研究多从制度经济学的视角分析我国农民合作社制度存在的固有缺陷,以及联合社成立时具有的外部和内部制度环境。

例如,苑鹏(2008)的研究认为,合作社联合社是合作社发展到一定阶段的产物。广大弱势小农为了降低交易成本,实现规模经济,改善市场地位,提高市场竞争力,组成了合作社。与小农分散独自进入市场相比,合作社有着明显的优越性;但是,与其他市场主体如大公司相比,合作社的竞争力量仍然有限。随着外部市场竞争的不断加剧和合作社业务的不断扩大,合作社之间存在着联合起来进一步提升市场竞争力、降低经营成本的内在动力。储成兵(2011)认为农民专业合作社联合社作为一种制度安排,其产生与发展是我国农村经营制度在实践中的制度创新,兼具营利和公益两种属性的特殊法人,无论是哪一类型的法人都无法将农民专业合作社联合社涵盖进去。张娟(2012)指出联合社是在农民专业合作社发展以后,应农民专业合作社的发展需求而形成的,是一种自下而上的变迁过程。与单个合作社相比,联合社的制度安排使得整个社会福利得到帕累托改进。

(2)关于联合社的生成路径。这方面的研究多从制度变迁、成本收益的角度,分析我国农民合作社联合社的生成路径。

例如,张娟(2012)分析了联合社的制度生成路径,研究指出在制度变迁的初始阶段,农民专业合作社是第一行动集团,潜在的利益推动制度变迁;地方政府是诱致性制度变迁的突破口,其发现潜在收益并转换角色,制度变迁表现为中间扩散;中央政府成为主导,继续推动制度变迁。蒋晓妍(2011)比较了"自上而下"和"自下而上"两种联合社生成路径,其研究认为与"自下而上"相比,"自上而下"的发动方式比较迅速,但依此组建的联合社容易变质,上下级之间领导与被领导的关系明显,"自下而上"地组建合作社联合社,更符合我国农民人口多、农产品地域差异明显的现实国情。周振和孔祥智(2014)则围绕同业与异业两种联合社形态,以"组织化潜在利润—合作社产品异质性—谈判成本—合作社制度创新"作为研究主线,对这两类联合社的不同制度变迁生成路径进行了理论解释,得出了如下结论:当存在着联合的潜在利润时,产品同质性的合作社群体联合谈判成本相对较低,更容易发生诱致性制度变迁,从而生成同业联合社;产品异质性的合作社群体,由于产品的差异容易导致合作社之间利益需求的不集中,自发联合的谈判成本过高,从而很难自发形成联合社,一般要在政府或公共部门的干预下,通过强制性制度变迁的方式才能生成异业联合社。

(3)关于联合社的作用。这方面的研究多从联合社能够实现规模经济、范围经济、降低交易成本、提升农民组织化程度及社会治理等角度来阐述联合社的作用。

例如,苑鹏(2008)认为,成立联合社不仅可以通过横向一体化实现规模经济、范围经济,最大限度地降低合作社的交易成本、提高议价能力,改善为社员提供的服务,解决合作社依靠自身力量无法解决的问题,而且可以促进纵向一体化经营,向农产品深加工领域延伸,扩大合作社的业务范围,巩固和增强合作社的市场地位。鲁旭(2010)的研究指出了联合社在实践中的4大优势:实现规模化发展、壮大与集约使用资金、抱团进军市场与整合各类人才资源。朱启臻(2012)以黑龙江省讷河市大豆合作社联合社为例,发现联合社的作用不仅仅局限于经济方面,在提高农民组织化程度、社会治理方面都起到了作用。

(4)关于农民专业合作社联合社发展中存在的问题。这方面的研究多从基层联合社的实践探索出发,对联合社在登记管理、运行机制、政府扶持等方面存在的问题进行分析。

例如,李敬锁(2011)的研究指出,我国农民专业合作社联合社最突出的问题是运行机制缺乏规范。他指出,当前我国大部分农民专业合作社联合社是由包括基层政府、农业部门、供销社、科协和涉农企业等牵头组建的,而由农民专业合作社自己联合创建的只占少部分,甚至是很少一部分,这就导致了农民的主体地位受到削弱。在此情况下,合作社联合社的管理机制难以规范运行,章程的约束和制定的监督措施也难以发挥有效的作用。苑鹏(2011)以山西晋中犇牛奶农专业合作社联合社为例,深刻剖析了当前国内联合社面临的合法性问题,以及创办加工企业面临的"门槛"问题。杨莉(2011)指出,当前联合社面临的困境是组织部门条块分割严重及合作社间依存感欠缺。

1.2.4 文献小结

综上所述,当前关于我国农民合作社联合社的研究积累较为薄弱,在已有研究成果中,从联合社内外部契约和联合社成员对契约选择的角度来探讨联合社运行机制的文献较少。从实践层面看,我国农民合作社联合社正处于基层探索的初级阶段和亟待正名的特殊时期,迫切需要对联合社进行系统的研究,作为将来指导其发展的理论参考和政策执行依据。

1.3　研究技术路线

我国农民合作社的研究遵循典型的实践驱动型研究范式,即实践探索→理论阐释→反哺实践(徐旭初,2013)。所以,农民合作社联合社的研究也将以实践为基础,通过对我国不同地区、不同产业、不同运行机制、不同组织方式等多个合作社联合社的典型调研,总结和提升全国各地农民合作社联合社发展的特点和经验,并试图从合作社经典理论出发,重点从联合社内外部契约的角度,分析契约形成的原因及其影响因素,构建符合我国国情的农民合作社联合社契约理论分析框架。同时,理论来源于实践,也必将指导实践。从研究结论出发,本书还将就《合作社法》修订和扶持政策制定过程中,农民合作社联合社应该明确的相关内容进行探讨,力争提出能够体现时代特征、符合基本国情、代表正确方向、接轨国际规则,并有助于我国合作社联合社进一步发展壮大的修法措施和政策建议。

本书的技术路线图如图1-1所示。

```
┌──────────┐     ┌──────────┐     ┌──────────┐
│  研究背景  │────>│  研究目标  │<────│  研究界定  │
└──────────┘     └──────────┘     └──────────┘
                      │
  理论              ┌────────────────────┐              基层
  基础              │ 我国联合社的契约类型及特征 │              实践
                   └────────────────────┘
```

┌─────────────────┐ ┌─────────────────┐ ┌─────────────────┐
│ ┌──────────┐   │ │ ┌──────────┐   │ │ ┌──────────┐   │
│ │ 联合社的产生 │   │=>│ │ 联合社的产权 │   │=>│ │ 联合社的治理 │   │
│ └──────────┘   │ │ └──────────┘   │ │ └──────────┘   │
│   │   │   │ │   │   │ │ ╱ │ │ ╲   │
│ ┌──┐   ┌──┐   │ │ ┌─────────┐   │ │┌──┬──┬──┬──┐   │
│ │成│   │路│   │ │ │ 产权契约特征 │   │ ││成│组│治│激│   │
│ │因│   │径│   │ │ └─────────┘   │ ││员│织│理│励│   │
│ └──┘   └──┘   │ │   │   │ ││资│结│结│机│   │
│   │ │ ┌─────────┐   │ ││格│构│构│制│   │
│   │ │ │ 准租金的配置 │   │ │└──┴──┴──┴──┘   │
│   │ │ └─────────┘   │ │   │
└─────────────────┘ └─────────────────┘ └─────────────────┘

┌────────────────────────┐   ┌────────────────────────┐
│ ┌──────────┐   │   │ ┌──────────┐   │
│ │ 联合社的运行 │<=========│=====│=│>│ 联合社的绩效 │   │
│ └──────────┘   │   │ └──────────┘   │
│ ┌───┐ ┌──────┐   │   │   ┌─────┐ ┌─────┐   │
│ │利益│ │ 理论框架 │   │   │   │评价 │ │契约 │   │
│ │联结│ └──────┘   │   │   │指标 │<>│选择 │   │
│ │机制│ ┌──────┐   │   │   │体系 │ │   │   │
│ └───┘ │ 计量检验 │   │   │   └─────┘ └─────┘   │
│   └──────┘   │   │   │
└────────────────────────┘   └────────────────────────┘
          ↑ 启示   ↑ 借鉴

┌──┐
│   世界合作社联合组织   │
│ ●国际合作社联盟   ●发达国际联合社实践   │
└──┘

┌──┐
│   我国农民合作社联合社修法及政策建议   │
└──┘

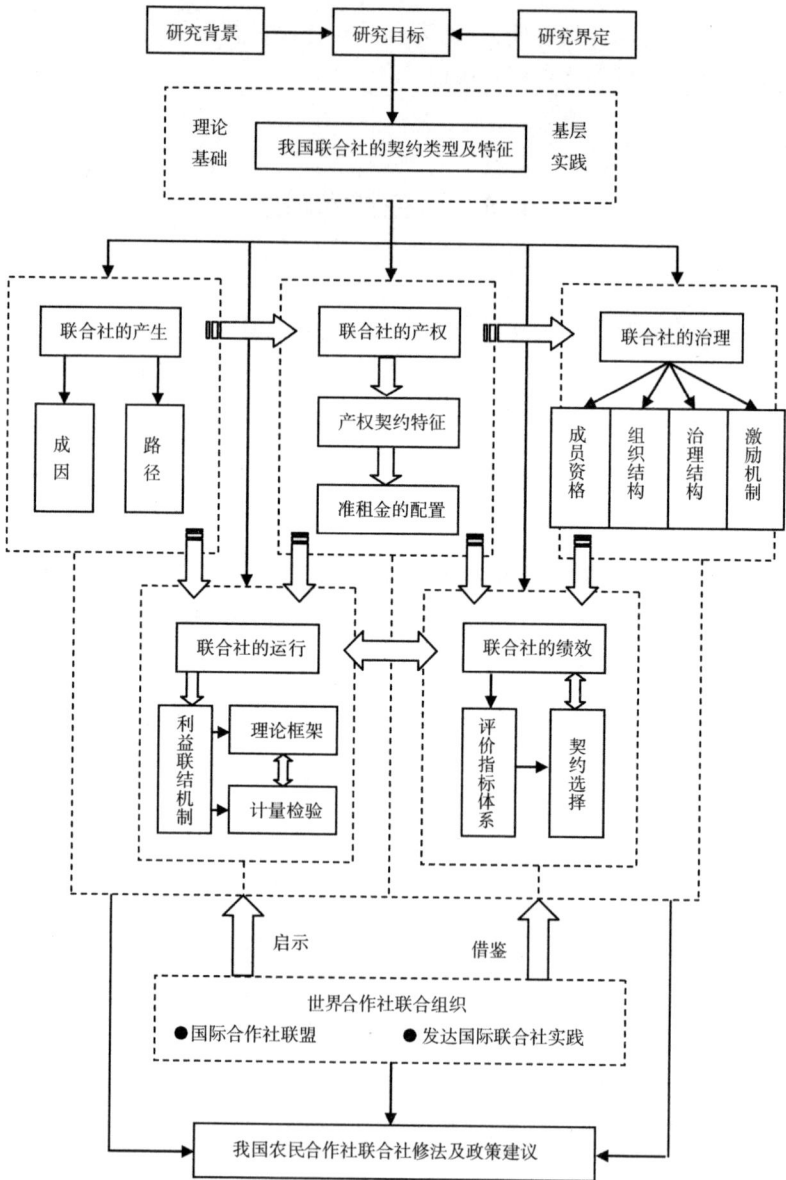

图 1-1　本书的技术路线图

1.4 研究资料及方法

1.4.1 研究资料

本书研究中所需资料有两个来源。

(1)文献资料。来源于在报纸、期刊、网络上公开发表的新闻、报道、论文(中文、英文)、评论等,已有公开出版的关于农民合作社的相关著作,以及与合作社联合社有关的硕士、博士学位论文。

(2)调研资料。课题组在执行课题研究计划期间,分赴全国东、中、西部共13个省(自治区、直辖市)进行了农民合作社联合社的典型调研,共调研农民合作社联合社(会)78家,剔除发展处于起步阶段、没有实质运行内容的农民合作社联合社样本21家和统计数据较为缺乏的样本4家,得到有效样本53家。研究中就这些发展较好、具有典型意义的农民合作社联合社进行了深入的案例分析,形成了农民合作社联合社研究案例库,积累了宝贵的一手资料。这53家联合社在各省份分布如表1-1所示。

表1-1 农民合作社联合社案例库各省份案例分布　　　　单位:家

省份	数量	省份	数量	省份	数量
山东	9	河北	1	陕西	2
北京	5	湖北	6	山西	3
浙江	6	湖南	2	四川	5
江苏	4	江西	3	新疆	3
黑龙江	4				

注:根据调研案例资料统计

1.4.2 研究方法

本书采用的研究方法主要有文献分析法、比较研究法、理论模型分析法、案例分析法和头脑风暴法。

1. 文献分析法

本书将采用文献分析法了解当前农民合作社联合社的研究进展,包括已有的研究内容、研究方法、研究视角等,明确现有研究的不足和下一步研究的方向。同时,搜索国际合作社联盟和发达国家合作社联合社设立和运行的典型经验、存在的问题与我国农民合作社联合社应从中汲取的教训,以期为我国发展农民合作社联合社提供启示和借鉴。

2. 比较研究法

比较研究方法在产业组织研究领域运用较多。本书将对农民合作社联合社内外部的不同契约形式进行分类比较,分析不同的产权契约、组织契约、分配契约、产业契约及外部扶持契约的选择、设立、运行,找出客观规律,分析其运作机制,评估执行效果。

3. 理论模型分析法

本书将借鉴国内外相关研究成果,采用数理经济学方法或者概念模型,尝试构建符合我国国情的农民合作社联合社的产生动因模型、契约选择模型、委托代理关系模型、绩效决定模型等理论模型。

4. 案例分析法

案例分析能够真实地复原调查对象当时的详细情况,具有数据研究不可比拟的真实性,是本书中需要用到的重要方法。本书中的研究将结合实地调查,对典型农民合作社联合社内外部契约关系、联合社的运作机制进行案例分析,与理论分析相互验证。

5. 头脑风暴法

在研究进展过程中,将召开专家咨询会议,对研究报告提出修改意见。同时,会议还将邀请合作社方面的专家、政府部门工作人员、联合社代表、合作社代表、农户等利益相关主体,就研究中涉及的修法意见和扶持政策体系进行广泛论证和征求意见,最后形成能够代表绝大多数相关主体意见,特别是农户利益和意见的符合中国国情的实践指导报告。

1.5 概念界定及创新

1.5.1 概念界定

本书只关注以产品和产业为纽带组成的农民合作社联合社,暂不考虑农村信用合作联社、供销合作联社、社区股份联社等组织形态。当前农村中存在的资金互助联合社、土地股份联合社,若其存在是建立在产品和产业实体基础上的,也属于本书的关注范围。

1.5.2 创新说明

本书的创新之处在于以下几个方面。

(1)研究视角创新。本书将视角定位于基层合作社对联合社内外部契约的选择行为上,深入分析各种类型联合社契约关系的联结机理,并以此作为分析各种类型合作社联合社运行机制的出发点。该研究视角将有助于更好地理解合作社联合社这种组织形态的内部结构及其运作方式等制度安排。

(2)理论模型创新。本书将构建适合我国国情的农民专业合作社联合社的产生动因模型、准租配置模型、委托代理关系模型、契约选择模型、绩效决定模型,这将对我国农民专业合作社联合社理论体系的建立和完善起到重要作用。

(3)研究内容创新。从我国合作社的发展历程来看,农民合作社联合社还处于发展的初级阶段,联合社本身就属于新兴事物。在基层实践已经萌芽发展的情况下,系统地研究农民合作社联合社,能够弥补联合社研究领域的空白,研究内容本身就具有创新性。

第 2 章

我国农民专业合作社联合社*的契约类型

2.1 联合社成立的必然性

从世界各国联合社的发展实践来看,农民合作社联合社并非新兴事物,但中国的农民合作社联合社却是在《合作社法》施行以后,随着农民专业合作社的发展壮大才逐渐发展起来的。从中国农业发展的历史阶段、现状特点和制度环境来看,联合社在中国的产生与发展,有其客观必然性。

(1)农民合作社联合社是农民合作社自我发展壮大、有效应对市场竞争的现实选择。随着改革开放的深入,越来越多的工商资本和跨国企业进入农业领域,合作社面临的竞争日益激烈,单个合作社难以与之相抗衡。面对这种形势,合作社只有走联合之路,才能有效应对激烈的市场竞争。合作社以产品和产业为纽带开展"再合作",有助于集成整合资源要素,形成规模经济优势,能更好地实现规模效应。合作社联合起来,能够增强经济实力,更有条件向包装、储藏、加工、营销等领域延伸,拓宽发展空间,增强抗风险能力。合作社抱团发展,可以提高产品和服务的市场占有率,摆脱单兵突进、各自为战、受制于人的困境,提高谈判地位,维护自身权益,实现持续发展。

(2)农民专业合作社联合社是构建新型农业经营体系,提高农民组织化程度的内在要求。农业组织化程度低是制约现代农业建设的重要因素。近年来,联合

---

* 文中简称"联合社"。

社快速发展,加强了农民之间的联合,推动了规模经营。但是,多数农民合作社规模还比较小,合作社之间的协同协作机制还不完善,农业组织化程度的问题还没有得到有效解决。发展联合社,加强合作社之间的分工协作,提供农业生产、市场信息、产品销售等方面的服务,有助于在农业生产经营中实现更广范围、更大程度、更高层次上的联合与合作,形成运行规范、功能配套、优势互补的合作形态,有效提高农业组织化程度,增强农业社会化服务功能,对于加快构建集约化、专业化、组织化、社会化相结合的新型农业经营体系具有重要的推动作用。

(3)农民合作社联合社是培育壮大农业主导产业,推进现代农业的有力举措。现代农业的发展,必然要求形成具有现代工业装备、现代科学技术武装、现代组织管理方式经营的优势主导产业。联合社将农民合作社联合起来,凝聚成产业发展优势,在更大区域内将分散的土地集中连片整理,统一经营、统一管理,有利于农业机械化程度和规模化水平的进一步提升。联合社结合自身生产需要,与科技部门开展联合与合作,引进新品种,推广新技术,有利于更快地推进先进科技成果在农业生产领域的转化。联合社的发展壮大,必然更加注重农产品品质和品牌建设,从而有利于加快推进农业标准化建设和实施农产品品牌化经营,为提升农产品质量安全水平提供了坚实保障。

(4)农民合作社联合社是增强行业自律、维护市场秩序的重要手段。公平的竞争环境、有序的市场秩序,是实现社会主义商品经济健康发展的必要条件。单个合作社由于势单力薄、缺乏市场话语权,在市场竞争中,容易受到其他行业市场主体的冲击和排挤。此外,由于行业自律的缺乏,农民合作社之间相互争抢市场等无序竞争的情况也屡屡发生。联合社的成立,在一定经济区域内,通过整合资源、扩大规模、提升质量、强化服务等方式,不断增强综合市场竞争力,大大提升了联合社内部全体合作社的话语权,从而能够抵制其他行业主体的不法竞争行为,维护市场公平。联合社的成立,能够有效避免同行业成员间的恶性竞争,使之由原来的合作社之间相互竞争,变为优势互补、一致对外,从而成为维护市场秩序、保持公平竞争、促进行业健康发展、维护行业利益、增强行业自律的重要保障。

(5)农民合作社联合社是推进城乡要素良性互动、实现资源均衡配置的有效途径。当前,我国农民合作社的发展处于初级阶段,经营规模普遍偏小、内部运作有待规范,单个合作社实现规模扩大和快速发展所需的资金、技术、人才、信息等经营要素往往获取困难,优势资源在城乡之间的合理流动和均衡配置也较难实现。联合社突破了村庄、乡镇及县域的地理界限,成为合作社与合作社、合作社与市场、农村与城市之间连接的桥梁和纽带。联合社在扩大经营规模、实现范围经济的同时,还能够通过自身整体竞争能力的提升,占领城市市场,并发挥示范带动作用,有效促进资金、技术、劳动力、信息等要素资源从城市流向农村。加盟联合社的合作社能够充分发挥各自优势,利用各自的技术、信息、市场,实现资源互补,协力驱动,以联合提高整体效益。

2.2 联合社成立的原因

从合作社到联合社,代表着出现了一种新型的契约关系。这种契约关系的出现,使得组织系统内部的某些潜在利润得以实现。潜在利润是一种在已有的制度安排结构中变迁主体无法获取的利润(可以理解为制度不均衡时的获利机会),是诱使行为主体和决策主体自发进行成本收益,比较并实施制度创新的根本动力。North(1990)的制度变迁模型中,就将"制度变迁的诱致因素是变迁主体期望获取最大潜在利润"作为制度变迁主体行为发生的基本假设。

农民合作社联合社的潜在利润来源主要有4个方面:一是由规模经济带来的效益;二是由外部经济内在化带来的利润;三是克服对风险的厌恶;四是交易费用转移与降低带来的利润。在现有的制度结构下,当由规模经济、外部性、风险和交易费用所引起的收入的潜在增加不能内部化时,一种新制度的创新可能使这种潜在利润内部化(科斯等,2004)。农民合作社联合社的契约安排,使得单个合作社无法实现的潜在利润得以实现。

2.2.1 实现规模经济

尽管我国农民合作社实现了农民"抱团"发展,但由于我国的农民合作社还处于发展的初级阶段,"小""散""虚"的现象短期内还难以实现质的突破,单个合作社生产经营规模较小,市场谈判地位还很低,难以实现与其他类型市场经济主体之间的平等、有效竞争,在产品交易中无法获取更多的利润。通过一定的契约关系,合作社实现联合与合作,能够使合作社变"大"、聚"力"、做"实",可以迅速扩大生产经营规模,建立起与农业企业谈判的基础,从而能在生产资料、服务与产品等方面获取更多的利润,实现单个合作社无法达到的规模经济。

2.2.2 外部经济内部化

外部经济是指在市场经济活动中,生产者或者消费者的活动对其他生产者或消费者带来的非市场性或是潜在的影响。这种影响可能是有益的,也可能是有害的,有益的影响被称为外部经济。在市场机制作用的过程中,为第三方或其他经济主体带来外部经济的一方,往往不能得到回报或报酬。在联合社内部,合作社之间达成了互惠互利的契约联结机制,这种契约既包含了纯粹的市场主体之间的经济利益关系(称为"显性契约"),也融入了农村社区、宗族、乡亲之间的互助机制(称为"隐形契约"),这种互助机制的形式多样,包括技术回馈、利润返还、无偿借贷、品牌联合等,从而使合作社为其他合作社提供产品和服务时产生的外部经济,在联合社内部得到回报,实现了外部经济的内部化。

2.2.3 分散单个合作社风险

联合社将各种类型的合作社统一到同一个制度框架下,在实现优势互补的同时,还能够降低单个合作社在面临生产资料市场、技术市场、农产品销售市场、金融市场时的不确定性和使其避免处于弱势地位,比如,单个合作社无法实现在正规金融机构的贷款,在若干个合作社组成联合社后,则能够在联合社内部进行信用合作,或是互相担保,从而实现了风险共担,达到了分散风险的目的。

2.2.4 节约外部交易成本

交易成本理论最早由科斯提出,是指在一定的社会关系中,人们自愿交往、彼此合作达成交易所支付的成本。联合社的出现,实际上是将合作社与其他利益主体之间的交易成本内部化了。例如,有的联合社通过纵向一体化的方式将产品上下游之间的各合作社组织起来,形成利益共同体,能够有效地降低合作社与合作社之间的交易成本。还有的联合社在成员社之间开展资金互助合作业务,利用农村社区"熟人社会"的优势,结合合作社自身的产业(作为抵押或担保),降低了借贷方信息的不透明程度,减少了与正规金融机构打交道的交易成本,有效地缓解了农村抵押物不足带来的融资难问题。

2.3　联合社的契约类型

通过调查可知,当前我国联合社主要有生产型、营销型、产业链型、综合型等4种类型。这4种类型联合社的内部契约联结方式各不相同。

2.3.1　生产型联合社

生产型联合社是立足于某一类农产品生产,通过联合更多的农民合作社,迅速扩大规模,来达到减少生产成本、提高经营效益的一种生产者联盟。生产型联合社一般具有以下特点。

(1)主要生产某地区的某一种名、特、优农产品。

(2)积极吸纳相同产品的专业合作社加入,以尽快达到一定的生产规模,获得规模经济。

(3)着重提高生产的标准化、机械化、现代化水平,并尝试开展初加工、直供直销等业务,向产业链上下游延伸。

(4)需要经营实力突出、声誉较好的专业合作社牵头和政府有关部门的支持。

契约特征:此类合作社联合社内部的各个合作社生产同一类产品,生产要素也极为相似,所以较容易将生产要素或生产产品进行量化或比较,故此类联合社较多采用股份制的契约联结方式。此类契约联结方式较为稳固,易于形成利益共享、风险共担的组织共同体,而且有利于在联合社层面进行统一规划、统一协调、统一管理,从而产生规模经济。此外,在联合社统一经营的过程中,常常进行专用性资产投资,比如,投资某些基础设施或是人力资本,这种投资一旦形成,将会为产权主体带来"超额利润"(又称为"可占用性准租"),客观上加固了这种契约的联结效力。

【案例2-1】汇农种植业专业合作联社

江西省上高县汇农种植业专业合作联社组建于2010年5月,主要经营优质水稻种植、生产和销售。联合社以"标准化生产、规模化经营、工厂化育秧、机械化操作、现代化管理"为手段,以"确保农民增收、农业增效,发展现代农业"为目的,在政府相关部门的指导和扶持下,建立了以农资服务部、农技服务部、育秧机插队、统防统治队、联合收割队等为内容的社会化服务体系,实行"统一生产标准、统一农资供应、统一技术服务、统一品牌经营、统一产品认证"的运作模式,得到快速发展壮大。目前,联合社的服务范围已经涵盖上高县泗溪镇、锦江镇、新界埠乡、芦洲乡和镇渡乡5个乡镇,下属28个分社,共有成员代表31名,入社社员2719户,直接入社面积9500多亩,入社总股金140万元;辐射带动农户4500多户,辐射带动面积30 000多亩。

联合社在农田基础设施和社员技术培训上还进行大力投资:一是投入资金4000万元,联合社下属28个分社的3万亩农田都已全部进行了高标准农田改造,建成了集中连片、设施配套、高产稳产、生态良好、抗灾能力强、与现代农业生产和经营方式相适应的基本农田,为联合社开展社会化服务体系工作奠定了扎实的基础,实现了水稻种植全程机械化操作,为联合社发展现代农业提供了有力的支撑。二是聘请了上高县农业局4名农技专家为合作社常年客座专家,在水稻浸种消毒、移栽送嫁和破口抽穗三个关键时期,深入分社进行技术培训和田间指导,培训社员1500人次。通过专用资产投资,联合社内部形成了较为紧密的利益联结机制,通过规模化、一体化、机械化运营,实行种植区机耕、机插、机防、机收全程机械化操作管理,有效地实现了联合社的规模效应。目前,合作社全年6万亩双季稻每亩①平均增产75公斤,共为社员创收1170万元。

2.3.2 营销型联合社

营销型农民合作社联合社的主要经营领域为农产品产后流通及销售。它是指通过联合不同种类的农民合作社来增加产品的多样性,实现供给稳定和销售盈利的一种产加销同盟。此类联合社是种植蔬菜、水果专业合作社组建联合社的主

---

① 1亩≈666.7平方米。

要方式,也是当前联合社发展的主要类型。销售型联合社一般具有以下特点。

（1）主要从事蔬菜、水果和其他农产品生产、粗加工和销售,靠近终端消费市场。

（2）大力发挥核心成员社的带动作用,与其他合作社开展深度、广度不同的业务协调。

（3）积极通过"农社对接"等方式稳固销售渠道,努力把成员合作社的产品以更少环节、更优的价格销售出去。

（4）注重培育联合品牌,将成员合作社的农产品细分并进行差异化营销。

契约特征:由于此类联合社内部的各个合作社经营产品各异,具体的生产要素也各不相同,故在生产环节较难达成一致的生产契约。而在农产品销售环节,不同的农产品集中销售可以实现营销上的规模效应和范围经济,而且为统一宣传、统一包装、统一品牌等提供了便利,也降低了营销成本。这种联合社的契约联结方式一般较为松散,单个合作社大多财务独立,统一的销售平台也需要外部力量的参与才能够建立,所以多数需要政府或者有实力的企业牵头组建。

【案例2-2】九宫绿园种养殖农民专业合作社联合社

湖北通城县九宫绿园种养殖农民专业合作社联合社成立于2011年12月,由当地10家合作社共同发起成立,办公地点设在咸宁市通山县城。

在联合社成立之前,10家成员合作社的农产品覆盖全县13个乡镇,涉及猪、兔、茶叶、蔬菜、药材等10多个品种,但每个合作社都面临产品销售难题。2012年底,合作社抱团成立了九宫绿园种养殖农民专业合作社联合社,将成员社的原有商标整合成"九宫绿园"一个商标,统一设计,统一包装。联合社还帮助成员社开展无公害、绿色、有机等产品认证,并在武汉市区开设了2家社区直销店,直供直销各个专业合作社的产品,解决了单个合作社有特色无竞争力、有基地无规模、有品牌无市场占有量、有亮点无辐射带动能力等问题,大大提高了经营效益。此外,联合社还在百度建立了网站和产品推广,为社员提供市场、技术和信息服务。通过网络营销,与武汉粗茶淡饭餐饮有限公司、武汉大市场达成供货协议。通过注册开通门户网站,实行产品推广、社员内部活动、相关政策宣传以及交流联系等。

2.3.3　产业链型联合社

产业链型农民合作社联合社也叫一体化联合社,是以农业企业牵头的农民合作社为核心,以产业链协作为手段,以提高链条整体的市场响应能力和盈利水平为目的的纵向一体化联合。产业链型农民合作社联合社具有以下特点。

(1)生产技术、管理方法、销售渠道等依托农业企业,企业牵头成立的专业合作社是组织核心。

(2)企业一般是农资生产商或农产品加工销售商,需要通过产业链的上下游延伸来稳定农资销售或原料收购。

(3)产业链整体协作紧密,企业一般会派出专人协助生产运营,并提供原料、技术、销售等服务。

契约特征:此类联合社多是由企业牵头的农民合作社(也称为核心合作社)发起成立,加入的合作社属于产业链条上的基本组成单位,所以此类联合社内部的契约联结较为紧密,核心合作社与上下游合作社之间都是互补型的利益联结,此种契约一旦形成,将极大地降低合作社之间的交易费用,并加固合作社之间的契约联结关系。但是,在此种契约联结方式下,一旦核心合作社对上下游合作社进行了专用性投资,将极易产生"敲竹杠"的风险①。而且,核心合作社往往通过入股的方式,对上下游的合作社进行控制。所以,此种联合社内部的民主机制往往难以形成,而且容易造成其他合作社依附于核心合作社的情况。

【案例2-3】河北省灵寿县青同镇农民专业合作社联合社

河北省灵寿县青同镇农民专业合作社联合社是由供销社推动成立联合社的典型代表。2011年,在政府相关部门的指导下,按照"政府主导、供销社主板、农民

---

① 契约经济学中的"敲竹杠"风险,是指交易者从交易合伙人所进行的专用性投资中寻求准租,这种行为可能会违背之前的契约协定。即"专用性投资"发生以后,该项投资在关系内部的价值要高于外部,这部分高出来的价值就是专用性准租。准租产生以后,交易双方就会产生机会主义行为,导致事先约定的契约不再可信。其造成的后果如下:一是影响当事人进行专用性投资的积极性;二是会影响交易双方之间的信任体系;三是无法达到社会最优的投资水平。

主体、专业社自愿"的原则和"四位一体"的组建模式,由县供销社牵头成立了灵寿县青同镇农民专业合作社联合社。联合社现有社员 446 名,其中包括农民专业合作社成员 25 家,龙头企业成员 6 家,村"双委"干部成员 5 人。村两委干部、龙头企业、供销社及专业合作社共同出资形成了联合社的共有产权制度(图 2-1)。

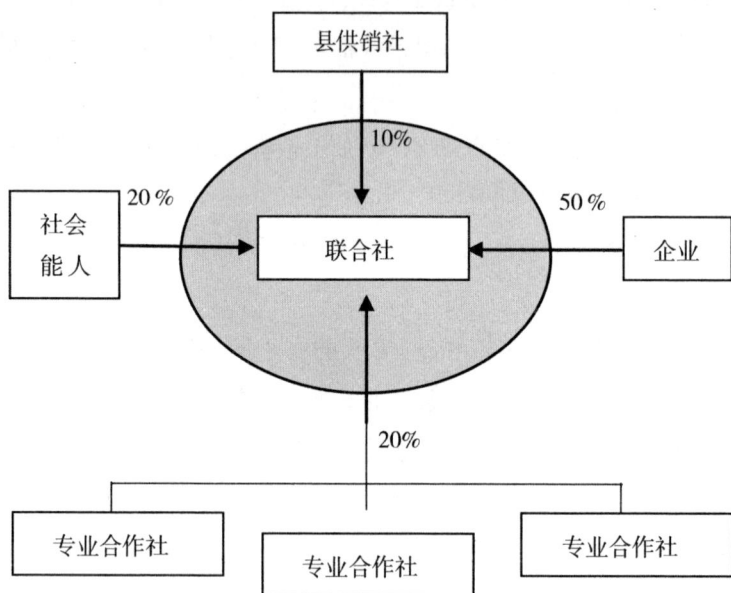

图 2-1 联合社产权关系图解

联合社成立时,资产总计 400 万元,其中 20% 来自村"双委干部"等社会能人,50% 来自青同镇本地的 6 个龙头企业,10% 来自上级县供销社,20% 来自各个专业合作社。这样的产权构成和组织结构形成了由供销社指导,村两委干部参与,依托联合社联系广大专业合作社及农户,企业提供资金和销售服务的综合型供销组织。这种联合形态比一般的合作社之间的联合更具有组织优势:一方面,政府部门的参与,增强了联合社的公信力,提高了联合社市场谈判的自信度;另一方面,龙头企业与合作社共同构筑联合社,节约了农户与企业的交易费用,也内化了合作社与企业的合作风险。

在联合社运行过程中,一个重要的作用就是将产业链上各生产经营主体联合起来,实现了循环经济产业链条。

首先,联合社借助村两委干部的组织资源开展土地流转,很快就集中了1000亩土地资源开展高效农业示范基地建设。其中,莲藕特色蔬菜示范园100亩、蛋白桑等特色牧草150亩,金叶榆树、金枝槐等特色绿化苗圃230亩,薄皮核桃、四季果桑、中华寿桃等林果及林下柴鸡示范园340亩,鱼塘150亩,形成了农业良种繁育、绿色果蔬采摘、生态养殖、科技示范、休闲养生的农业观光示范园。

其次,联合社协调下邵村的5个养殖合作社和一个养殖企业开展了养殖废料再利用试点,试点资金由供销社提供。合作社和企业产生的养殖粪便全部通过联合社的沼气工厂进行处理。养殖排泄物通过加工设备分离为沼气和沼渣液:沼气收集后通过管道输出至5个合作社和养殖企业,解决5个合作社和养殖企业的发电、取暖问题;对于沼渣液,则通过一系列技术进一步分离为沼液和沼渣,沼液用于生产有机农药,沼渣用于生产有机肥料。这些有机农药和有机肥料直接用于农业示范基地的种植生产。

最后,联合社结合循环农业思路,引进了旱地节水沼液种植莲藕的新技术,示范推广旱地莲藕种植,促进全镇特色农业的发展。示范种植莲藕100亩,亩产莲藕3000公斤,亩效益达万元,弥补了灵寿县生产水生蔬菜的空白,受益农户570户;示范推广蛋白桑种植,促进全镇生态健康养殖的发展。示范种植蛋白桑150亩,分别在猪、牛、羊、鸡养殖场进行饲喂试验,在节约粮食、代替抗生素、疫病防治、改善肉蛋奶品质等方面取得了良好的效果。

通过上述努力,联合社最终形成了"养殖—能源—废料—种植—加工"五环产业相结合的互补性生态农牧循环经济(图2-2)。

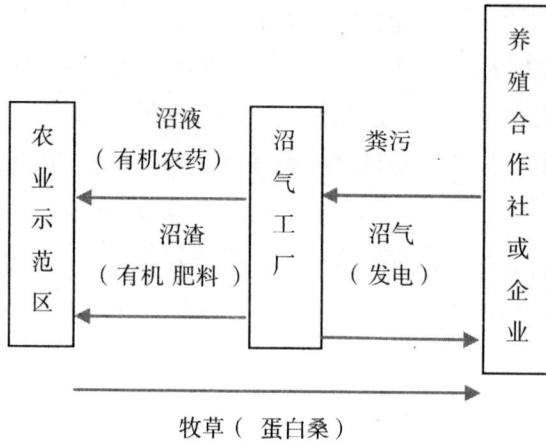

图 2-2　联合社发展循环经济产业图解

2.3.4　综合型联合社

综合型联合社是以生产、生活社会化服务为纽带,以增强社区成员联系、提高区域经济活力为目标,通过资源整合而实现的一种区域性联合。与前面3种类型联合社相比,综合型联合社既具有经济功能,也具有社会功能。这类联合社的特点如下。

(1)植根于传统农村社区,成员分布的地域性很强,多以县、乡(镇)为边界。

(2)成员以本地区的各类合作社为主,并广泛吸纳农户、农业企业等加入。

(3)服务内容和形式灵活多样,经营范围会根据自身需要、社区需求和市场情况不断拓展。

(4)成员主要从联合社获得各类服务,而很少与联合社发生交易。

契约特征:相对于其他类型的农民合作社联合社来说,此种具有综合服务性质的联合社在基层并不多见。由于此类型联合社以综合服务为主,既具有农民专业合作社的经济功能,也具有农村协会的社会功能。联合社内部的合作社之间并非完全意义上的经济利益关系(或者纯粹的市场经济契约只是该联合社日常运作内容的一个部分),所以经营此种类型的联合社,需要具备奉献精神或是企业家精神的农村能人参与。此种联合社内部契约关系的维持,除了上述3类联合社所具备的经济契约外,还需要一些诸如共同意志、道德约束之类的隐形契约存在,故此种类型的联合社属于联合的高级形态,需要在具备一定的物质、文化、思想的基础上,在某个特殊的范围内实现。

【案例2-4】山西永济蒲韩乡村社区

山西永济蒲韩乡村社区是以永济市蒲州镇蒲韩农民协会为组织载体,跨越永济市蒲州镇和韩阳镇两大镇级行政区的,融科技服务、文化娱乐、学习讨论、企业运营、公益事业为一体的“综合性乡村社区”治理模式。

蒲韩农民协会是综合社区性合作组织而不是专业经济合作组织。与一般的农业专业合作组织不同,蒲韩农民协会是一种综合型的发展模式。永济蒲韩乡村社区由农资店百货连锁超市、青年有机农场、有机农业联合社、城乡互动中心、红娘手工艺合作社等几个板块组成,这几个板块各自都有独特的运作方式,但是它们与社区又有着千丝万缕的联系。

(1)农资店百货连锁超市。农资店百货连锁超市是一个独立核算的单位,每个农资店百货连锁超市只需将所有利润的30%左右上缴给蒲韩乡村社区,其余的利润可用于农资店百货连锁超市自己的开支,包括人员工资、税金、分红、公益金等。

(2)青年有机农场。青年有机农场承包的土地,一部分由年轻的工作人员一人一亩地承包,这部分土地的收益全部归青年人所有;还有一部分土地是由青年农场固定的工作人员耕种,这部分土地的收益全部上缴到蒲韩乡村社区,不再进行利润返还。

(3)有机农业联合社。同青年农场一样,有机农业联合社将所得的利润全部上缴到蒲韩乡村社区,由社区整体调配资金,再对利润进行返还。

(4)城乡互动中心。该中心也不是一个独立核算的单位,所有通过城乡互动中心销售的农产品(包括有机和非有机的农产品)的收入,全部上缴到社区的财务部,由其整体调配资金。

(5)红娘手工艺合作社。由社区的财务室单独建账核算,将收入全部上缴给蒲韩乡村社区,再由社区统一调配资金之后进行利润返还。然后,合作社再将社区返还的利润按照成员生产的手工艺品的质量和数量对成员进行利润返还。

2.4　联合社特征小结

综上所述,我国不同类型农民合作社联合社的特征差异和优缺点可以总结如下(表2-1)。

生产型农民合作社联合社的优点在于:能够利用大批量农资采购和现代化生产管理技术采用的优势,降低成员合作社的生产运营成本;能够提高在产品销售方面的谈判能力,提高成员合作社的产品销售价格。缺点在于:向产业链下游拓展的能力比较有限。

销售型农民合作社联合社的优点在于:减少了中间环节,为农产品直供直销奠定了基础,可以改善专业合作社的"卖难"问题;规避了每个合作社都要跑市场、搞销售的弊端,可以摊薄运营成本、创立联合品牌、提高经营效益。缺点在于:合作社之间的利益联结方式较为松散。

产业链型农民合作社联合社的优点在于:上下游合作社的联系十分紧密,有助于减少成本、保障货源、稳固销售渠道,能够很快发展为有规模、有效益的利益共同体。缺点在于:产业链条上同一环节的合作社交流有限,可能会造成成员合作社的"企业依赖症",不利于组织的民主化建设。

综合型农民合作社联合社的优点在于:能够充分整合社区内的各种资源,有助于实现各专业合作社和其他成员的协调发展。缺点在于:组织的开放性较差,吸纳成员受到地域限制。

表2-1　不同类型联合社的特征比较

	特点	优点	缺点
生产型联合社	(1)主要生产本地区的某一种名、特、优农产品; (2)吸纳相同产品的合作社加入,形成生产规模; (3)注重生产的标准化、机械化,并尝试开展初加工、直供直销等业务,向产业链上下游延伸; (4)一般由经营实力突出、声誉较好的专业合作社牵头领办。	降低生产成本;提高谈判能力	向产业链下游拓展的能力比较有限
销售型联合社	(1)主要从事农产品生产、粗加工和销售,靠近终端消费市场; (2)由核心成员社带头,与其他合作社开展深度、广度不同的业务协调; (3)一般有稳固的销售渠道; (4)注重培育联合品牌,将成员合作社的农产品细分并进行差异化营销。	减少中间环节;有助于摊薄运营成本、创立联合品牌、提高经营效益	利益联结方式较为松散
产业链型联合社	(1)生产技术、管理方法、销售渠道等依托农业企业,企业牵头成立的专业合作社是组织核心; (2)企业一般是农资生产商或农产品加工销售商,需要通过产业链上下游延伸来稳定农资销售或原料收购; (3)产业链整体协作紧密,企业一般会派出专人协助生产运营,并提供原料、技术、销售等方面的服务	上下游合作社联结紧密	产业链条上同一环节的合作社交流有限,可能会造成成员合作社的"企业依赖症",不利于组织的民主化建设
综合型联合社	(1)植根于传统农村社区,成员分布的地域性很强,多以县、乡(镇)为边界; (2)成员以本地区的各类合作社为主,并广泛吸纳农户、农业企业等加入; (3)服务内容和形式灵活多样,经营范围会根据自身需要、社区需求和市场情况不断拓展; (4)成员主要从联合社获得各类服务	充分整合社区资源;有助于社区协调发展	组织的开放性较差,吸纳成员受到地域限制

注:根据调研资料整理

2.5　启示与思考

通过分析我国现有农民合作社联合社的契约联结机制,联合社的出现有着其深刻的制度根源。从联合社的成立原因及发展类型,可得到如下启示。

第一,我国农民合作社联合社可以在更高的层次上实现规模经济、范围经济。这种组织形式是我国现代农业经营体系的重要组成部分,各级政府应该加快出台关于农民合作社联合社的扶持政策。如工商部门要将联合社作为市场经济主体予以注册登记,财政部门要设立支持联合社开展生产经营活动的专项资金,金融部门对于联合社的信贷在政策方面予以优惠,税收部门要将联合社的生产经营活动同农民合作社同等对待,用水、用电、用地等部门要对联合社给予支持和优惠。各级政府要形成支持联合社发展的合力,共同推动联合社实现快速发展。

第二,农民合作社联合社类型的分化有其内在的经济规律。针对目前已出现的各种类型的联合社,要采取兼容并包、分类指导的方针,在尊重基层主动性和创造性的基础上,鼓励农民合作社广泛地开展联合与合作。政府部门要创造一切有利条件,给予联合社合法的市场主体地位。鼓励联合社形成诸如生产型联合社的紧密型的利益联结机制;为销售型联合社提供农产品展示展销的平台和创造品牌的空间;引导产业链型联合社创新组织内部联结方式,鼓励其向着纵向一体化和横向一体化的方向综合发展;有序引导综合型联合社广泛开展各类支农服务,要发挥综合型联合社在社区建设方面的特有优势,探索综合型联合社开展开发式扶贫的新机制。

第三,坚持发展和规范并重,监督和支持并举。联合社的发展是建立在合作社的发展基础之上的,目前我国农民合作社的规范化程度还有待提高,所以联合社的发展要更加注重规范化建设。另外,要切实加强监督监管,防止出现打着联合社的牌子而不从事农业生产经营活动或套取国家资金支持的"挂牌社""空头社"在联合社领域出现。对于出现的此类情况,要加强纠错整改;对于屡教不改的"联合社",要坚决予以取缔,为我国农民合作社联合社的发展创造公平、自由、公正的市场环境。

第 3 章

农民合作社联合社的产生

3.1 理论基础

3.1.1 契约理论

契约(contract),俗称合同、合约或协议。[1] 在法律和经济学中都存在契约的概念,但是其含义并很不相同。法律中的契约主要是指"两人或多人之间为在相互间设定合法义务而达成的具有法律强制力的协议"[2],"契约为一种合意,依此合意,一人或数人对于其他人或数人负担给付、作为或不作为的债务"(《法国民法典》(即《拿破仑法典》第1101条)[3]。现代经济学中契约概念的内涵比法律上使用的契约概念的内涵则要广泛得多。经济学中契约的概念实际上是将所有的市场交易(无论是长期的还是短期的、显性的还是隐性的)都看作一种契约关系,并将此作为进行经济分析的基本要素。[4]

经济学中的契约理论发展经历了古典契约、新古典契约和现代契约3个阶

---

① [美]科斯,哈特,斯蒂格利茨等. 契约经济学. 李风圣译. 北京:经济科学出版社,2003:
   2.

② Walker, David M. 1980. The Oxford Companion to Law, Oxford:Oxford University Press.

③ 转引自[美]科斯,哈特,斯蒂格利茨等. 2003. 契约经济学. 李风圣译. 北京:经济科学出版社.

④ 张淑敏. 2008. 激励契约不完备性与组织文化. 沈阳:东北财经大学出版社:62.

段。古典契约思想主要有三个特点：第一，自由选择。反对政府或立法机构控制或干预。第二，个别性、不连续性。没有持久性的通过契约建立起来的合作关系，当交易完成时，所有的代理人都回到互不了解的状态。第三，即时性。契约规定的协议条款是明确的，不需要对未来的事件作出规划。与古典经济学一样，古典契约理论的局限性导致它不能够对现在的经济、社会关系做出很好的解释。新古典契约理论较为关注契约的持续性，将契约关系看作一种长期的关系，并初步认识到契约的不完全性和事后调整的必要性。其主要特点有：第一，契约的抽象性。剔除古典契约理论中的道德伦理因素，将契约看作实现均衡的手段，变为市场自然秩序的结果。第二，契约的完全性。新古典的契约是在有秩序、不混乱、没有外来干扰的情况下顺利进行的，契约当事人对其选择的条款和契约结果具有完全信息。第三，契约的不确定性。新古典的契约论提出要将对于未来的不确定性契约转换成确定契约，并将此种转换分为事前和事后两类。事前的不确定性可以通过保险实现转换，事后的不确定性可以通过第三方事后契约调整来实现转换，是一种包括第三方在内的规制结构。现代契约理论是近 20 年来发展起来的主流经济学最前沿的研究领域。在现代契约理论中，首先就对完全契约和不完全契约的概念进行了区分。完全契约主要是指缔约双方都能完全预见到契约期内所有可能发生的重要事件，愿意遵守双方所签订的契约条款，当缔约方对缔约条款产生争议时，第三方（比如法院）能够强制其执行；不完全契约主要是指由于个人的有限理性，外在环境的不确定性、复杂性，信息的不对称和不完全，契约当事人或契约的仲裁者无法证实或观察一切，造成契约条款是不完全的，需要设计不同的机制以应对契约条款的不完备性，并处理由于不确定性事件引发的有关契约条款带来的问题。① 不完全契约主要包括两重含义：一是契约内容的不完全；二是由于受到执行契约内外部条件的限制，即使契约内容是完全的，也得不到完全的执行。新制度经济学中将契约的不完全性主要归结于效用最大化、有限理性、交易费用和机会主义等前提假设的必然结果。上述关于不完全契约的假设前提在现实世界中是客观存在的，所以严格意义上的完全契约是不存在的，现实世界中的契约都

---

① ［美］科斯,哈特,斯蒂格利茨等．2003. 契约经济学．李风圣译．北京：经济科学出版社：14.

是不完全的。

从现代契约理论而言,农民专业合作社联合社也是一系列契约关系的组合。首先,农民专业合作社作为构成联合社的基本组织单元,本身就是具有法人资格、独立的经济主体,不仅参与农产品市场交易,而且与外部市场主体和内部成员之间产生多种形式的交易和分配行为,这些行为的实现都需要一系列的契约作为其存在的前提;其次,农民合作社联合社是由农民专业合作社通过联合与合作的方式组成的市场经济主体,农民专业合作社之间,专业合作社与外部市场、政府、社会、环境之间必然构成一系列复杂的契约关系;最后,我国农民合作社联合社的成立发展、内部组织机构设置、成员构成、产权安排、激励机制等一系列内外部契约安排,都较适用于现代契约理论的分析框架,具有不完全契约的典型特征。这些契约关系的形成条件、运作机制、路径演变,以及对联合社运行绩效和未来发展的影响,也是本书要着力解决的重要问题。

3.1.2 交易成本理论

交易成本(transaction cost)最早由科斯(R. H. Coase,1937)提出,他在《企业的性质》一文中首次提出了"交易成本"的概念。按照科斯的说法,交易成本实际上是由信息寻找成本、谈判成本、监督成本或处理事后可能发生的违约行为所产生的成本构成的。哈特(1998)分析了产生交易成本的原因——契约的不确定性。根据哈特的观点,交易成本的来源有3个方面:第一,未来的无法预测,计划往往跟不上变化;第二,受缔约各方背景的限制,要达成一致协议较为困难;第三,随着时间推移,一个不完全的契约需要不断进行修正并重新协商,这会产生较大成本。例如,由于持续争论导致的时间、效率成本,不对称信息导致的猜疑成本,契约不完全导致的专用性投资减少而造成的效率损失成本,等等。

威廉姆森(O. E. Williamson)对交易成本和不完全契约的关系做了系统的研究。他认为现实中的人都是"契约人",这些人无时无刻不处于交易之中,并且存在各种或明或暗的契约来规制他们的交易行为。所有复杂的契约都是不完全的,得不到可履约支持的许诺将使当事人面临风险。① 交易成本的存在源于交易主体的人性因素和外部环境的相互影响,其中包括有限理性、机会主义、不确定性与复杂性,等等。

克莱因(Klein)研究了后契约机会主义行为,他认为,由于存在机会主义、欺骗、无知等行为,要执行已签订的契约,就要通过法院和第三者强制执行,但这种强制行为并不是一种有效的办法。最好的办法是契约双方通过一种自动履约的机制,如果一方违约,另一方可以通过实施惩罚而使对方的损失比不履约时更大。如果市场条件发生了变化,则双方在签订契约时,规定一个不确定的条款,便于出现此种情况时协商解决。

交易成本理论在市场与组织互相替代和发展机制的研究应用中较为普遍,并且现代经济学将交易成本理论和契约理论相结合,解决了很多经济学前沿问题。在合作社产生动因的相关研究中,很多新制度经济学家都是从交易费用的角度来分析这一问题的。学者一致认为,农业合作社能够有效地使交易中的有限理性、机会主义、资产专用性和不确定性等因素的影响程度降低,从而有效地降低交易成本。例如,Staatz(1983)、Shaffer(1987)等认为农业领域的专用性投资较高,而农业的风险又较大,所以一旦出现机会主义行为,交易对方很容易利用农业的专用性资产来"敲竹杠",所以农业合作社的出现能够降低这种可能性。

3.1.3　制度变迁理论

制度变迁理论是新制度经济学研究的重点问题之一。经济学意义上的制度,是指一系列被制定出来的规则、服从程序和道德、伦理的行为规范。

Coase(1971)认为,制度变迁的内在动力在于行为主体将通过制度变迁获得"潜在利润",外部成本与收益变化、规模经济变化、市场不完善等诸多外部因素导致了潜在利润的产生,这些潜在利润在现有的制度体系下难以实现,从而诱导经济主体通过推动制度变迁的行为来获得这些潜在利润。

林毅夫(1994)将制度变迁划分为诱致性制度变迁和强制性制度变迁两种。

---

① 威廉姆森.1996.经济组织的逻辑//陈郁编.企业制度与市场组织——交易费用经济学文选.上海:上海三联书店、上海人民出版社,69.

其中,诱致性制度变迁是指自发的、自下而上的制度变迁形式;强制性制度变迁则是政府主导的,自上而下的、激进式的制度变迁形式。这两种制度变迁在现实中往往同时存在,互相联系、互相影响,共同推动社会的制度变革。

North(1990)把阿瑟关于技术演进过程中的自我强化现象的论证推广到制度变迁方面来,从而提出了制度变迁的"路径依赖理论"。该理论认为决定制度变迁路径的力量主要来自不完全市场和报酬递增两个方面。人们一旦选择了某个体制,由于规模经济(economies of scale)、学习效应(learning effect)、协调效应(coordination effect)以及适应性预期(adaptive effect)等因素的存在,会导致该体制沿着既定的方向不断得以自我强化。

我国农民专业合作社目前尚处于发展的初级阶段,合作社还普遍存在着经营规模小、服务层次低、带动能力不强、规范化程度不高等问题。农民合作社联合社的基层实践表明,通过合作社之间的联合与合作,单个合作社面临的这些问题能够得到较好的解决,但政府对农民合作社联合社的不同引导和支持方式,将对联合社的演进路径产生重要影响。

3.2 联合社的成因:一个分析框架

3.2.1 影响因素

事物的发展必定是内因和外因相互作用的结果。实践证明,我国农民合作社联合社的产生和发展并非偶然。从制度变迁的角度看,在农民专业合作社进行生产经营的过程中,必定在某些环节出现了"潜在利润",而农民合作社联合社的制度安排比农民专业合作社更易于获得这些"潜在利润";从交易成本的角度来看,农民专业合作社在生产经营和与市场进行交易时,产生的交易成本可以从农民合作社联合社的契约安排中得到减免。所以,在获取"潜在利润"的拉动力和节约交易成本的推动力的共同作用下,农民专业合作社具备了向农民合作社联合社转变的内在动力机制。

从外部发展环境看,农民专业合作社向农民合作社联合社转变的外部影响因素主要是市场需求和政府态度。从市场需求的角度看,我国正在大力发展的现代农业对农业生产的规模化、组织化、集约化、现代化提出了较高要求,这使得农民专业合作社成为构建现代农业经营体系的重要组织载体,而且合作社的联合似乎能够更加迅捷地达到现代农业的上述要求。同时,农业现代化与工业化、信息化、城市化相比较而言,其短板地位客观上又要求农民专业合作社这样的生产经营主体向着联合与合作的更高层次发展。

从政府对农民专业合作社向合作社联合社转变的态度看,农民合作社联合社的制度供给能够有效增加社会福利(图3-1),这是政府利益所在,也是政府支持农民合作社联合社发展的理论基础。

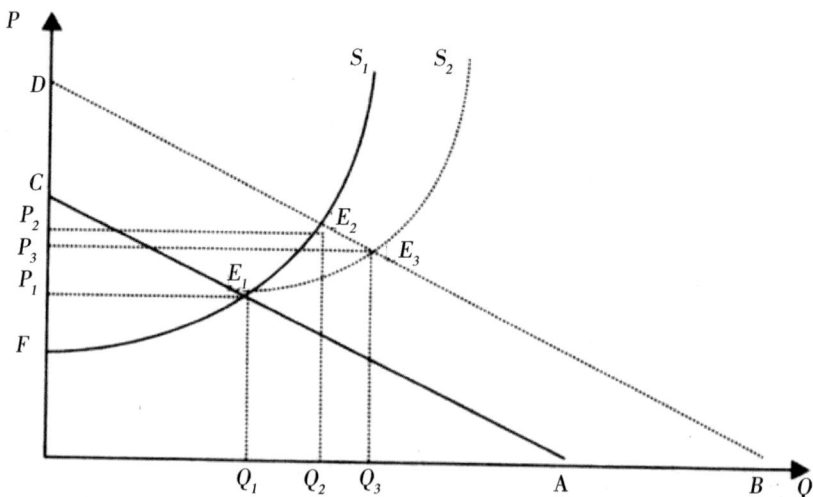

图3-1 农民专业合作社联合前后社会福利变化

图3-1中的横轴表示产量,纵轴表示价格。CA 表示农民专业合作社的需求曲线,FE_1S_1 表示农民专业合作社的供给曲线,供给均衡点为 E_1,均衡价格为 P_1,均衡数量为 Q_1。在农民专业合作社向农民合作社联合社转变的过程中,由于生产规模的扩大,销售渠道的拓展,农民专业合作社的需求曲线向右移动,由 CA 移动到 DB,同时受需求扩张的影响,合作社的供给曲线也将从 FE_1S_1 移动到 FE_1S_2,由于是在原有的农民专业合作社基础上进行联合,故 FE_1 段曲线保持不变。从图中可以看到,加入联合社状态下的农民专业合作社产品数量和价格均有提高(市场

均衡从 E_1 移动到 E_3)。考虑到社会福利的变化,在加入联合社之前,农民专业合作社的生产者剩余为 FE_1P_1,消费者剩余为 CE_1P_1,社会总福利为 FE_1C。成立联合社以后,该农民专业合作社的生产者剩余为 $FE_1E_3P_3$,消费者剩余为 P_3E_3D,社会总福利为 FE_1E_3D。所以,从独立的农民专业合作社到加入农民合作社联合社,社会总福利获得净增加,净增加的面积是图中的 CE_1E_3D。

3.2.2 动因模型

按照上文的分析,农民专业合作社向农民合作社联合社转变的动因,既有来自内部实现潜在利润和降低交易成本的动力机制,也有外部政府的支持,以及内外部契约的制约和推动,从而形成了一个内外部因素互相影响、互为制约、互相促进的复合系统(图3-2)。

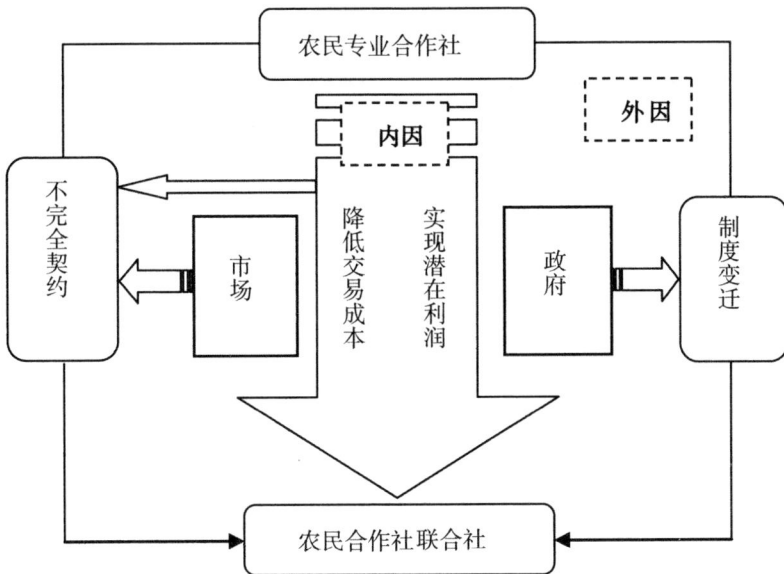

图3-2 农民合作社联合社成因示意图

借鉴新古典经济学的市场均衡理论和新制度经济学的产权理论、制度变迁理论,从上文讨论的影响单个合作社向联合社转变的因素出发,本书构建出农民专业合作社向农民合作社联合社转型的动因模型(cooperative motivation analysis model,CMAM)，模型的具体形式如下：

$$T_{i \to I} = F_R \{ \Pi, C, W(L, K, M) | \partial(\partial_1, \partial_2) \} \qquad (3-1)$$

$$R = \gamma \{ \alpha(v, d, s, u), \beta(\beta_1, \beta_2) | \partial(\partial_1, \partial_2) \} \qquad (3-2)$$

该模型的基本假设是：农民专业合作社向农民合作社联合社转变的动因强度取决于转变前后实现的潜在利润、节约的交易成本，以及合作社自身的生产能力。实现此转变受合作社内部制度结构和外部制度环境的影响。合作社的内外部契约成为约束条件。

在模型(3-1)中，$T_{i \to I}$ 表示第 i 家农民专业合作社向农民合作社联合社转变的动因强度，Π 表示潜在利润，C 表示交易成本，W 表示农民专业合作社的生产能力，其中，生产能力受劳动力要素 L、资本要素 K、资源要素 M 等的制约。∂ 表示农民专业合作社面临的契约约束集，其中 ∂_1 表示内部契约集、∂_2 表示外部契约集。F_R 表示上述自变量与因变量之间的函数关系。R 表示农民专业合作社的制度约束集。

模型(3-2)对农民专业合作社面临的内外部制度约束做出了函数分析。α 表示农民专业合作社的内部制度结构，包括合作社的产权结构 v、资产特性 d、组织规模 s、技术特征 u 等。β 表示外部制度环境(包括政府的引导政策)，其中 β_1 表示正式制度环境，β_2 表示非正式制度环境。农民专业合作社面临内外部制度的约束，同时又受契约约束集 ∂ 的影响。

3.2.3 案例介绍

1. 案例的选择

本书选择山东省潍坊市临朐县志合奶牛专业合作社联合社作为典型案例，来探究农民合作社联合社的成立动因。之所以选择该联合社作为典型分析材料，原因如下。

(1)时间维度上的稳定性。课题组在调研农民合作社联合社时发现，目前很多联合社成立的时间较晚，大多数联合社从成立到现在，投入实际运行的时间不超过 2 年，内部运作机制、民主机制还很不完善，很多联合社成员社之间的利益联结机制较为松散，业务范围以服务为主，发挥的作用与联合会相类似。志合奶牛专业合作社联合社成立于 2010 年，运作到目前已有 5 年多的时间，运作机制较为稳定和成熟,且在成员社内部的口碑较好,发挥的实际作用得到了社会各界的认可,未来发展趋势看好。所以,选择志合奶牛专业合作社联合社作为典型样本,体现了样本在时间维度上的稳定性。

(2)区域和产业维度内的典型性。志合奶牛专业合作社联合社所在的临朐县是山东省最大的优质奶源生产基地之一,具有良好的奶牛养殖基础,2006年被中国奶业协会评为全国牛奶生产50强县。志合奶牛专业合作社联合社自成立以来,经过不断发展,成为目前山东省最大、潍坊市唯一的奶业合作社联合组织,社员户户均年增收入5万多元,在当地率先依托联合、通过联合让奶牛养殖户走上了致富道路。所以,选择志合奶牛专业合作社联合社作为研究样本,在山东区域范围和奶业产业范围内能够体现该联合社的典型性。

(3)研究内容与研究样本的契合性。本书研究的主要内容是分析农民合作社联合社的成立动因。据调研了解得知,目前很多农民合作社联合社成立的动因中有较多政府干预的痕迹,有的是政府主导成立、有的是政府搭建平台、有的是政府积极推动,基层处于自身需求而自发形成的农民合作社联合社较少。志合奶牛专业合作社联合社的成立和发展,体现了基层农民专业合作社自发自愿的行为,政府在其中扮演的是指导者和服务者的角色,而且该联合社的运作真正发挥了农民合作社联合社作为独立市场主体的积极作用。所以,选择此研究样本的可研究性强,能够体现研究内容和研究样本的契合性。

2. 案例基本情况

山东省潍坊市志合奶牛专业合作社联合社成立于2010年8月18日,地址位于临朐县城关街道下石埠村。联合社的法定代表人是临朐县奶牛协会会长、临朐县佳福奶牛养殖专业合作社理事长秦贞福。目前,该联合社共有31个成员单位,主要分布在临朐县(例如,临朐县的奶牛养殖专业合作社就有佳福、泰康、一鸣、永浩、茂源、继东、友美、世平、汇宝、开元、永昌、宇宏、洋河、康润达、大鹏、洪圣、东玉、众友等)。目前,联合社的社员户达到278户、饲养奶牛5860头。同时,联合社还辐射、带动了周边的1200多个奶农户养殖奶牛,在带动当地奶业产业发展、活跃农村经济、带动奶农增收致富等方面发挥了重要作用。

(1)从奶业协会到联合社的"三部曲"

临朐县的奶牛合作组织建设先后经历了"三部曲"。

第一部曲:临朐县奶牛协会。1999年8月,当时任营子兽医站站长的秦贞福在全县第一个创办了"临朐县奶牛协会",为县内外奶农提供信息、技术、手术、防治等方面的服务,得到奶农普遍欢迎,很快就发展成为全省最大的奶牛协会。

第二部曲:奶牛养殖合作社。2006年8月,为密切奶农之间的利益关系,搞好更多实物供销,以实体推进奶农发展、增加其效益,秦贞福会长又在全县第一个按照《合作社法》的规定成立了临朐县佳福奶牛养殖专业合作社。与此同时,县内外也应运而生了众多奶牛合作社。

第三部曲:奶牛养殖专业合作社联合社。临朐县的奶牛养殖合作社在运行中,出现和遇到了许多困难和问题:有的虽在形式上成立了,但缺乏经验与实质性内容,合作社与社员之间的关系不紧密,利益衔接不紧凑,名存实亡;有的因规模小,在饲料、兽药、技术应用、引进或聘请省内外专家等实际性问题方面争取不到优惠,社员因尝不到加入合作社应有的好处而抱怨,合作社运行举步维艰;更为明显的是,一些乳制品企业鄙视小合作社,给予的奶价低,收奶环节任意刁难克扣,奶款不按时结算、兑现,一句话,原因是不是大客户,不能享受优厚待遇。

面对种种困难和无奈,临朐县内外大小不等的奶牛养殖合作社在窘困中寻找出路,都渴望成立一个大的奶牛合作社联合社,"船大抗风浪",对内搞更好的实物服务、对外得到更优惠的待遇,让奶农和合作社双赢。基于此,秦贞福又于2010年8月承担起"大联合"的责任,先后联合县内奶牛养殖专业合作社,成立起了临朐县第一个也是目前临朐县唯一的"临朐县志合奶牛合作社联合社"。

(2)联合社成立的直接动因:提升市场谈判能力

佳福奶牛养殖专业合作社是联合社的主要发起单位,成立于2006年5月,秦贞福是合作社的理事长。合作社成立后,实行统一采购、统一管理、统一销售的"三统一"标准,获得了较好的经济效益,不到一年时间,合作社的社员迅速发展到100多户。

2009年,佳福奶牛养殖专业合作社与某乳品企业达成销售协议,在销售环节实现了突破性进展。但是好景不长,2010年合作社在与乳品加工企业的市场交易中遇到了两大难题:一是乳品企业凭借其市场垄断力量,压低合作社鲜奶收购价格,收购价格比市场价低0.2元/公斤。以合作社的经营规模而言,每日鲜奶产量大约3吨,价格压低后平均每月利润损失达18 000元;二是乳品企业恶意拖欠合作社奶款。在压低合作社奶价的同时,乳品企业每月拖欠合作社的奶款逾 20 万元,有时甚至连续拖欠两三个月的奶款,严重影响了奶农的生产经营活动,致使部分奶农对合作社丧失了信心。当年就有不少奶农提出要退出合作社,合作社陷入了解体的危机之中。

面对内忧外困的局面,合作社理事长秦贞福屡屡上门向乳品企业讨要奶款,但是乳品企业以诸如行业不景气等各种理由推脱,对此秦贞福束手无策。倘若此时更换合作企业,合作社还将面临拖欠的奶款无法追回的风险,会造成严重的经济损失;如果不更换合作企业,将会被乳品企业继续恶意压低奶价和拖欠奶款,同样也会造成经济损失。由此,合作社面临着进退两难的尴尬局面。

正在此时,秦贞福偶然打听到,与他们面临着相同困境的合作社不在少数,仅临朐县就有 7 家。于是,他萌发了一个念头——7 家合作社联合起来共同解决奶款难题。同时,秦贞福通过网上搜索,发现不少地方已经有了合作社联合起来闯市场的先例,这使他更加坚定了成立联合社的信心。

2010 年 7 月,秦贞福将其余 6 家合作社的理事长召集在一起,共同商讨目前合作社面临的困境。7 家合作社一致认为,造成当前困境的原因就在于合作社的规模小、实力弱,没有形成规模经济。单个合作社的奶量不足以对乳品企业的奶源造成太大影响,乳品企业自然有恃无恐。在会上秦贞福提出了合作社联合起来,组建联合社共同对抗乳品企业的方案。这个方案提出后,所有合作社代表一致同意。为此,他们还算了一笔账:一家合作社一天的产奶量在 2—3 吨,7 家合作社的产奶量加起来一天就是 17—18 吨。如果 7 家合作社联合起来,同时停止与该乳品企业的合作,势必会对该乳品企业的生产造成影响。因此,7 家合作社签字决定联合起来,成立临朐县奶牛养殖合作社联合社,共同抵制压价,讨要奶款。在会上,秦贞福当选为联合社的理事长。

2010 年 8 月 18 日,在 7 家奶牛养殖合作社的自我组织下,潍坊市志合奶牛专业合作社联合社正式在当地工商部门注册成立。

(3)联合社的服务内容:从"两统一"到"十统一"

联合社成立后,就开始在"统"的层面发挥作用,为成员社提供各种服务。服务内容从最初成立时的"两统一",逐步发展到了现在的"十统一"。

"两统一":联合社成立初期,统一服务的内容主要是为了应对乳品企业的压级压价，提高成员合作社的养殖效益。于是，联合社为成员社提供了"两个统一"服务：一是联合社统一购买农资或技术服务，并以原始购买价格提供给成员合作社；二是合作社产品统一由联合社组织销售（负责联络销售渠道，有别于合作社将产品销售给联合社），由联合社和企业谈判后统一确定产品价格（图3-3）。

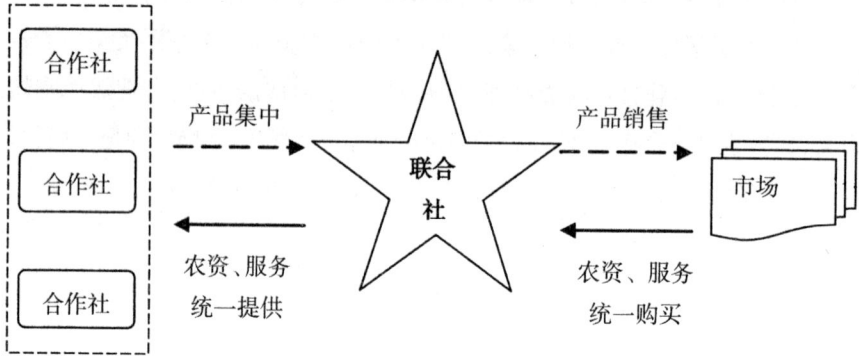

图3-3 联合社"两统一"运作模式图

"十统一"：随着联合社与成员社之间信任与互助程度的不断增强，由联合社统一提供服务的内容也不断扩展，到2016年底共对联合社社员提供"十个统一"的服务：一是统一集中饲养，牛舍有偿使用，统一使用奶牛卧床。二是统一水电价格。三是统一饲喂全株玉米青储，使用进口TMR机搅拌饲喂。四是统一供应精料。联合社选择优质饲料加工厂，与饲料加工厂签订供应合同，饲料厂每吨向合作社让利100元。五是统一生鲜奶销售。联合社统一挤奶，销往伊利乳业。六是统一配种。联合社统一使用性控冻精，搞好奶牛品种改良。七是统一免费防疫消毒。联合社定期安排工作人员进行防疫消毒，消毒药物由联合社统一配备。八是统一培训，组织好技术培训与交流。配备电教室一间、现代化培训设备，设专职培训管理人员，每年组织成员单位到县外现代化大型牛场参观学习。九是统一疾病防治。联合社按规定进行疫病监测、修蹄保健、防疫治病。十是统一发放奶款。每月清账，及时兑现奶款。

联合社的"十统一"服务，解除了社员的后顾之忧，消除了过去养牛的不良习惯，解决了奶牛拴养不运动、只吃干草无青储、手工挤奶乳腺炎严重等问题，使奶牛饲养管理水平上了一个新的台阶（图3-4）。

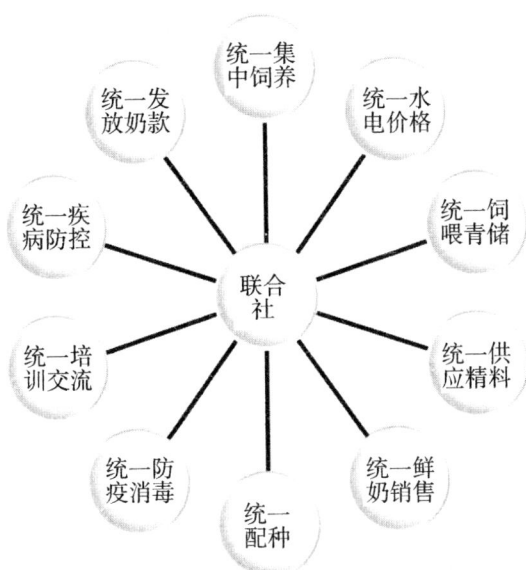

图3-4 联合社"十统一"运作模式图

（4）联合社的内部管理

志合奶牛专业合作社联合社成立后，以农民专业合作社法为依托，根据发展需要，选举成立了理事会（5人）和监事会（3人），建立了各种工作机构，建立健全了财务管理制度、会议制度、学习制度、财务监督制度等。

第一，成立了管理机构。联合社根据发展需要制定了自己的章程，按程序选出了理事会和监事会，设立了办公室、业务部、财务室。

第二，健全了财务管理等制度。联合社实行民主决策，财务公开，账务做到日清月结。

第三，设置了联合社股金。联合社设置社员身份股和投资股。

第四，实行生产费用管理。联合社给每个社员发放了生鲜奶销售、草料使用、防疫治病、饲养场消毒、人工授精等生产费用账册，按时记录，并配备电子档案让社员心中有数。完善饲养奶牛档案管理，由专人登记，定期存档。

第五，办公室设专人负责联合社日常工作，确保联合社健康运行。

（5）联合社的运行成效

志合奶牛专业合作社联合社的成立和运行，给每个社员户带来了实实在在的利益,不仅使社员户年增经济收入 1500 万元以上,还使他们每年得到 0.5 万—2万元的利益返还。仅奶价一项,由于联合社享受了大客户待遇,每年增加成员单位纯收入近百万元,成为当地农民合作社联合社发展的典范。

第一,组建联合社以后,合作社的市场谈判力得到了提高。最典型的事件是,志合奶牛专业合作社联合社成立当天,就正式向乳品企业发出通知:鉴于该乳品企业一直以来对联合社成员社压低奶价、拖欠奶款,联合社集体决定,从第二天起,停止向该乳品企业提供鲜奶。乳品企业接到通知后,大为紧张。当天晚上乳品企业的总经理就赶赴临朐,与联合社进行协商,最终达成了一致:一是拖欠 7 家合作社共计 120 多万元的奶款,第二天即刻发款;二是签订奶款协议,保证以后绝不拖欠奶款;三是提高奶价,与市场收购价格持平。通过联合社的努力,2016 年联合社每天产奶 20 多吨,每千克达到 4 元左右,比原来的价格提高了 20%,得到了乳品企业相关的优惠政策,增加了社员户和联合社成员单位的利益。

第二,在农资购买方面,联合社采取统一购买的措施,产生了规模经济效应。联合社成立后,组成了较大的市场主体,在与农资供应方的谈判中也占据主动地位,降低了农资购买成本。联合社先后与临沂利豪饲草公司、青岛普兴饲料公司、北京优利农畜牧机械公司等多家企业建立了业务关系,以优惠价格统一购进、供应兽药、饲料、饲草及相关物资,给社员户户均节省投入 10 万余元。以奶牛养殖常用的苜蓿草为例,以前单个合作社采购苜蓿草时,到港口自提价为每吨 3200元,联合社成立以后,潍坊市一家专门经营进口苜蓿草的公司主动上门,与联合社达成合作协议。联合社采购苜蓿草价格依旧是每吨 3200 元,但是公司提供免费送货上门服务。之前,公司 1 辆运输车能载重 35 吨苜蓿草,平均每吨苜蓿草的运费在 100 元左右,仅 1 车苜蓿草就为合作社节省了 3500 元。此外,联合社还积极与电力部门协调,将原先工业用电改为农业用电标准,每度电节省 0.3 元钱,大大降低了奶牛养殖户的养殖成本,增加了养殖效益。同时,联合社还配备了鲜奶专用运输车 1 辆,每天将成员单位的鲜奶直接运输到乳品公司,节约了市场成本,提高了成员单位的效益。

第三,通过整合优势资源,联合社向合作社提供技术普及与推广服务。联合社内部不乏养殖"高手",他们的养殖能力、信息收集能力等都强于一般奶农。联合社充分利用这一优势,在内部多次举办养殖技术座谈会,开展交流、学习培训、现场观察等活动,及时为奶农提供科技养殖信息与技术等。此外,联合社还从外部引进先进生产技术。例如,与澳大利亚饲草公司达成了供应优质饲草的协议;取得利拉伐公司的支持,为合作社奶厅提供专门的清洗液;近期,又与蒙牛、塞科星有限公司合作,为联合社奶品种改良提供一定技术支持。志合奶牛合作社联合社凭借自己的实力与影响力,与山东广播电视学校在临朐县共同创办了奶牛学校。奶牛学校任教的老师是来自科研院校的专家、教授。每一批学员都要经过两年的系统学习,经过考试合格后,还会获得由山东广播电视学校颁发的正规的专业证书。奶牛学校创办以来,为联合社提供了雄厚的技术人才基础,极大提高了联合社的奶牛养殖水平,保证了联合社的长远发展。同时,奶业学校的影响力也在不断扩大,学校中就有不少从内蒙古、四川等地慕名而来的学员。

第四,在联合社的带动下,临朐县的奶牛养殖方式正在逐渐优化。组建联合社后,合作社的规模、实力都得到了较大的提升与改善,于是开始优化传统的养殖方式。2011 年起,在联合社的带动下,临朐县积极升级奶业生产方式,从粗放型养殖向集约化养殖转变,建立奶牛养殖基地,实施规模化、集约化、现代化的养殖方式。目前,联合社已经建立起多个标准化的奶牛养殖基地,奶牛存栏量能力可达到 2 万多头。联合社的每一个社员都能享受到标准化养殖的服务,奶农还可以将自家奶牛送到养殖基地托管,由联合社工作人员代为管理。这种方式不仅降低了奶农的养殖成本,还提升了牛奶产量与质量,形成了良好的经济效益,促进了奶业增效与奶农增收。据测算,社员户奶牛生产效益比加入联合社之前提高了 30%以上。

第五,联合社积极延伸产业链条,拓展销售渠道。2012 年,联合社在临朐县开办了直销鲜奶吧。直销鲜奶吧不仅拓宽了联合社的产品销售渠道,而且为奶农增收开辟了新的路径。直销鲜奶吧的成功试点,为联合社创建品牌奠定了基础,增强了社员的信心。2012 年 2 月 10 日,联合社举办了"迎新春·谋发展"座谈会,邀请了东营市、青州市奶牛协会以及县内 26 家合作社的负责人参加,一起学习县委1 号文件《关于配合伊利集团奶源基地建设,鼓励奶牛产业发展的意见》,畅所欲言,互相鼓舞,进一步增强了大家再发展、再提升、再增效的信心与干劲。

第六,联合社为解决社员户资金困难问题做出了积极探索。联合社积极与临朐县农村信用社、中国银行、北京宜信投资公司等多家金融部门联系,先后争取优惠利息的贷款 2800 多万元,陆续投放到奶牛社员户,解决了社员户扩大生产规模缺乏资金的难题。与农村信用社合作联合,创新性地推出"社社联合"贷款办法并在全国推广,中央电视台、山东卫视都做过专题报道。2015 年,联合社还成为山东省农民合作社内部开展资金互助业务的全省推进试点单位,在探索解决农户金融可得性差的问题上先行先试。

3.2.4 案例剖析

从山东省潍坊市临朐县志合奶牛专业合作社联合社成立和发展的典型案例可知,通过联合与合作的方式扩大生产经营规模,提升与农业企业的市场谈判能力,是奶业养殖专业合作社选择联合的主要原因。从联合社成立和发展的内因上分析,正是由于联合社这种组织方式的存在,使得单个奶牛养殖合作社无法实现的"潜在利润"得到了实现。

1. "潜在利润"究竟是什么?

顾名思义,"潜在利润"就是未知的、可能存在的利润。从农民专业合作社到农民合作社联合社,需要提出的问题是:这两种组织形态之间是否存在着"潜在利润"? 如果存在,此"潜在利润"是什么?

要确定两种不同的组织形态之间是否存在着"潜在利润",则需要对两种组织形态产生的绩效进行比较,当然如果是同一主体经历了两种不同组织形态的变迁过程,则更能说明问题。在本书的研究中,从奶牛养殖专业合作社到奶业合作社联合社,佳福奶牛养殖专业合作社理事长秦贞福实现了从专业合作社理事长到合作社联合社理事长的转变,从他个人的直观感受来说,奶业合作社联合社比之前单个奶牛养殖专业合作社要有优势,而且实际的运行效果也证明了他的看法。案例的介绍中指出,成立的志合奶牛专业合作社联合社与单个的奶牛养殖专业合作社相比,实现了 6 大功效:市场谈判地位提升;实现了规模经济;促进了奶牛养殖技术的普及和推广;实现了奶牛养殖方式的优化;延伸了奶业产业链条;促进了农村金融创新,缓解了奶农贷款难题。这 6 大功效都可以看作是农民专业合作社向农民合作社联合社转变而实现的"潜在利润",只是有些利润容易测量(例如,谈判地位提升导致的奶价上升、规模经济导致的成本降低等),有些利润则无法直接测量(例如,技术推广产生的综合效益、奶牛养殖方式优化获得的长期发展优势等)。

如果不加入联合社,单个的合作社则无法享受到这些利润。所以,从本案例可知,"潜在利润"可以看作是实现不同组织形态转化的机会成本,这种机会成本随着组织形态的不同而有所区别。例如,农民专业合作社向农民合作社联合社转化,与农民专业合作社向农业企业转化,其机会成本是不同的。

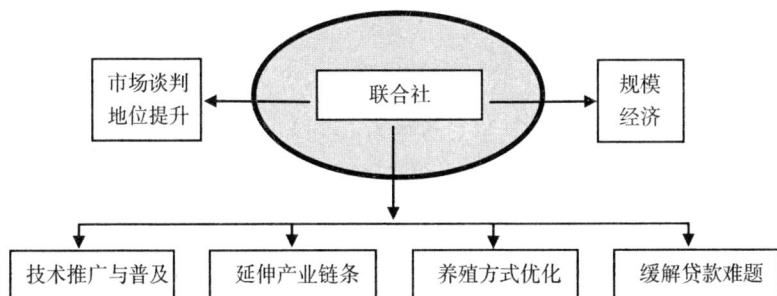

图3-5 联合社成立后获取"潜在利润"

2. 实现"潜在利润"的动力来自哪里?

本案例中,最终让农民专业合作社转变为农民合作社联合社的决定性因素,也是农民专业合作社最需要实现的"潜在利润",就是市场谈判地位的提升。这种潜在利润为什么比其他的潜在利润更能够促使组织形态的转变呢?原因在于产品特性、市场结构和外部环境的影响。

目前,我国奶业产业发展处于一个较为特殊的时期,就生鲜乳买卖双方的市场地位来说,卖方是千千万万的奶农、合作社、家庭农场等,买方则是生鲜乳收购和加工企业。尽管近些年奶业生产的规模化程度有所提高,但与买方相比,卖方仍然处于相对弱势的地位,因为很多地区只有一两家生鲜乳加工企业,而生鲜乳从奶牛身上挤出来后,保质期非常短,需要立刻通过封闭、冷链设施运送到加工企业,否则极易导致生鲜乳的污染、变质,从而一钱不值,所以奶农的生鲜乳生产出来以后,必须尽快卖给企业。这就客观上造成了生鲜乳买卖双方的市场地位的不平等。具体来说,案例中联合社所在的临朐县生鲜乳收购市场就是一个典型的买方垄断市场,即牛奶的收购方为少数具有垄断地位的乳品加工企业占据,如临朐县的牛奶收购主要是伊利乳业在垄断经营。经济学原理告诉我们,买方垄断将产生低于均衡价格的市场价格,而且社会实际生产数量将低于社会最优生产数量,同时还将造成社会总福利的损失。所以,临朐县的生鲜乳加工企业对奶农或奶业合作社的压价行为,甚至经常性地拖欠奶款的现象,都是市场结构造成的。

当这种行为威胁到奶农或合作社的底线时(这种底线可以是奶农或合作社继续生产必需的资金数量,也可以是奶农或合作社心理能够承受的最低压力线),就会诱发制度变迁,本案例中就发生了从农民专业合作社向农民合作社联合社的转变,从而实现了提高谈判地位的"潜在利润"。在上文中介绍的6方面"潜在利润"中,"提高谈判地位"最为紧迫,对于奶农或合作社的生存发展最为重要,所以"提高谈判地位"成为组织形态变迁的直接诱因。当此利润实现后,有可能逐渐减少,甚至不再存在,那么这时其他类型的"潜在利润"就成为维持联合社这种组织形态的主要动因。如案例中联合社提升谈判地位后,企业做出了让步,提高了奶价,归还了欠款,并且做出了承诺。这时若没有其他"潜在利润"的诱导,联合社将不再具有动力继续维持,可能还将面临解散或名存实亡的风险。

此外,从联合社成立和发展的外部环境看,政府对农民专业合作社向农民合作社联合社转变的态度是鼓励和支持的,正是由于实现了社会福利的提升,符合政府利益,故政府为联合社的发展提供了良好的制度环境。据了解,该联合社受到省、市、县各级政府部门,数十位党、政领导视察并给予高度评价,获得国家、省、市等各级农民专业经济组织授予的多项荣誉称号,理事长秦贞福先后获得"全国科普惠农兴村带头人""感动中国畜牧兽医科技功勋人物""山东省优秀共产党员""临朐县劳动模范""全国先进奶业工作者"等30多个殊荣,联合社被团中央选作青年就业创业实习基地。

3."潜在利润"如何保障?

从上述的案例分析中,我们得知,奶业的市场结构和产品特点比较特殊,单个的养殖专业合作社是否选择联合,已经到了关乎生死存亡的重要时刻。在这种背景下,如果不出现联合社,相信也会出现另一种类型的组织联盟。那么,如果不是在这种非转变不可的情况下,经营其他品种(如粮食、果蔬等)的农民专业合作社面临着转变后即将产生的"潜在利润",如何有动力去推动单个合作社的转变,以及如何设计相应的契约机制来保障转变的成功与可持续呢?

对于上述两个问题,同样可以从本案例中得到启示。生鲜乳的特殊性自然毋庸置疑,粮食、果蔬等其他类型的农产品也不是不存在被逼到绝路的时候(经常会遇到白菜烂到地里或桃丰收后卖不出去的情况),只要是经营农产品,由于中国农业生产的特殊国情,小农经济始终无法和大市场实现平等对话,这是由农产品特点和我国的国情及农情决定的。但是,从本案例中奶业合作社实现成功转变,到转变成为一种稳定的组织形态,并持续发挥作用来看,是存在着一些契约机制作为保障的。

首先,成功关键在契约机制的设立。本案例中的奶业联合社理事长秦贞福在转变中起到了决定性的作用,如果没有他的起意和号召,估计这个联合社最终也不会存在。他的经营能力、个人品德、领导能力等个人素质,成为联合社成功转型和持续发展的"幕后推手",这表明联合社是需要能人来领导的。这种能人领导的具体过程,就是设立契约、运行契约、维护契约的过程。如果在联合社成立和发展的过程中,没有形成一套可以持续运行的契约体系,那么最终联合社将成为一盘散沙。

其次,成功的难点在于契约机制的稳定性。合作社联合社是由很多大大小小的农民专业合作社组成的,成员越多,达成一致协议的概率越低,这是由集体行动的逻辑决定的。所以,需要在联合社内部通过制度约束来实现治理,先设立一系列契约,实现约法三章,如果出现违反制度的事情,严格按照制度办理,这样才能让联合社实现稳定和持久的发展。据了解,志合奶牛专业合作社联合社曾经出现过一户社员找银行借钱后不还的情况,由于此农户借钱是由联合社的其他成员社做担保的,如果不还贷款则需要其他成员社为其偿还,最后联合社内部召开会议,决定拿此农户的奶牛作为抵押(把不还钱的农户养的奶牛分给了为其做担保的合作社),并代其给银行还了贷款,保证了整个联合社在银行的信用。还有一种做法就是在联合社内部形成专用性资产,以此形成相对稳定的契约关系。由于奶业投资规模较大,养殖奶牛的基础设施往往需要联合社内部的各个养殖专业合作社共同投资,则投资后就形成了联合社的专用性资产,相当于入股的性质,这样就在联合社内部形成了较为紧密的利益联结机制,有利于联合社的持续稳定发展。

3.2.5 研究小结

理论分析表明,农民合作社联合社成立的动因,主要是为了实现组织转变过程中出现的"潜在利润"。从经济学的角度来讲,"潜在利润"实质上是指原有组织形态的机会成本。"潜在利润"有很多种表现形式,任何一种表现形式都可以成为组织形态发生转变的动因,而真正促使农民专业合作社转变为农民合作社联合社的关键性动因,可能只有少数几个或者一个。实现此转变,内外部环境因素起到了非常重要的影响和制约作用。要使转变后的农民合作社联合社维持稳定发展,需要有持续稳定的"潜在利润"存在,农民合作社联合社内部要围绕"潜在利润"形成稳定的契约联结机制,并且有制度保障契约机制的顺利执行,否则联合社的稳定运行将受到影响。

3.3　联合社成立的路径

3.3.1　理论框架

从契约经济学的角度看,农民合作社联合社成立之初,农民专业合作社对联合社这种组织形态的考察和选择,实质上就是对联合社内外部契约关系的评价与选择。那么,在组织形态转变的过程中,哪些因素决定了联合社这种组织契约模式的形成,以及这些因素选择何种方式来实现这种转变? 这正是本部分要讨论的联合社成立的路径问题。

新制度经济学理论认为,在契约形成过程中,构成契约的各个要素会在不同的状态下与交易组织互相匹配,实际的组合是随机的和复杂的,从而导致现实中会出现不同的分布状态。而对于一个组织而言,如果能够以最小的交易成本获取最多的"潜在利润",能够进行适应性调整并做出连续性决策的组织模式,必然是最有效率的组织模式。威廉姆森(2001)研究了交易特性和契约选择之间的匹配关系,建立了一个基于契约选择的理论分析框架,他认为市场结构、产品特征和制度环境将对组织契约的选择产生重要影响。从威廉姆森的理论出发,如果把农民合作社联合社视为一种特定的组织契约模式,那么选择这种组织契约作为交易形态的农民专业合作社也同样受到市场结构、产品特征和制度环境等因素的影响。

从联合社成立的路径来看,农民专业合作社向农民合作社联合社转变的过程,实质上是一次制度变迁的过程。林毅夫(1994)将制度变迁分为两种类型:一种是诱致性制度变迁,指的是现行制度安排的变更或替代,或者是新制度安排的创造,是由个人或一群人在响应获利机会时,自发倡导、组织和实行的。与此相反,另一种是强制性制度变迁,指的是由政府命令和法律引入和实行的。诱致性制度变迁必须由某种在原有制度安排下无法得到的获利机会引起,而强制性制度变迁可以纯粹因在不同组织契约模式之间对现有收入进行再分配而发生。在我国农民专业合作社的发展历程中,自从2007年《农民专业合作社法》颁布施行以来,合作社发展的制度环境持续向好,政府及社会各界对合作社的发展给予了大力支持,很多农民合作社联合社就是在政府的引导和支持下成立的。鉴于此,本书研究将联合社成立过程中有政府部门或者农民专业合作社外部力量的支持和参与,单纯依靠合作社自身力量难以成功转型的那部分联合社的转型路径类型,称为干预性制度变迁,以区别于林毅夫教授定义的强制性制度变迁中的政府强制性行为(图3-6)。

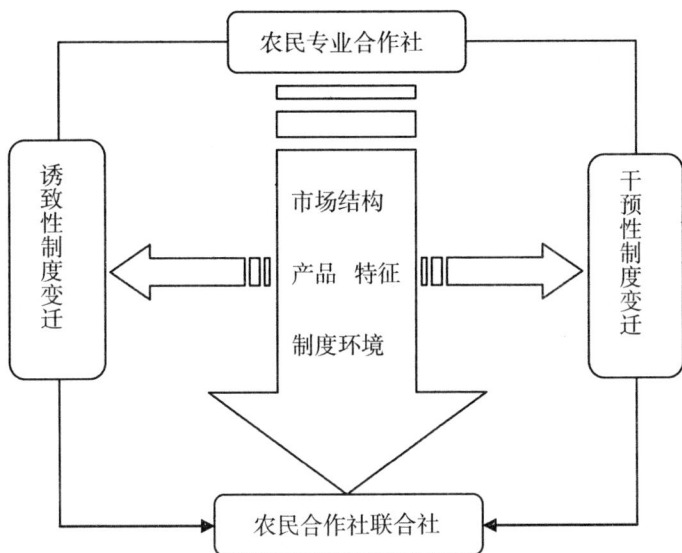

图3-6 联合社成立路径图

综合上述理论分析,现提出本书中农民合作社联合社成立路径的研究假说:我国农民合作社联合社的成立路径分为诱致性制度变迁和干预性制度变迁。制度变迁的行为受市场结构、产品特征和制度环境等因素的影响。

3.3.2 案例介绍

1. 诱致性制度变迁——太行小杂粮农民专业合作社联合社

山西省阳城县太行小杂粮农民专业合作社联合社成立于 2012 年 6 月 20 日,注册资金 373.6 万元,共有 12 家农民专业合作社加入,且这些成员社都是生产小杂粮的合作社。目前,联合社共有入社社员 1820 户,辐射带动农户 1 万余户,并建立起小杂粮基地 3 万余亩。

1)联合社的成立

近年来,受城乡居民消费结构升级的影响,种植小杂粮已经成为阳城县农民重要的经济收入来源和发家致富的途径。但是,由于受市场等方面因素的制约,已经成立的合作社由于生产规模小、资金短缺、运作有难度、品牌建设滞后、产品销售不畅、带动能力不强,无法适应千变万化的市场需求。同时,合作社在种植和销售的过程中,还存在着一些无法解决的问题,比如,单打独户种植、没有系统的技术指导、病虫害防治不力、品质无法大幅度提高、市场开拓能力不强,产品收起来卖不出的情况屡屡发生,既损害了农民利益,也挫伤了农户种植小杂粮的积极性。针对这种情况,阳城县太行小杂粮农民专业合作社理事长李景龙顺应市场发展,组织 12 家小杂粮专业合作社成立了太行小杂粮农民专业合作社联合社。联合社的宗旨是:以联合社为龙头,带动各家小杂粮农民专业合作社实现规模化种植和加工生产,对外统一品牌,统一合同进行销售。各成员合作社为农民提供产前、产中、产后服务,科学管理和技术培训,建立标准化的小杂粮基地,促进合作社及成员增收。

联合社在成立时,组织各合作社共同讨论制定了联合社"章程"。对办社宗旨服务内容、成员的权利与义务、利益分配、各自的职责制作了具体规定,为了把联合社办得更规范一些,起点更高一些,选举产生了联合社理事会和监事会组成人员。联合社成立后,完善制定了各项内部管理制度,种植户按照入社自愿、退社自由、地位平等、民主管理、风险共担、利益共享的原则,积极参与联合社的管理。同时,联合社还坚持定期召开例会制度,及时听取社员的意见,总结工作,研究发展。

2)联合社的业务内容

联合社创立以来,紧紧围绕阳城县小杂粮产业化发展,坚持为社员服务的办社宗旨,以助农民增收为己任,加强联合社内部管理,强化为农服务,促进了当地经济发展。

一是通过多种形式的培训,传授科学技术。由于农民仍实行的是传统的种植方法,为了增强农户小杂粮种植意识,联合社每年年初自筹资金,聘请农业部门技术人员、土专家对农户进行培训和实地指导,使农户认识到小杂粮种植有相当大的潜力和广阔的销售市场,改变了"种什么吃什么,有什么种什么"的传统观念。同时,引进了晋谷21号、长谷4号、东昌1号等新品种,推广了精播技术、田间管理技术、病虫害防治技术,提供全方位的无偿服务,使联合社成员的小杂粮产量由2016年的亩均550斤①提高到今年的650斤,亩均增产100斤,增收260元,品质提高了一个档次。

二是发挥联合社的后盾作用,增强合作社的服务能力。为做好服务,发展生产,使合作社壮大实力,促进增收增效,2013年联合社统一购买了适合一家一户播种的小型谷子播种机40台、大型打谷机5台、优质谷子种子6000斤等价值8万余元的生产资料,免费供应到各合作社,从而提高了合作社的服务能力。针对当年夏天的病虫害,联合社一方面积极向县农委汇报,另一方面召开各社社长会议,研究制订病虫害防治的整套实施方案,组织统防统治人员41人,分为8支防治队,装备走式喷雾车5台,背负式汽油喷雾器38台,手动式小型喷雾器200多台,共出动300多人,在联合社的统一指挥下,5天内圆满完成了16 000多亩大秋作物病虫害的防治任务,把病虫害的损失降到最低。

三是坚持诚信经营,增强服务意识。自组建以来,联合社实行"二联五统一",内联成员帮技术,外联市场销产品,统一标准化基地,统一产品质量标准,统一产品价格,统一商标品牌,统一对外销售。联合社与析城山土特产开发有限公司对接,利用析城山的品牌建基地、拓市场,对联合社成员实行统一收购、统一销售,谷子收购价格由成立联合社前的每斤2.30元提高到2.80元,加工后的小米统一以"析城山"品牌销往北京、郑州、济源、焦作等市场,市场前景广阔,受到了群众的欢迎。同时,社员户均提高销售收入400余元。合作社社员普遍反映:有了培训、有了指导、有了供种、有了收购,我们就敢大胆地种了。一句话,跟着社里走,产销不

---

① 1斤=500克。

用愁;跟着社里干,农民有钱赚。

2. 干预性制度变迁——博山希珍农产品专业合作联合社

山东省淄博市博山希珍农产品专业合作联合社于 2013 年 5 月 10 日在当地工商部门注册成立,该合作社是山东省工商部门在全省试点批准成立的首家农民专业合作联合社。联合社由博山区池上供销社联合 9 家农民专业合作社组成,合作社理事长李洪辉也是博山区池上供销社理事长。

1)联合社的成立背景

博山区池上镇位于博山区东南部,土壤、水源、气候等小流域生态环境优越,自然条件得天独厚,农产品资源丰富。2010 年,博山区制定整建制有机农业区发展规划,池上镇以其良好的自然条件和农产品优势,成为整建制有机农产品生产区和出口农产品质量示范区建设的重要乡镇。

近年来,池上供销社充分利用当地资源、政策优势和多年来生产、经营农产品的基础,积极主动地通过技术指导、示范带动、品牌经营、出资入股等多种方式,先后领办、创办以种植养殖为主的专业合作社 18 个,涉及食用菌、桔梗、养蜂、板栗、小杂粮、蜜桃、黑五类、果蔬储藏等众多产品。其中,桔梗、食用菌等专业合作社入选“淄博市和全省供销社专业合作社示范社”,成功树立起农民专业合作社的示范典型。特别是博山池埠食用菌专业合作社致力于标准化基地建设,做大做强食用菌产业,已投资 1000 余万元,建成食用菌生产、加工、出菇标准化基地 150 亩,年鲜菇产量达到 750 吨,实现销售收入 2250 万元,带动入社及周边农民户均增收 1 万余元。同时,投资 100 万美元在韩国注册成立“中韩桔缘农产株式会社”,建设生产基地 30 亩,出菇大棚 23 个,年出口集装箱 70 个、105 万支菌棒,出口额达 500 万元,创造了国内发菌、国外出菇、就地上市的发展新模式,实现了国内外市场的同步开拓。

2)联合社的成立动因

随着市场竞争的不断加剧和合作社业务的不断扩大,单个农民专业合作社生产规模偏小、服务领域狭窄、带动能力偏弱、抵御风险能力低等问题日益凸显,很大程度上阻碍了农民专业合作社的健康发展,以至于外商到池上收购桔梗时,实施各个击破的战略,造成专业社之间竞相压价,导致恶性竞争,致使整个行业利益受损。同时,单个专业合作社生产的农产品品种较少、数量有限、品质良莠不齐,市场开拓能力低,无法适应大型超市对特色优质农产品的规模化需求。对于这些问题,迫切需要相关合作社进一步加强合作,抱起团来,成立统一的联合组织共同闯市场。

为解决这一突出问题,2013 年 8 月,池上供销社在多方考察论证的基础上,成立了市级农业产业化龙头企业——淄博博供农产品有限公司,以生产经营食用菌、桔梗、水果、蜂蜜、黑五类小杂粮和猕猴桃等当地优质有机农产品为主,建设标准化生产基地 5 处 150 余亩,冷藏库 3500 立方米。其与淄博桔缘食品有限公司、池埠食用菌专业合作社、池上养蜂专业合作社等建立了紧密的产权连接和业务合作关系,形成了相对完善的生产、加工、销售和出口体系。其产品打入韩国和日本市场,成为当地优质农产品生产的重要力量,发展势头良好。

为进一步扩大生产经营规模,加强联合合作,池上供销社又于 2014 年 5 月 10 日联合博山池埠食用菌专业合作社、池上养蜂专业合作社、果蔬储藏专业合作社、绿之缘农产品专业合作社、金顺农产品专业合作社等 9 家农民专业合作社,注册成立了淄博博山希珍农产品专业合作联合社,联合社入社社员 828 户,注册资金 360 万元,其中池上供销社 200 万元,占总注册资金的 56%,其他专业合作社和社员分别以资金、土地、大棚、车间、设备等生产要素入股,为进一步抱团联合、加强合作,共同开拓市场,以及做大做强特色优质农产品产业奠定了基础。

3)联合社的业务内容

为尽快实现规范运作,形成规模优势,提高经济效益,淄博博山希珍农产品专业合作联合社制定了章程,明确了成员社的权利与义务,建立健全了生产标准、市场销售、利益分配和盈余返还等各项业务规范和工作制度。按照章程召开社员代表大会,选举产生了理事会、监事会等组织机构,明确了各自的职责,财务公开透明,运转正常良好。

组织指导成员社推进标准化生产、规模化运作,对成员社产品实行统一包装、统一商标、统一销售,努力形成生产、加工、销售和出口体系。为推进标准化生产,更好地保证农产品质量安全,联合社组织指导成员社进一步细化了生产基地的技术标准和操作规程,完善了投入品登记管理、药残检测等生产管理档案,突出抓好成员社特色优质农产品的条形码、品牌认证、商标注册、良好农业示范认证和地理标志产品认证,依托博供农产品公司投资 1000 万元建设了农产品质量安全追溯体系,切实保证了农产品质量安全。

另外,充分发挥供销社网络优势,密切与各成员社之间的业务合作关系,积极创新农产品经营服务体系,努力实现更大规模和更高档次的产销对接。目前,联合社利用池埠食用菌专业合作社打开韩国、日本市场的有利条件,扩大了出口商务贸易,将成员社生产的蜂蜜、板栗、桔梗等更多优质农产品实行统一包装、统一品牌、统一价格,销售到韩国、日本市场,扩大了国外市场占有份额,出口额达200万美元,比各成员社单独售价提高9%左右,较好地解决了一家一户生产和单个专业合作社难以办到的事情,经济效益和社会效益明显。

3.3.3 案例剖析

1. 案例合作社的制度变迁路径

(1)太行小杂粮农民专业合作社联合社是由联合社内部的太行小杂粮农民专业合作社发起成立的。从成立的动因看,是为了解决单个合作社面对市场时的无序、弱势和品质较低问题,发起人是从事杂粮种植的农民专业合作社理事长,成员社的成分较为简单,参与联合社的农民专业合作社都是业务范围内比较单一的小杂粮种植专业合作社,外部力量在联合社的成立过程中,基本没有干预,属于基层自发成立的农民合作社联合社,具有"草根"的性质,故该联合社的成立路径可看作是诱致性制度变迁的典型。

(2)博山希珍农产品专业合作联合社是由博山区池上供销社联合9家农民专业合作社成立的,联合社的发起人和理事长也是当地供销社的负责人,在成立联合社之前,该供销社成立了淄博博供农产品有限公司,属于淄博市的市级农业产业化龙头企业,公司的定位主要是有机农产品,销售客户主要针对海外市场。后来,供销社又牵头成立了联合社,供销社在联合社成立时的出资比例超过50%,其动因在于扩大有机高端农产品的生产规模,统一标准,打造品牌,提升农产品品质,由联合社提供的农产品再通过公司销往海外市场。从联合社组成成员的成分来看,既有供销社,也有农民专业合作社,联合社产品也呈现出多样化特征,食用菌、桔梗、水果、蜂蜜、黑五类小杂粮等均有销售。在联合社的成立和运作过程中,供销社占了绝对主导地位。可以预见,如果没有供销社在资金、技术、销售等方面的支持,该联合社将难以正常运行。故该联合社的成立路径可以看作是干预性制度变迁的典型。

2. 市场结构对变迁路径的影响

从市场结构来看,太行小杂粮农民专业合作社联合社面临的是国内市场,而且小杂粮在国内农产品市场中所占份额很小,属于非常不起眼的小产业,居民消费弹性较大,故市场变化波动性较强,联合社成立的目的是提升农产品的市场谈判地位,以适应不断变化的国内市场需求,防止出现"谷贱伤农"事件;博山希珍农产品专业合作联合社面对的产品市场主要是海外市场,属于高端市场,市场需求量大,对出口农产品的质量要求较高,联合社成立目的是为了提升农产品品质和利润空间,做大做强加入联合社的各类产业。

两个联合社所面临的市场结构差别,对联合社成立路径产生了一定程度的影响:博山希珍农产品专业合作联合社面临的市场结构决定了联合社成立后的投入必然较大,包括建立标准化生产基地、冷库、厂房的投入等等,而且海外市场对产品质量的高要求,必然要求联合社具有较强的能力控制各成员合作社的产品质量,所以联合社的发起主体必须具备较强的经济实力、市场谈判能力和质量控制能力,基层供销社由于其特殊的地位和雄厚的实力,理所当然地成为联合社的发起者、推动者、建设者,并成为联合社制度变迁的干预者;与博山希珍农产品专业合作联合社相比,太行小杂粮农民专业合作社联合社面临的市场结构决定了首先要提升当地生产小杂粮的合作社的市场谈判地位,当然这也与联合社成立时的起点有关,太行小杂粮农民专业合作社联合社的成员社都是农民专业合作社,以单一的小杂粮生产作为主营产品,而且成立时还没有独立的品牌,产品标准化、规模化程度不高,而提升规模、应对市场的主要做法就是让这些生产小杂粮的农民专业合作社联合起来。该类型联合社对发起人的要求相比博山希珍农产品专业合作联合社要低,只需要生产同类产品的农民专业合作社达成内部一致的协议即可,所以容易引发诱致性制度变迁。

3. 产品特征对变迁路径的影响

从产品特征看,合作社经营农产品的同质性和异质性的差别将对联合社的成立路径产生影响。

对于产品同质性较高的合作社而言(如太行小杂粮农民专业合作社联合社),他们之间往往面对着共同的市场,具有较强的利益关联性,并且产品的相同或相似性也增进了成员社之间的交流与互动。在面对市场垄断力量的盘剥时,联合社内部有着相同的利益诉求。这些都为单个的农民专业合作社组建联合社提供了必要条件并规避了谈判成本,因而在受到外力的冲击或组织化潜在利润出现时,他们更能达成一致意见,从而相对容易发生诱致性制度变迁。

对于同一区域内产品异质性较高的合作社而言(如博山希珍农产品专业联合社),他们面对着不同的市场环境,利益诉求较为分散,不同产品类型的合作社之间的交流也不会太多。即使在某一时刻出现了组织化潜在利润,但是通过联合的方式也很难使所有的合作社获得较为一致的收益。倘若采取互相联合的方式,就必须要处理好不同利益诉求之间的关系,那么谈判就会花费时间,组织创新就得承受较高的成本(Davis & North,1970)。林毅夫(1994)指出,如果获利机会不是在成员之间平等分配,那么组织制度变迁的费用是极高的。这种过高的谈判成本往往会抑制合作社之间诱致性制度变迁的发生。因此,当谈判成本过高时,产品异质性合作社走向联合则需要外部力量的参与,并对不同利益主体之间进行调和。从实践来看,这种外部力量的角色一般是由政府部门或公共组织扮演的。由于他们具有利益的中立性与话语的权威性,在谈判中更能使各利益主体之间达成一致意见,这个过程即为强制性(干预性)制度变迁。

所以,当存在着一定的组织化潜在利润时,联合社的制度生成路径取决于谈判成本的大小。一般而言,产品同质性较高的合作社之间具有较为一致的利益,相互联合的谈判成本较低,多以诱致性制度变迁的方式形成联合社;产品异质性较高的合作社群体,由于利益分散,联合谈判成本较高,很难以诱致性制度变迁的方式生成联合社,因此多是在外部力量(政府或公共部门)的干预下,通过强制性(干预性)制度变迁的方式生成异业联合社(图3-7)。

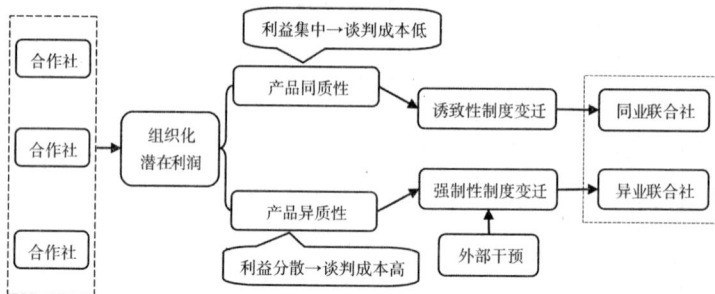

图3-7　交易特性对联合社成立路径的影响图

此外,课题组在调研中的发现也基本佐证了上述观点:同业联合社大多是自发形成的(也有小部分是借助政府力量组建的);异业联合社几乎都是在政府部门或其他公共组织的帮助和引导下形成的,较少能看到有自发组建的异业联合社(表3-1)。

所以,从理论和经验上,可以将农民合作社联合社的产生路径与联合社内部成员合作社生产的产品特征(如同质性、异质性)联系起来,且认为两者之间存在着某种程度上的相关性:同业合作社联合社主要通过诱致性制度变迁的方式形成,异业合作社联合社主要通过强制性(干预性)制度变迁的方式形成。

表3-1　联合社类型与形成路径

联合社名称	产品种类	成立动机	生成路径	外部主体
河北省灵寿县青同镇农民专业合作社联合社	多种产品	发展壮大	外部组织推动	供销社
湖北省武汉市天惠联合社	多种产品	整合产品	自发成立	
湖北九宫绿园种养殖农民专业合作社联合社	多种产品	拓宽销路	缺乏联合能力,政府辅助成立	政府辅助
浙江省苍南县国泰种植专业合作社联合社	多种产品	整合资源	农委推动	农委
浙江省舟山市普陀兴岛生态禽果专业合作社联合社	多种产品	整合资源	农业局协调	农业局
山东省临朐县志合奶牛专业合作社联合社	同一产品	获得市场谈判地位	自发成立	
湖北省武汉市荆地养蜂专业联合社	同一产品	抵御风险发展壮大	联合缺乏能力,政府辅助成立	养蜂协会帮忙
湖北武汉首佳水产养殖联合专业合作社	同一产品	稳定市场价格	自发成立	

续表

联合社名称	产品种类	成立动机	生成路径	外部主体
河北省邢台市聚农肉鸡产业联合社	同一产品	获得市场信息	政府推动	县农业局
山东省潍坊然中然农产品专业合作社联合社	同一产品	畅通销路	自发成立	
浙江河庄农机专业合作社联合社	同一产品	共享农机	自发成立	

注:根据部分调研资料整理

4. 制度环境对变迁路径的影响

制度环境指影响农民合作组织契约选择的内部制度环境和外部制度环境的总和。内部制度环境包括农民合作社内部的产权安排、治理结构、运行机制等,外部制度环境指农民合作社实现联合与合作前的市场环境、政策环境、舆论环境、文化环境等。

好的制度环境将约束组织成员的行为,抑制机会主义的出现,降低交易中的不确定性和交易的复杂性,减少契约安排的实施成本,提高组织的运行效率。同时,不好的制度环境将阻碍组织成员的发展,降低组织的运行效率。制度环境的优劣是相对的,这取决于组织目标与已有制度环境的匹配性。制度环境内容上的不同维度将使农民专业合作社内外部形成一系列契约关系,在既定的组织目标范围内,凡是有助于实现组织目标的契约关系都将得到强化,与制度环境的互动性也会增强,其发展过程就是组织的制度变迁路径。

太行小杂粮农民专业合作社联合社在成立过程中,将组织目标定位于提升应对市场变化的谈判能力,而合作社经营的主要品种——小杂粮的市场受消费者消费习惯和生产供给的影响较大,市场价格波动幅度大,只有实现抱团发展,才能在市场供给端稳定住收益,促进农民增收。所以,在这个案例中,是市场环境倒逼单个的农民专业合作社实现组织转型,在转型的过程中,由于组成联合社的各个合作社都是以小杂粮作为生产品种,单个合作社之间的利益较为一致,民主形式在合作社之间较容易实现,达成一致的契约关系较为顺利,故以合作社自发签订契约的形式组成联合社的成本最低,所以农民专业合作社之间的自发联合成为实现组织目标的首要选择,属于外部环境压力诱导下的制度变迁过程。

博山希珍农产品专业合作联合社在成立过程中,从内部制度环境来看,在组成联合社的几个农民专业合作社中,占主导地位的是供销社,联合社发展的目标首先是实现供销社打造高端产品、开拓海外市场、实现产业利润的目的,只不过其他合作社在产品开拓和利益实现上与供销社的方向较为一致,从而以供销社作为发起主体实现了组织模式的变迁。这个变迁过程,如果没有供销社的参与是无法完成的,因为其他农民专业合作社之间没有稳定的契约联结机制,也没有联合起来建基地、拓市场、创品牌的综合实力,很难实现合作社之间的民主决议。供销社带有特殊的政策背景,而且地方政府对供销社牵头成立联合社也给予了极大的支持,在财政项目上予以一定的倾斜,所以由供销社牵头成立博山希珍农产品专业合作联合社,弥补了其他专业合作社难以达成一致性契约的内部制度缺陷,可以视为典型的强制性(干预性)制度变迁过程。

3.3.4 研究小结

我国农民合作社联合社的成立路径分为诱致性制度变迁和强制性(干预性)制度变迁。制度变迁的行为受市场结构、产品特征和制度环境等因素影响。研究表明,联合社内成员社的产品同质性越强,则越容易形成诱致性制度变迁的路径;而成员社的产品异质性越强,则越容易走强制性(干预性)制度变迁的路线。联合社内部的谈判成本越低、民主机制越健全的农民专业合作社,越容易形成诱致性制度变迁;而联合社内部的主导主体过于强大,且形成制度的环境对某个主体过于依赖的联合社,则容易走上强制性(干预性)制度变迁的道路。

表3-2 联合社制度变迁路径比较分析

项目	太行小杂粮农民专业 合作社联合社	博山希珍农产品 专业合作联合社
制度变迁方式	诱致性制度变迁	强制性制度变迁
市场结构	适应国内市场需求	面向海外、高端市场
潜在利润覆盖群体	杂粮种植合作社	所有合作社

续表

项目	太行小杂粮农民专业 合作社联合社	博山希珍农产品 专业合作联合社
合作社产品异质性	较为同质	异质性高
利益集中程度	利益高度集中	利益分散
自发联合谈判成本	低	高
变迁动力来源	外部环境压力引发	主导组织主动作为
成员社之间的民主	交易达成	较难达成

注：根据调研案例整理

第4章

农民合作社联合社的产权

4.1 文献回顾

4.1.1 国外相关文献综述

关于合作社联合社的产权问题,国外相关研究开始于 20 世纪 60 年代后期,主要关注的领域集中在合作社或联合社产权制度安排效率的改进和合作社的发展方向上。学者在研究中较为一致的观点是,合作社或联合社的产权安排较为模糊,对合作经济组织的效率产生了不利影响。许多经济学家如 Alchian & Dernsetz(1973)等认为,合作社没有清晰界定的产权将造成资源利用的低效率和分配的不公平。Vitaliano(1983)认为,由于产权界定模糊,导致合作社内部的产权不能公开进行交易和转让,有关资本市场的信号不能够从所有者流向合作社,从而对合作社的发展效率形成阻碍。Porter 和 Scully(1987)认为,合作社存在着规模低效、分配低效和技术低效的问题。Cook(1995)研究了合作社的产权,指出合作社内部社员只有通过对合作社的惠顾才能获得自身的收益,合作社的产权从本质上来看并不能获得收益,所以在合作社发展过程中,社员缺乏投资激励、免费"搭便车"的现象将长期存在。Harris(1996)认为,合作社存在着"搭便车"的问题,并建议用封闭的会员资格政策加销售协议的办法来解决。*

---

* 张学鹏,把镇宗. 国外合作社研究综述[J]. 合作经济与科技,2016(2):39-42.

在合作社的发展方向上,琼斯和汤普森(1975)认为,近年来合作社出现的新趋势是建立小型专业化合作社;默伦堡(1984)认为从节约组织成本的角度考虑,合作社未来的发展方向是要建立民主制和等级制的混合体制,即全体成员决定合作社的大方针,在具体事务上则由领导决断。

4.1.2　国内相关文献综述

国内关于农民合作社产权问题的研究,开始于林毅夫(1990)教授对我国20世纪60—70年代农业生产合作社效率的分析,他从激励机制的角度考虑,提出"人民公社"体制下的剥夺社员退社权的制度安排,导致了"人民公社"体制的失败,应该为社员提供自由退社的制度安排。进入21世纪以来,对农民合作社产权的研究开始增多,特别是2007年《农民专业合作社法》颁布施行以后,关于农民合作社产权问题的研究逐渐深入,主要集中在合作社产权制度的模式、存在的问题和改进的对策三个方面。

(1)合作社产权制度的主要模式。学者根据不同的划分标准总结出了合作社的不同模式。例如,徐旭初(2005)、韩俊(2007)将我国合作组织的产权制度分为经典合作社、具有股份化倾向的合作社和松散型的专业协会。

(2)合作社产权制度存在的问题。这方面的研究主要集中在由于合作组织产权制度上的缺陷导致的合作组织在利润分配、决策控制等方面的问题。如孙亚范(2006)认为,合作社产权的缺陷在于为保证合作社的同一性而导致的合作社资金短缺;栾昊(2007)认为合作社存在个人产权模糊的问题,而且合作社的公共产品属性使得成员具有"搭便车"的动机,而且计量的困难又使得监督机制难以建立;张永丽(2005)通过对我国欠发达地区农民合作组织的研究发现,合作社的产权安排存在政府干预问题。

(3)合作社产权制度的改进。在合作社产权制度的改进对策上,主要有以下几类观点:一是合作社股份的转让及退出。徐旭初(2005)认为应该保留合作社社员退社自由的权利,但是必须设置一定的退出成本,这样才能有效地抑制部分机会主义行为。苑鹏(2005)对美国新一代合作社进行研究后指出,股份交易可以使"搭便车"问题受到限制,投资组合问题最小化。二是合作社的公有产权如何处理。学者在此方面意见的分歧主要在于是否保留公共积累及其积累的比例。如张晓山(1991)认为最好的合作社是剩余为零的合作社,国鲁来(2005)则认为合作社的发展壮大必须保持一定比例的公共积累。三是合作社的分配原则。其争论的焦点在于"按劳分配"和"照顾资本的剩余索取权"之间的权衡。张晓山(1991)认为要将社员对合作社所做的贡献按比例返还给社员;洪远朋(1996)则认为合作社劳动者收入的主要形式是按劳分配,按股分红则是必要的补充形式。

从文献的搜索结果看,目前我国关于农民合作社联合社的研究多是集中在联合社的法律地位与法律关系(张晓山,2015)、联合社发展过程中需要解决的主要问题(孔祥智,2015)以及联合社发展的实际案例(苑鹏,2008)等方面,而专门针对联合社的产权问题进行研究的文献较少,这与我国农民合作社联合社发展还处于起步阶段和较不规范有一定关系,而这也是下一步对联合社进行研究需要关注的重要领域。

4.2 联合社产权契约的不完全性

产权是财产权利的简称,是"一种通过社会强制而实现的对某种经济物品多种用途进行选择的权利,其基本要素是所有权、使用权、收益权、转让权"[①]。农民合作社联合社的产权反映了联合社内部成员合作社之间的契约关系,合理的产权安排能够提高资源配置的效率,从而发挥契约的激励功能。

4.2.1 联合社的财产来源

虽然农民合作社联合社属于农民专业合作社的高级形式,但由于联合社的成员是农民专业合作社,故联合社的财产来源与农民专业合作社的财产来源存在一定程度的差异性(例如,农民专业合作社的社员出资是成员个人出资,而农民合作社联合社的社员出资是成员合作社出资)。

关于农民专业合作社的财产来源,《农民专业合作社法》第一章第四条规定:"农民专业合作社对由成员出资、公积金、国家财政直接补助、他人捐赠以及合法

---

① 解释引自《新帕尔格里夫经济学大辞典》。

取得的其他资产所形成的财产,享有占有、使用和处分的权利,并以上述财产对债务承担责任。"从这一条法律规定出发,结合农民合作社联合社的社员是农民专业合作社这一特点,我国农民合作社联合社的财产来源包括成员合作社的出资、公积金、国家财政直接补助、他人捐赠以及合法取得的其他资产四个部分。其中,成员出资是由成员合作社提供的,是联合社生产经营的基础,也是取得联合社社员资格的前提条件;公积金是指按照农民合作社联合社章程或社员大会决议,从联合社当年的盈余中提取,用于弥补亏损或扩大经营,这部分资金作为联合社的共有财产而存在;国家财政直接补助及他人捐赠是国家或其他社会团体为扶持农民合作社联合社的发展而对联合社提供的外部资金援助,这部分资金也作为联合社的共有财产而存在。

从债务承担责任看,与农民专业合作社相似,农民合作社联合社的成员合作社应该以量化到成员账户的出资额和公积金份额为限,对联合社的债务承担有限责任;农民合作社联合社应以联合社的全部财产为限对联合社的债务承担有限责任。

4.2.2　产权契约的不完全性特征

从农民合作社联合社财产来源的归属属性看,可将其分为个体财产产权和公共财产产权两个部分。例如,成员合作社出资所形成的产权就属于个体财产产权,公积金、国家财政直接补助、他人捐赠以及合法取得的其他资产所形成的财产产权就属于公共财产产权。农民合作社联合社完备的产权应该是联合社的所有者(联合社的成员合作社)对联合社财产的消费、从这些财产中取得收益和让渡这些财产的权利或权力,即它是包括使用权、收益权和转让权在内的一系列权利束。

然而,与农民专业合作社一样,农民合作社联合社内部的利益相关者包括联合社的投资者、经营者和惠顾者三类①,《农民专业合作社法》并没有对这三类主体进行明确的区分(而是将这三类利益相关者统称为"成员"),并且《农民专业合作社法》没有分别对这三类主体如何享有合作社这四类资产的使用权、收益权和

---

① 现实中这三类主体往往互有重叠,如有的成员合作社既是联合社的投资者,也是联合社的惠顾者,有的合作社还是联合社的实际经营者,本书为研究的方便,暂将其区分开来。

转让权进行完整的界定。所以,在农民合作社联合社中,由于联合社资金来源的多元化与组织结构的特殊性,联合社的产权契约具有不完全性特征。

1.联合社成员合作社的个体财产产权界定不完全

关于联合社成员合作社个体财产产权的界定,《农民专业合作社法》第五章第三十六条规定:"农民专业合作社应当为每个成员设立成员账户,主要记载该成员的出资额、量化为该成员的公积金份额、该成员与本社的交易量(额)。"第五章第三十七条规定:"在弥补亏损、提取公积金后的当年盈余,为农民专业合作社的可分配盈余""可分配盈余按成员与本社的交易量(额)比例返还,返还总额不得低于可分配盈余的百分之六十",第一章第五条规定:"农民专业合作社成员以其账户内记载的出资额和公积金份额为限对农民专业合作社承担责任。"

虽然上述规定对联合社中成员合作社个体财产的产权进行了界定,但从产权经济学的视角来看,上述产权界定方式是不完全的。

首先,联合社中成员合作社的财产投资收益权没有明确。要成为联合社社员,就需要有一定的出资额,这些出资额就相当于社员认购的联合社的股份,社员从而获得与联合社的交易权,而联合社的盈余是按照成员合作社与联合社的交易量来进行分配的,这就忽视了这部分初始资本带来的价值增值作用。虽然《农民专业合作社法》第三章第十七条规定"出资额可以享有附加表决权",但是没有从根本上对这部分资金的投资收益权进行界定。投资收益权的不完全会使得出资多的成员合作社缺乏投资激励,不仅不利于联合社规模的扩大,还可能会使这部分成员社从联合社其他的权力空间中寻求对投资收益权的补偿,从而使联合社内部的权力结构出现变化。

其次,联合社中个体财产的转让权残缺。完整的产权应该是包括财产转让权的,财产的自由转让有利于财产从较低价值的用途转向较高价值的用途,在这个过程中通常会使财产增值,但是《农民专业合作社法》并没有规定联合社中成员合作社的个体财产可以自由转让,这就在无形中降低了联合社产权的价值。这种残缺的产权降低了成员社对联合社中个体财产的预期价值,不仅降低了投资激励,而且极易出现"搭便车"的行为。

2.联合社公共财产产权的界定不完全

我国农民专业合作社的产权问题一直为学术界所诟病,而关于合作社产权争论的核心焦点则主要体现在合作社的共有财产领域。农民合作社联合社也面临着同样的问题。农民合作社联合社产权契约的不完全性主要是指联合社公共财产产权的不完全。联合社的公共财产包括成员合作社股金的一部分(形成不可分割的资产及其增值部分)、联合社盈余中提取的公共积累、国家财政直接补助、他人捐赠以及合法取得的其他资产。联合社的公共财产产权也应当是由使用权、收益权和转让权等一系列产权束组成的。对于联合社公共财产的产权,《农民专业合作社法》第五章第三十七条规定:"盈余返还后的剩余部分,以成员账户中记载的出资额和公积金份额,以及本社接受国家财政直接补助和他人捐赠形成的财产平均量化到成员的份额,按比例分配给本社成员。"第六章第四十六条规定:"农民专业合作社接受国家财政直接补助形成的财产,在解散、破产清算时,不得作为可分配剩余资产分配给成员,处置办法由国务院决定。"

上述法律条款只是对合作社(联合社)公共财产的使用权、处分权做了一些规定,但仍然属于不完全的产权契约。具体来说,联合社未清晰界定的公共财产产权主要表现为以下三个方面。

首先,对于联合社公共财产的使用权并未明确。模糊的联合社公共财产使用权,将大大降低公共财产的使用效率。具体表现在:一是将导致成员社与联合社的过度交易,出现类似于加勒特·哈丁(1968)笔下的"公用地的悲剧"现象。当联合社为成员社提供的农产品价格高于市场价,或在农产品市场行情较差时为保护社员利益而亏本收购时,成员社则倾向于扩大与联合社的交易,从而导致联合社经营困难;二是在联合社利用公共财产资源为成员社提供免费服务时,成员社倾向于增加此类服务的使用量,结果会加重在公共资源方面的负担;三是由于联合社遵循的是入社自愿的原则,使得由老社员经过努力打拼下来的公共资源极易被新社员攫取。例如,在联合社起步阶段或经营困难时持观望态度,在经营好时则倾向于加入。这一契约的不完全性将极大地降低联合社核心成员社的积极性。

其次,对于联合社公共财产的收益权并未明确。一是公共财产作为联合社初始资本中重要的组成部分,由于联合社实行的是按交易量进行盈余的返还,所以由公共财产产生的收益具有隐蔽性,存在着少数机会主义者侵占公共财产收益的行为激励。二是联合社投资者的一部分产权被滞留在公共领域。如果联合社严格按照交易量进行盈余返还,那么对联合社投资得多而交易量小的社员而言,就会有一部分的资金投入得不到回报,从而使联合社缺乏投资激励。三是联合社成员社只有在联合社解散或分立时才能取得自己的股金,其他时间都没有对股金增值部分的要求权,这种股金增值收益权的残缺也将大大降低联合社的经营效率。

最后,联合社产权具有不稳定性的特征。按照《农民专业合作社法》的规定,联合社的财产都将量化分配到联合社每个成员社的账户,而且成员社有退社的自由,如此一来,若是联合社由于经营不善而导致成员社纷纷退出,那么联合社的资产将急剧减少。所以,这样的契约安排将使得联合社的资产具有较大程度的不稳定性,金融机构将无法评估联合社可供抵押的资产规模,这将直接影响到联合社在金融机构的信用及贷款可得性。

4.3 产权安排与"准租金"配置

4.3.1 联合社的"准租金"

租金的概念最早来自于地租。地租是指使用供给不变的土地的服务价格。马歇尔(1920)在"地租"的基础上,最先提出了"准租金"的概念,他指出"准租金"是指在短期内已经投入的缺乏供给弹性的生产要素(如厂房、机器、工具等)所得之报酬。之所以将其称作"准租金",是因为这些投入只是在短期内固定不变,从长期来看,这些固定投入是会发生改变的。在现实世界中,供给短期固定不变的要素或者资源远不止土地,就农民合作社联合社来说,当成员合作社投入的部分股金、联合社的公共积累、政府扶持资金或其他捐赠等财产在短期内作为联合社的固定资产时,那么连同联合社的其他固定要素(如土地、房屋等)一道投入生产经营所带来的组织剩余,就可以称作是联合社的"准租金"。

从根本上说,联合社的存在就是联合社的所有者创造和分享组织剩余("准租金")的一种契约安排。但是,联合社产权契约的不完全性,使得联合社"准租金"的确定过程中出现了博弈空间,而联合社的所有者、经营者和惠顾者将在"准租金"的博弈空间中出现复杂的博弈过程,博弈的目的就是尽可能多地攫取联合社的组织剩余("准租金")。首先,契约的当事人(即联合社中参与准租金确定和分配的成员合作社)作为独立、平等的行为主体,具有从联合社的交易活动中获取自身权益的权利;其次,尽管各类行为主体都有获取合作社"准租金"的权利,但是这并不意味着联合社的"准租金"会按照某种天然的比例在成员合作社中进行分配,在分配的过程中会存在着激烈的斗争和谈判,而最后博弈的结果则是这些成员社在一定条件的约束下进行理性选择,也是各成员合作社谈判实力和能力的综合反映(图4-1)。

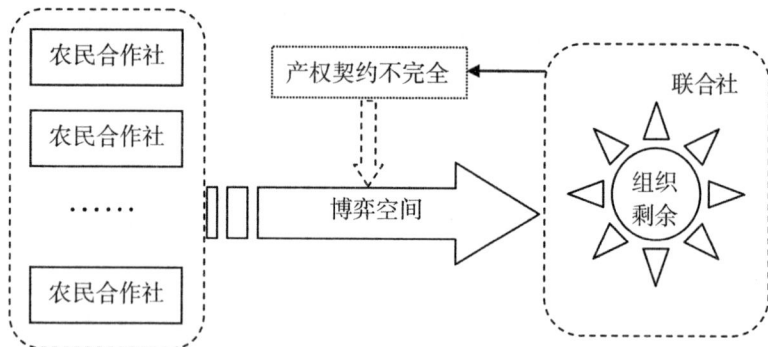

图4-1　合作社联合社组织剩余攫取图

4.3.2　"准租金"的配置

从本质上看,获取农民合作社联合社"准租金"的制度安排,就是联合社产权的产生与分配过程。已有的相关研究将农民专业合作社在产权安排上呈现出差异的原因归结为组织能力(徐旭初,2006)、能力和关系(黄祖辉,2006)、合作社的状态依存所有权结构(马彦丽,2007)、成员异质性(邵科,2008)等。课题组认为,上述研究只是针对某一类型(如股份制形式)的农民专业合作社内部产权安排而言的。对于农民合作社联合社而言,这些原因还不足以解释不同类型(生产型、营销型、产业链型、综合型)的农民合作社联合社之间产权配置的差异。所以,本书的研究将通过构建合作社联合社内部"准租金"的产生和分配的理论模型,来寻找导致不同类型联合社之间产权配置出现差异的原因。

1. "准租金"的生成

本书将联合社的运营按照联合社产品的经营周期分为初始运行(T_0)和准租

金生成(T_1)两个阶段,假设联合社由 n 个($n \geqslant 5$)专业合作社组成。

(1)第一阶段(T_0 期):联合社的初始运行资本包括成员社的入社股金(F_{vi})和联合社的固定资产(F_s),联合社的固定资产包括联合社的前期积累、政府扶持资金、捐赠资金以及其他归属联合社的固定生产要素(如土地、厂房等),那么联合社投入运行的总的物质资本 F 可以表示为:

$$F = \sum_{i=1}^{n} F_{vi} + F_s \, (i = 1,2,3 \cdots n; n \geqslant 5) \qquad (4-1)$$

在式(4-1)中,F_{vi} 的大小主要取决于联合社对成员合作社入社交纳股金的数量要求(a)以及联合社的成员社数量(n),F_s 的大小主要取决于联合社自身物质生产要素的资源禀赋(X),即

$$F_{vi} = F_{vi}(a,n), F_s = F_s(X) \qquad (4-2)$$

此外,在联合社的运行过程中,联合社还将投入人力资本,用 H 表示,则有

$$H = \sum_{i=1}^{n} h_i \, (i = 1,2,3 \cdots n; n \geqslant 5) \qquad (4-3)$$

在式(4-3)中,联合社内部人力资本的大小主要取决于联合社内部人力资本的要素禀赋(M),即

$$H = \sum_{i=1}^{n} h_i(M) \qquad (4-4)$$

(2)第二阶段(T_1 期):该时期为"准租金"的生成阶段,假设联合社的总收益为 R_t,则有

$$R_t = R_{F_i} + R_{F_s} + R_{H_i} + \pi_t \qquad (4-5)$$

其中,R_{F_i} 为联合社的可变资本要素产生的租金;R_{F_s} 为联合社固定资本要素产生的租金;R_{H_i} 为联合社人力资本要素产生的租金,由于联合社内部的人力资本要素在短期内不会发生较大改变,所以由人力资本要素带来的租金也可以看作是固定成本;π_t 为联合社的经济利润,经济利润由联合社内部各类生产要素和联合社外部环境要素(E)共同生成,即 $\pi_t = \pi_t [F_{vi}(a,n), F_s(X), H(M), E]$。则由准租金的定义可知,$T_1$ 时期,联合社的准租金 R_q 可以表示为

$$R_q = R_{F_s} + R_{H_i} + \pi_t \qquad (4-6)$$

将式(4-2)、式(4-4)代入式(4-6)可得

$$R_q = R_{F_s}(X) + R_{H_i}(M) + \pi_t(a,n,X,M,E) \qquad (4-7)$$

所以,从式(4-7)可知,T_1 时期联合社的准租金是联合社的固定物质资本产生的

租金、人力资本产生的租金和经济利润之和,而影响联合社产生准租金的主要因素为联合社内部物质生产要素的资源禀赋(X)、合作社内部人力资源要素的资源禀赋(M)以及合作社外部环境要素的资源禀赋(E)。

2."准租金"的分配

上文分析了联合社"准租金"的生成及其影响因素,下面将详细分析联合社的"准租金"如何在一种不完全的契约框架下在不同利益相关者之间进行分配。

(1)T_0期:该时期是联合社"准租金"产生的准备阶段,这一时期主要是联合社经营的前期投入时期,联合社的投入主要为相关的物质资本(F)和人力资本(H)。假设联合社社员对联合社物质资本的投资行为成本为

$$C(f_1,f_2,\cdots f_n) = \sum c(f_i) \tag{4-8}$$

联合社社员对联合社人力资本的投资行为成本为

$$C(h_1,h_2,\cdots h_n) = \sum c(h_i) \tag{4-9}$$

假定$c(f_i)' > 0, c(f_i)'' > 0, c(h_i)' > 0, c(h_i)' > 0$,即联合社社员的投资行为成本曲线呈倒 U 形变化。

(2)T_1期:联合社的社员使用自己的物质资本和人力资本,连同联合社的固定资本一起创造出了供社员分配的准租金R_q,设$R_q = \sum'_{qi}$,即联合社的准租金在不同的社员之间进行分配。如果联合社的内部契约是完全的,那么按照边际收益等于边际成本的经济学规律,则有

$$R'_q = \sum'_{r_{qi}} = \sum c(f_i)' + \sum c(h_i)' \tag{4-10}$$

对每个联合社社员(联合社的成员社)而言,有

$$r'_{qi} = c(f_i)' + c(h_i)' \tag{4-11}$$

式(4-11)表示每个成员社从联合社中分配到的准租金的边际量应该和它们在准租金创造过程中所投入的物质资本和人力资本的边际量之和相等。然而,由于联合社产权契约的模糊性,对于联合社运营的物质资本无法加以充分计量①,那么这些物质资本的成本自然也就成为$c(f_i)$的一个模糊值;同时,人力资本的投资过于复杂,所以联合社社员投入人力资本的成本$c(h_i)$也无法在T_0的契约中详细规

---

① 据了解,大部分政府扶持资金、外界捐赠以及联合社获得的外部财产都无法准确加以计量和量化到每个成员社户头上,从而导致了联合社产权契约的模糊性。

定,因此只能由联合社在 T_0 时期自主决定,由于机会主义、有限理性等不完全契约理论假设的存在,使得准租金配置中 $c(h_i)$ 的数量确定成为联合社社员之间博弈的均衡解。

由上述分析可知,联合社产权契约的不完全性,使得联合社准租金的配置需要经过联合社内部复杂的博弈过程才能决定,特别是对于联合社成立和运行过程中投入的物质资本和人力资本的衡量,缺乏科学准确的计量方法,从而导致联合社分配组织剩余("准租金")时,往往依据博弈各方实力的大小来决定。

那么,决定这些博弈各方实力大小的因素究竟有哪些呢?

将式(4-7)代入式(4-10)可得:

$$R'_q = \sum{}' r_{q_i} = \sum c(f_i)' + \sum c(h_i)'$$
$$= R'_{F_i}(X) + R'_{H_i}(M) + \pi'_t(X,M,E) \qquad (4-12)$$

式(4-12)表明,联合社中社员最终分配到的联合社的准租金数量与联合社内部物质生产要素的资源禀赋(X)、联合社内部人力资源要素的资源禀赋(M)以及联合社外部环境要素的资源禀赋(E)之间存在相关性。

从第 2 章对不同类型(生产型、销售型、产业链型、综合型)农民合作社联合社特征的分析可知,上述 4 种类型的联合社在物质生产要素、人力资源要素、外部环境要素的资源禀赋方面各不相同。所以,结合上文的理论推导,可以得出以下研究假说:联合社的产权安排与联合社的类型有关。

4.3.3　案例介绍

为论证生产型联合社、销售型联合社、产业链型联合社、综合型联合社这 4 种类型农民合作社联合社的内部产权安排具有差异性特征,本次研究从调研样本库中针对这 4 种类型的联合社各选择了一个典型案例加以说明。

1. 生产型联合社

湖北省武汉荆地养蜂专业合作社联合社成立于 2011 年 10 月,由当地 16 家养蜂合作社发起,后来两家合作社合并为一家,目前共有 15 家成员社。联合社位于湖北省武汉市黄陂区,黄陂区养蜂业发展历史悠久,20 世纪 90 年代成为国家十大养蜂基地县(区)之一。目前,黄陂区有蜂农 3000 多户,共有 56 000 多蜂群,蜂业企业有 5 家(乐神三宝、葆春、思维特、琼之皇、蔡榨红蜂),年产值近 2 亿元。

1)产权特征

联合社动员蜂农及其合作社自愿入股,实行股份制经营,15个养蜂专业合作社以入股的方式加入联合社,此外凡在黄陂区辖区内从事养蜂的蜂农都可以自愿入股成为联合社的社员。社员按照每股500元,最多不能超过30 000元的规则入股。由入社的社员组成全体股东代表大会,全体股东代表大会是联合社的最高决策机构。截至2013年4月底,联合社共有社员85人,首期注册资本金108万元(社员入股98万元,黄陂区蜂业协会入股10万元)。

2)联合社的资源禀赋特征

武汉黄陂区3000多蜂农及其15个养蜂专业合作社抱团组建的联合社,是一个有规模的经济实体,相当于一个集团公司,较能适应市场竞争新常态。

从物质资源要素禀赋看,联合社的股金来自合作社和蜂农,联合社又以借贷的形式支持合作社和蜂农发展。急需资金的蜂农和合作社,提出申请,出具借据,持身份证复印件,经审批即可获得贷款支持。一笔借贷,几个小时就可以到账,减少了许多程序和周折。及时、可靠、利率合理,两年间蜂农借贷利率和投资入股分红收益率基本持平,都是在10%左右。为防范风险,联合社注意对借贷用途、蜂农诚信度、所在合作社入股额度等进行审查和把关,并实行年度结算,保证还本付息。

从人力资源要素禀赋看,联合社更好地服务了广大蜂农。一是在养蜂技术上服务蜂农。联合社股东大都为合作社负责人和养蜂"高手",其组织协调能力、科技养蜂能力、信息收集能力等都强于一般蜂农。联合社充分发挥这一优势,定期或不定期地开展一些座谈、交流、学习培训、现场观察等活动,及时为蜂农提供科技养蜂信息、花期信息、蜂品价格信息,及时处理和化解各类矛盾,使蜂农从中提高了水平,增长了见识,少走了弯路,增加了效益。此外,联合社还邀请了华中农业大学、武汉大学、福建农业大学、国家蜂业协会和武汉蜂业协会的教授、专家为蜂农做知识讲座。二是给予社员信贷服务。入股联合社的蜂农可以向联合社申请资金,解决贷款资金需求,保障了蜂农的正常生产。三是提供产品收购与加工服务。联合社收购蜂农的产品,保护了蜂农的利益。同时,为蜂农加工产品,提升了蜂产品的附加值。

在联合社内部人员的管理上,联合社规定:凡出资入股达1万元的蜂农,将成为联合社的理事;出资入股达 3 万元的蜂农,将成为联合社的常务理事,即 1 万元股产生 1 名理事,3 万元股产生 1 名常务理事。理事长和副理事长分别在常务理事中产生。可见,该联合社内部组织管理制度完全参照股份制公司的管理方式执行,以入股金额作为管理权限的划分标准,从资金层面看体现了民主控制的组织管理原则。

从外部环境资源禀赋看,联合社的成立,得到了外部的大力支持。2012 年,武汉市黄陂区蜂业协会注资入股 10 万元,仅用于支持联合社发展,不享受股金分红;同年,武汉市政府拨款 20 万元支持联合社发展。此外,政府还积极鼓励并支持蜂农投资购置新型蜂业设施。产品加工点投资 7 万元,资金来源于政府扶持。对 4 个合作社建造"冬季藏蜂,夏季储蜜"多用冷库给予了补贴;对登记购买养蜂车的,及时组织了十余人考取驾照;对 4 家购买蜂蜜精滤设备和养蜂车的,帮助其申请农机补贴。

2. 销售型联合社

山东省淄博市齐丰农业专业合作联社成立于 2013 年,地址位于淄博市齐城农业高新技术开发区。联合社属于供销系统牵头成立,成立时共有 4 家成员单位(淄博临淄众得利蔬菜专业合作社、淄博齐民旺植保专业合作社、淄博临淄祖发蔬菜种植专业合作社、淄博众得利农业新技术科研中心)和 16 个自然人组成。

1)产权特征

联合社成立时注册资金 5000 万元。成立时社员的出资方式均为货币出资,具体的出资额度为:淄博临淄众得利蔬菜专业合作社出资 4000 万元,占联合社整体注册资金的 80%;淄博齐民旺植保专业合作社出资 200 万元;淄博临淄祖发蔬菜种植专业合作社出资 200 万元;淄博众得利农业新技术科研中心出资 500 万元;剩下的 100 万元出资额由 16 个个人出资组成,其中出资最多的为 20 万元,出资最少的为 2 万元。出资最多的淄博临淄众得利蔬菜专业合作社属于当地供销社牵头成立的农民专业合作社,该合作社的理事长也是联合社的理事长,故该联合社属于典型的供销社主导的销售型联合社。

2)联合社的资源禀赋特征

山东省淄博市临淄区是山东省蔬菜温室大棚重要的发源地之一,被誉为全国果菜十强县、中国西红柿、西葫芦之乡,蔬菜种植面积达到 19.2 万亩。目前,齐丰农业专业合作联社拥有标准化果蔬生产基地15万多亩,正充分发挥供销社系统的资源优势,构建全国蔬果产区基地采购网络。

从物质资源要素禀赋看,联合社注册资金达到5000万元,资金实力雄厚。联合社在鲁中地区率先建设为农服务中心,为农户提供方便、专业、精准的服务。另外,在山东省率先购进A2C载人农用飞机,引进大型喷杆式喷雾机,开展大田农作物病虫害统防统治,解决了山东省粮食生产机械化耕作"最后一公里"的短板。同时,在山东省率先建设新型农产品采集加工配送中心,创新实施直供直销新模式,从配送环节下大力气、大投入,节约了包装成本。

从人力资源要素禀赋看,联合社对新加入的社员或者合作社要求较高。联合社规定,新社员入社之前,必须有1年的时间按照联合社的要求种植农产品,合格后才能加入联合社。联合社从2010年开始,先后在沂源县和烟台、蒙阴等地区,建设苹果、桃等水果基地10万余亩,聘请专业的果蔬农艺师,从田园地头的讲解,到果园内修剪枝条,科学合理用肥、用药,确保了苹果的产量和质量,并让农户减少了投入,引导农户在合理的时间采摘,保证了农作物的自然成熟度。从联合社内部民主程度来看,由于联合社内部产权分布高度不平等,联合社的事务基本上是理事长说了算,据理事长介绍,联合社内部决策虽然集中,但他提出来在联合社层面商议的事情80%能成。

从外部环境资源禀赋看,联合社的成立与发展得到了当地供销社系统的大力支持,联合社注册资金的80%都是由供销社主导的农民专业合作社投入的,理事长也是在供销系统工作了20多年的基层骨干。此外,当地政府还积极搭建"农超对接"平台,为联合社发展创造空间,经过几年的努力,联合社逐步与北京、天津、上海、浙江及山东等地,北京物美、永辉,杭州天天物美,绍兴供销,威海家家悦等近10家大型超市集团建立直供、直销关系,年均日配量300余吨,年供应量10万余吨。此外,联合社还利用销售网络优势,针对当地农民出现的农产品滞销问题,开展紧急救助促销行动,获得了当地政府及农民的高度认可。例如,2016年以来,由于全国苹果产量大幅提高,加上消费市场疲软,以及果农销售渠道单一和惜售心理的影响,造成苹果销售整体放缓,果农将面临巨大损失。联合社第一时间在山东省内乃至全国奔走呼吁,联合省、市、区各新闻媒体发起并参与大型公益活动,不足两个月就帮助果农销售苹果1.5万吨,得到社会各界的高度赞许。

3. 产业链型联合社

四川省彭州市蔬乡大地菜种植专业合作社联合社成立于2013年5月29日，成立时共有14家会员单位，其中包括12家农民专业合作社(3家销售型农民专业合作社、9家生产型农民专业合作社)，1家蔬菜种业公司(四川种都种业公司)，1家农资公司。

1)产权特征

联合社注册资金140万元。成立初期，联合社要求每个成员单位缴纳会费10 000元，作为联合社的启动资金。此外，作为彭州市成立的第一家合作社联合社，政府为支持其成立和发展，提供启动经费10万元，主要用于联合社自身建设、办公条件改善、规章制度建立以及现场会召开等相关费用。除此之外，联合社的注册资金均由四川种都种业有限公司提供。

联合社的理事长唐忠富为四川种都种业有限公司副总经理，而该公司属于联合社的组成成员单位之一。可见，联合社实际上为企业主导型合作社。联合社理事长之前有过广汉农业局农经科干部的职业经历，对政策较为熟悉，有着一定的政府资源。据理事长介绍，当初组建联合社的目的，就是实现产业链的整合。具体来说，联合社各成员单位采取现金入股的方式，以利益为连接纽带、蔬菜产业为桥梁，将彭州市知名合作社、农业公司整合起来，进行优势互补、产品整合、服务整合、信息共享，带动彭州大地蔬菜产业的发展，体现规模经济和产品组合效应，实现"组团打天下，创新赢未来"的发展战略。

2)联合社的资源禀赋特征

联合社采取"联合社＋合作社＋农户"的经营模式，联合社出资金、人才和技术，政府部门提供政策、奖励和补贴，共同组建农业服务超市，全力打造农业产前、产中、产后"一站式"全程服务平台，努力构建"六统一"社会化服务新机制，即统一技术指导培训、统一种子种苗供应、统一农资配送和投入品监管、统一农机植保作业、统一搭建产销平台、统一打造"大地菜"品牌，把公益性服务与经营性服务有机结合，为各成员合作社及其农户提供合作社、订单式、托管式服务。

从物质资源要素禀赋看，经过一段时间的发展，联合社现已建有3000亩蔬菜产业科技示范园区和规模化、标准化蔬菜基地近10万亩。建设中新技术集中展示示范高端设施智能化温室1栋(占地15亩)、工厂化智能育苗温室车间3个、钢架连栋大棚 800 亩、简易竹架大棚 5000 亩、5 万吨农产品冷藏库、蔬菜加工车间 3000 平方米、蔬菜整理配送场所 10 处以上,每个合作社成员均建立了农产品质量安全追溯体系。

从人力资源要素禀赋看,联合社为学习借鉴先进经验,先后组织成员到郫县、崇州、安岳、金堂等地考察和学习,开拓了联合社的发展思路。2014 年以来,及时组建了联合社经营管理团队,任命了总经理、副总经理,配备了专业会计、出纳和相关管理技术人员。同时,按照"严把入口、疏通出口"的原则,不断吐故纳新,做好成员入社、退社工作。另外,注册登记了农机作业服务大队、植保机防大队、农业劳务服务大队三个分支机构,拥有机手队伍 65 人,各型农机具 69 台套,农业劳务人数近千人。

此外,联合社内部的成员单位除了 1 家企业,其他均为农民专业合作社,较强的成员异质性导致联合社内的协议较难达成。例如,联合社成立时有 2 家企业(1 家种业公司、1 家农资公司)和 12 家农民专业合作社(3 家销售型合作社、9 家生产型合作社),成立以后,由于内部成员之间存在猜疑,最后农资公司和 1 家销售型合作社退出了联合社。2014 年,联合社想向市财政申报"水稻种苗补贴"项目,需要各成员单位准备自身的相关材料,但由于有些成员单位运行不太规范,最终导致申报没有成功。2015 年,联合社计划流转土地建立自己的工厂化育苗中心,需要成员单位每家出资 10 万元,由于前期项目没有申请成功,合作社成员单位存在顾虑,也没有达成一致协议。理事长介绍,目前联合社内部成员单位心还不齐,要说服各合作社集体决策非常困难,特别是投资的事情,更是困难。现在已经有 3 家联合社成员单位(3 家合作社)自己只顾自己的经营,对联合社的事情不予考虑。如此发展下去,必定会出现退社的情况。

从外部环境资源禀赋看,联合社发展的政策环境从刚开始成立时的不被认可到最终的政策支持,经历了一个过程,目前发展的外部环境较好。2013 年,联合社刚开始到工商局准备注册登记时,由于工商部门不知道农民专业合作社联合社属于哪一类法人,不了解其运作方式等,无法进行注册登记,后来彭州市农村发展局专门为此出示了一个批复,工商部门最终认可了联合社的独立法人地位。联合社的成立也得到了政府部门提供的 10 万元的启动资金的支持。在彭州市农发局和濛阳镇的大力支持下,组建了内部工作机构,配备了专(兼)职人员,建立健全了各项规章制度,提出了联合社的发展规划和工作重点。此外,当地政府积极搭建平台,为联合社提供产品与市场对接的机会。2013年11月,在第四届中国四川(彭州)蔬菜博览会上,联合社与青海凯峰农业科技股份公司签订了产销对接协议,约定在3—5年内,每年外销青海蔬菜5万吨,并在青海省建200家"菜篮子"直销店,在彭州建设10万亩青海蔬菜特供基地。2014年上半年又与四川天府菜篮子企业管理公司签订了产销协议,与广汉中国民航飞行学院进行了蔬菜配送谈判。

4. 综合型联合社

四川省西昌阳光农信农业服务专业合作社联合社成立于2014年,成立时共有6家会员单位,现在发展到8家,而且均为农民专业合作社,分别是安宁农业服务专业合作社、安宁农村经济互助专业合作社、西乡新农业服务专业合作社、礼州农业服务专业合作社、佑君农业服务专业合作社、巴汝农业服务专业合作社、樟木箐种植养殖专业合作社、聚粟水果蔬菜种植专业合作社。

1)产权特征

联合社成立时注册资金1200万元。发起成立联合社的6家农民专业合作社,有的以现金出资,有的以实物出资,平均每家出资200万元。联合社理事长杨晶在出任联合社理事长前是当地洋葱产业的营销大户,也是西昌市农村实用技术带头人,现在还是樟木箐种植养殖专业合作社理事长。据了解,目前联合社社会功能的发挥主要还是依靠政府购买服务,如联合社建立的康宁阳光家园农村社区日间照料中心,就是民政局通过联合社落实的项目。

2)联合社的资源禀赋特征

联合社经营的主要产业为果蔬种植、花卉种植、制种玉米及水稻种植、生猪养殖、乡村旅游等,目前已初步形成1000亩玉米种植基地、600亩水稻种植基地、1200亩葡萄种植基地。此外,联合社还开展农业社会化服务、农民文化教育培训、农业保险、信用合作等"四位一体"的综合型农业服务,目前联合社的综合服务已经覆盖西昌市20个重点乡镇,面积达11.67万亩。

从物质资源要素禀赋看,联合社共设立社会化服务站点15个,其中农产品直销店2家、农资直销店8家、生活便利店5家,主要为成员提供农产品、农业生产资料、生活日用品的统购统销服务。截至2015年底,联合社共开展农业生产资料统购统销肥料428吨,为社员节约成本4.8万元。

　　除了开展农业生产及服务外,联合社还积极承担了社会服务的功能,为丰富当地老年人的退休生活,联合社建立了康宁阳光家园农村社区日间照料中心,面积 300 平方米,设立了"五室两中心",即图书阅览室(含才艺书室)、休闲娱乐室、卫生保健室、日间休息室、配餐室、绿色上网中心和老年大学中心(含文化体育中心),为老年人提供方便、快捷、人性化、多样化的日间服务。

　　联合社从 2011 年 8 月起就开始开展内部信用合作试点,2014 年成为四川省农村改革首批农村资金互助组织试点单位,按照"吸股不吸储、分红不分息、对内不对外"的原则,针对农民拥有的可抵押物少、单笔贷款数额小、经办成本高、还款期限短、银行贷款期限与农业生产季节资金需求不匹配等情况,联合社试点开展农(副)产品订单、农用生产设备、机械、农村土地承包经营权、宅基地、农房等成员抵(质)押业务,解决了部分农民长期以来由于缺乏抵押物造成的贷款难问题。此外,联合社从 2012 年开始,拓展合作社农业保险互助互保机制,20 个重点乡镇农业保险投保率从 15% 提高到 100%,首次实现了政策性农业保险全覆盖,为 20 个重点乡镇农民提供了近 1 亿元的风险保障。

　　从人力资源要素禀赋看,联合社注重全方位的教育培训,目前联合社是西昌首个承接国家农民培训项目的合作社。联合社根据成员生产需求和面临的问题,为其量身打造了专门的技术培训班,聘请专家、农村能人现场授课。截至 2015 年底,共开展农村实用技术培训 51 期,培训 3000 多人次。此外,西昌市委组织部还委托联合社开展新型职业农民培训,培训内容包括农村惠农政策的最新情况、基层农村实用技术的具体讲解。安宁农业服务专业合作社还承担农村实用人才示范培训班项目、农村移民培训项目、家政服务培训,开办种养殖、服务型人才培训班共计 6 期 19 次,培训 1200 人次。

　　据了解,由于联合社承担的社会服务功能具有一定的公益性质,这些公益性项目多是通过政府购买服务的方式由联合社来落实。项目日常运转所需的资金,又需要联合社来承担,从而导致联合社内部成员合作社的积极性不高。联合社的辅导员、安宁镇农业服务中心主任杨某介绍说,联合社成立时就是为了突出统一服务的功能,联合社自身如何盈利还没有考虑太多。目前,联合社内部的成员合作社之间的联系还较为松散,共同的利益联结机制还有待完善。

　　从外部环境资源禀赋看,联合社的成立与发展离不开当地政府的大力支持,据了解,由于联合社的服务内容涉及较多的社会服务类项目,如农村社区日间照料中心、培训服务等,这些都是采取政府购买服务的方式进行。据了解,联合社自身的盈利主要来自教育培训(如农业部门的阳光工程培训)和组织部、供销社、移民局等提供的政府项目,可见联合社的发展在相当程度上对政府部门形成了依赖,对于自身的可持续发展问题,安宁镇农业服务中心杨主任也表示,将是一个需要在实践中急需探讨的问题。

4.3.4　案例剖析

受联合社内外部要素资源禀赋的影响,生产型联合社、销售型联合社、产业链型联合社、综合型联合社由于各自的"准租金"来源、产生机制、表现形式不同,导致联合社的产权安排也各有差异(表4-1)。

表4-1　不同类型联合社产权特征比较

项目	生产型联合社	销售型联合社	产业链型联合社	综合型联合社
典型案例	湖北省武汉荆地养蜂专业合作社联合社	山东省淄博市齐丰农业专业合作社联合社	四川省彭州市蔬乡大地菜种植专业合作社联合社	四川省西昌阳光农信农业服务专业合作社联合社
产权特征	社员85人,共入股98万元;蜂业协会1家,入股10万元	4家成员单位,16个自然人组成。其中1家成员合作社占股80%	14家成员社,股份1万元/家,政府提供启动资金10万元,其余资产均为种业公司提供	成立时共6家农民专业合作社,平均每家200万元注资
注册资金	108万元	5000万元	140万元	1200万元
资产分布均匀程度	资产分布较为平均(户均1.15万元)	供销社主导特征明显	企业主导特征明显	较为平均
品牌拥有情况	国家地理标志保护产品"黄陂荆蜜";"抿一口"商标	"沂蒙山""黄河滩"等	"大地菜"	无产品品牌

项目	生产型联合社	销售型联合社	产业链型联合社	综合型联合社
成员数量(个)	85	20	14	8
非自然人数量(个)	1	4	14	8
成员合作社数量(家)	15	3	12	8
非合作社成员持股占比(%)	9.3	12	91.4	0
订单构成	全国订单	全国订单	主要是四川省内，省外有一部分	当地20个重点乡镇，以综合服务为主
理事长个人情况	—	供销社负责人;成员合作社理事长	四川种都种业有限公司副总经理，有农业局干部经历	杨晶，当地农民，西昌市农村实用技术带头人，原是当地洋葱产业营销大户
联合社内契约联结紧密程度	较为紧密	较为松散	决策困难，社员之间的信任机制没有建立	较为松散
政府支持	资金扶持	"农超对接"	"六统一"社会化服务补助10万元	对政府项目较为依赖

注:根据联合社调研资料整理

1. 产权安排与"准租金"配置

生产型联合社的"准租金"来自生产环节,那么联合社的所有者必须在生产环节施加控制权,才能在最后的"准租"分配中获得剩余分配。案例中的武汉荆地养蜂专业合作社联合社,其产权安排类似于现代股份制企业,只有入股后的联合社社员才能在联合社担任职务,并享受到联合社的分红。这种产权安排将资本要素看做联合社产生"准租金"的核心要素,说明资本要素是联合社内部的稀缺资源,也是联合社生产过程中的核心要素。由于各成员合作社的产业较为同质,资本入股在计量上也较为简单,便于管理和操作,所以用各成员为联合社贡献资本的多少,作为联合社剩余分配的依据,能够得到社员的认可,也可以同时体现效率和公平的原则。

销售型联合社的"准租金"来自销售环节。联合社的所有者必须在销售环节具有控制权。案例中的淄博市齐丰农业专业合作联社属于供销社主导成立的联合社的典型,由于供销社具有联合社的其他社员不具备的销售网络和营销优势,在与其他联合社社员联合与合作的过程中,相当于供销社在联合社的"准租金"产生环节具有垄断优势。所以,此联合社在进行产权安排时,供销社占据了80%的比例,其实是供销社在联合社产生"准租金"环节垄断地位的体现。

产业链型联合社的"准租金"来自产业链各环节一体化过程中节约的交易成本和具备的协同优势。实现"准租金"的关键就是产业链各环节能够实现协调运作,从而实现交易成本的降低和获得潜在的利润。这需要有一个具备较强实力和能力的主体来进行主导和协调,往往现实中都是以企业作为主导主体的。案例中的四川省彭州市蔬乡大地菜种植专业合作社联合社,其组成成员中有1家是四川种都种业有限公司,该公司在联合社中的股份占比达到82.9%,具有绝对的控制地位。联合社理事长也是该公司的副总经理,说明该公司对联合社从事的蔬菜产业链条具有很强的整合能力,联合社实质上已经为该公司所有。

综合型联合社的"准租金"来源比较分散,既有来自生产环节的利润,也有来自社会服务环节的利润。实现"准租金"的关键,就是看谁控制了这些产生利润的关键环节。案例中的西昌阳光农信农业服务专业合作社联合社,其核心利润来自社会服务功能的发挥,而这些社会服务环节的利润主要是通过政府购买服务的项目获得的。由于利润并非来自联合社自身的经营,所以联合社各成员具有平等享受来自外界给予的联合社利润的权利,故联合社的产权分配较为平均,每家参与联合社的合作社入股基本相等,此产权安排也有利于联合社利润的平均分配。

2. 产权安排与联合社自身资源禀赋

理论推导表明,联合社的"准租金"与联合社自身的要素资源禀赋有关,同时联合社的产权安排又是为了实现其"准租金",所以联合社在缔结产权契约时,必然会受到自身要素资源禀赋的影响。

生产型联合社社员在缔结产权契约时,产品特性、社员实力的均衡程度以及外部力量的引导,都将对产权契约的形成产生影响。案例中的武汉荆地养蜂专业合作社联合社,经营的产品为当地的特色产品——蜂蜜,品种单一且同质性高,便于计量,所以为实行股份制提供了较好的计量基础。养蜂产业在当地非常成熟,当地的养蜂协会推动成立联合社的目的,就是加强对行业的统一管理,避免恶性竞争,统一品牌质量标准,保证蜂产品质量,可见联合社社员的利润来自联合社产中管理和产后销售方面的服务,对于加入的社员来说,不存在入社的技术壁垒,所以选择入股资金作为将来分配剩余的标准,比较容易实施。此外,加入联合社的合作社或蜂农实力较为平均,不存在具有垄断性能力的单个社员,用股份制衡量社员的贡献,也较能体现社员之间的平等。

销售型联合社社员在缔结产权契约时,资金实力、品牌拥有情况、对销售渠道的控制等因素,将对社员之间的产权契约将产生影响。案例中的淄博市齐丰农业专业合作联社,主营产品是蔬菜瓜果,在收获的季节,需要巨大的收购资金,而且如果没有仓库、冷库、冷链等设施,蔬菜瓜果的易腐性特征将使生产者得不偿失,所以必须要有具备强大资金实力的社员加入,而且一旦此类社员加入,肯定会形成垄断性地位,从而对产权安排造成影响。此外,品牌在销售产品时也非常重要,同样的蔬菜,如果进行统一包装、打上品牌以后,价格可以卖到原来的数倍之多,从而使得品牌的拥有方也具有产权缔结时的影响力。销售渠道更是销售型联合社的核心环节,案例中的供销社拥有全国范围的网点,可以使农民放心大胆地生产,对于销售问题根本不用发愁,这种优势是其他社员所不具备的,也是垄断性的,在缔结产权契约时自然具有绝对的优势。

产业链型联合社在缔结产权契约时,社员在产业链条上的地位以及社员对产业链的整合能力,将对产权安排产生影响。案例中的四川省彭州市蔬乡大地菜种植专业合作社联合社社员中,四川种都种业有限公司经济实力最强,虽然种业属于产业链的上游产业,但是蔬菜种苗在整个产业链中具有不可替代的核心地位,从而导致拥有种苗的社员在产权契约缔结时具有相当大的发言权。此外,联合社理事长既是四川种都种业有限公司的副总经理,又有农业局的工作经历,在引进政府资源和了解市场方面同时具有优势,这又是联合社的其他社员所不具备的。

所以,四川种都种业有限公司在产权安排时具有绝对控制地位,也有利于对整个蔬菜产业链的控制。

综合型联合社在缔结产权契约时,理事长的个人能力、外界支持将对产权安排产生一定程度的影响。案例中的西昌阳光农信农业服务专业合作社联合社成立的目的与其他类型的联合社相比,社会服务功能是其成为综合型联合社的必要内容,而社会服务往往具有公益性质,单靠联合社社员是无法持续的,需要政府或其他社会组织的大力支持。此外,综合型联合社需要同时兼顾联合社的生产功能和社会功能,对于理事长的个人能力来说,既要懂生产,也要会服务,而且需要具有一定的奉献精神,这对于理事长来说要求是很高的。所以,现实中的综合型联合社往往具有联合会的性质,生产和公益如何有机结合,仍然是将来该类型联合社是否能够持续发展的关键难题。由于具有公益性质,联合社的产权安排也就较为平等了。

4.4　研究小结

本章的研究首先分析了我国农民合作社联合社的财产来源及产权契约的特征。研究表明,农民合作社联合社的财产主要来自成员出资、公积金、国家财政直接补助、他人捐赠以及合法取得的其他资产四个部分。联合社的产权契约具有不完全性特征,成员社个体财产产权的界定不完全,而且权能缺失;公共财产产权的模糊性特征导致出现机会主义行为。联合社的产权安排是联合社内部成员社之间缔结的组织契约,目的是攫取联合社产生的组织剩余("准租金"),获取农民合作社联合社"准租金"的制度安排,就是联合社产权的产生与分配过程。同时,联合社成员社的要素资源禀赋对产权安排将产生一定程度的影响。

第 5 章

农民合作社联合社的治理

治理问题被作为一个研究问题正式提出是在 20 世纪 80 年代初期,当时治理问题的主要研究对象是企业,研究的内容主要是关于企业的组织结构及其权利之间的相互制衡关系。后来,又发展到对企业的所有权配置、企业的资本结构、对管理者的激励机制、公司接管、董事会制度、来自机构投资者的压力、产品市场的竞争、劳动力市场的竞争、组织结构的研究等方面。如 Williamson(1985)就将治理结构看作是市场、科层制和混合体的集合。再到后来,关于企业治理的理论和分析方法逐渐被引入到合作社的研究中来。

关于合作社治理问题的研究,主要集中在治理结构和治理机制两个层面。关于合作社究竟属于何种治理结构,研究者的说法不一。例如,Staata(1987)指出合作社是一种混合体的治理结构。[①] Shaffer(1987)认为合作社是同时具有市场和内部协调特征的第三种协调组织方式。傅晨(1999)研究了农村社区型股份合作社的治理结构,他指出交易的性质决定了合作社治理结构的性质,合作社交易成本的大小决定了合作社的治理结构形式。在合作社的治理机制方面,研究者多从剩余索取权、交易成本、委托—代理问题等角度进行分析。例如,Fama(1983)指出在合作社治理机制的设计中,起重要作用的合约是明确剩余索取权,合作社剩余索取权的不能转让和分离,使得在合作社内部产生了许多代理(或控制)问题,造成了合作社的高成本运行。[②] 朱兵(2007)则从降低合作社交易成本的角度,分析了

[①] 黄祖辉,徐旭初. 基于能力和关系的合作治理——对浙江省农民专业合作社治理结构的解释[J]. 浙江社会科学,2006(1):60-66.

[②] 张学鹏,把镇宇. 国计从事作社研究综述[J]. 合作经济与科技,2016(3):39-42.

云南省各类农业合作社在治理结构方面存在的问题,提出了完善合作社治理结构的对策和措施。马彦丽(2008)从外部市场竞争、激励、监督及合作社双向代理特征等角度,分析了我国农民专业合作社存在的双重"委托—代理"关系,指出矛盾的主要方面就是要防止骨干社员对中小社员利益的侵害。

农民合作社联合社的治理问题既是一个新的研究话题,也是农民合作社治理问题的延伸和发展。从现有的对农民合作社联合社的研究来看,研究者多是从农民合作社的研究视角,并借鉴农民合作社的研究方法,来研究农民合作社联合社的相关问题(苑鹏,2008;尹腾腾,2012)。从狭义上讲,农民合作社联合社的治理结构和治理机制研究的是联合社内部的组织结构、权利之间的相互制衡以及联合社内部的激励机制。从广义上讲,联合社治理则不限于对联合社内部组织结构的研究,而是对联合社内部剩余控制权和剩余索取权如何分配的一整套制度性安排的系统性研究。课题组在对不同类型的农民合作社联合社进行调研后发现,尽管农民合作社联合社还是属于农民合作社的研究范畴,但是与农民合作社相比,在治理结构和治理机制方面,具有自身的特点。

5.1 联合社的成员资格

联合与合作是农民合作社发展到一定阶段的客观需求。近年来,随着农民合作社的快速发展,合作社组建联合社的要求日益迫切,现实中联合社的数量也日益增加。由于现行《农民专业合作社法》中没有关于联合社的相应条款,所以在法律修订时增加农民合作社联合社的相关内容,为联合社发展提供法律依据,成为社会各界的共识。但在法律修订的过程中,对于合作社联合社成员资格的问题出现了不同的认识,争论的焦点主要集中在联合社成员是否必须全部是农民专业合作社,或可以有其他主体的加入(特别是对于企业能否成为农民合作社联合社的成员存在较大分歧)。下面本次研究将就此问题进行具体分析。

5.1.1 部门和地方规定

尽管《农民专业合作社法》对农民合作社联合社的注册登记没有做出明确规

定，但一些部门和地方针对现实中农民合作社联合社发展的需要，出台了联合社登记的相关政策和办法(表5-1)。

从部门规范性文件看，工商总局、农业部2013年出台的《关于进一步做好农民专业合作社登记与相关管理工作的意见》中，明确要求"农民专业合作社联合社成员应为农民专业合作社，且成员数应在3个以上"。

从地方出台的规定看，目前有11省份从省一级层面出台了专门针对农民专业合作社联合社的登记管理办法，有8个省份在合作社登记管理办法或意见中对联合社的注册登记做出了相应规定。个别地市(如江西赣州、湖南浏阳)也出台了联合社登记管理办法。

在相关文件中，各地就联合社成员资格做出了不同的规定，大体可以归为三类。第一类是要求联合社成员必须为农民专业合作社。贵州、安徽、山西、吉林、甘肃、黑龙江、内蒙古、重庆等8个省区市明确了这种要求。但实践中联合社也没有完全执行这个规定，如调研组在贵州调研时就发现，大方县中药材合作联社的成员中，就有3家企业。第二类是明确允许企业、事业单位、社会团体可以加入联合社。浙江、河南两省两省采取了这种做法，但河南省明确规定非合作社成员所占比例不得超过联合社成员总数的20%。第三类则没有明确规定企业、事业单位是否可以加入联合社。山东和多数在合作社登记条例中提出联合社注册登记办法的省份属于此类。如山东省在农民合作社联合社登记条例中规定，加入农民合作社联合社的成员，应以农民专业合作社和农民为主体，但对企业或其他单位是否可以加入联合社的问题没有明确。其他省份尽管在合作社登记条例中允许联合社注册登记，但对是否允许非合作社成员加入联合社的问题，也没有做出明确规定。

表 5－1　农民合作社联合社成员登记管理规定

文件级别	部门或省份	关于联合社成员资格的规定	来源	年份
部委文件	工商总局、农业部	农民专业合作社联合社成员应为农民专业合作社,且成员数应在3个以上	《关于进一步做好农民专业合作社登记与相关管理工作的意见》	2013
省级层面专门针对联合社登记出台文件	浙江	成员为农民专业合作社以及从事与联合社业务直接有关的生产经营活动的企业、事业单位或者社会团体	《浙江省农民专业合作社联合社登记管理暂行办法》	2013
	贵州	成员应为农民专业合作社,且成员数在3个以上	《贵州省农民专业合作社联合社登记管理暂行办法》	2016
	安徽	农民专业合作社联合社成员应为农民专业合作社,且成员数应在3个以上	《安徽省农民专业合作社联合社登记管理暂行办法》	2014
	山东	成员以农民专业合作社和农民为主体	《山东省农民专业合作联合社登记管理意见》	2013
	山西	成员以农民专业合作社为主体	《山西省农民专业合作社联合社登记管理暂行办法》	2013
	吉林	成员为从事同类或有互补业务的农民专业合作社	《吉林省农民专业合作社联合社登记管理暂行办法》	2013
	甘肃	成员以从事同类或有互补业务的农民专业合作社为主体	《甘肃省农民专业合作社联合社登记管理暂行办法》	2016
	黑龙江	有2个以上成员(含2个),各成员为从事同类生产经营或相互提供上下游服务的,并且登记注册1年以上的农民专业合作社	《黑龙江省农民合作社联社登记管理暂行办法》	2013

文件级别	部门或省份	关于联合社成员资格的规定	来源	年份
省级层面专门针对联合社登记出台文件	内蒙古	农（牧）民专业合作社联合社成员以从事同类、关联或有互补业务的农（牧）民专业合作社为主体	《内蒙古自治区农（牧）民专业合作社联合社登记办法（暂行）》	2014
	河南	农民专业合作社联合社至少应有两个成立两年以上的农民专业合作社作为成员；从事与农民专业合作社联合社生产经营活动直接有关的企业、事业单位或者社会团体，承认并履行农民专业合作社联合社章程和章程规定的入社手续，可以成为农民专业合作社联合社成员，但数量不得超过联合社成员总数的20%；自然人和具有管理公共事务职能的单位不得成为农民专业合作社联合社成员	《河南省工商行政管理局关于做好农民专业合作社联合社登记管理工作的意见》	2013
	重庆	成员应为农民专业合作社，且成员数在3个以上	《关于开展农民专业（股份）合作社联合社登记工作的意见（试行）》	2014
省级文件中关于合作社登记管理办法的规定	湖南	从事同类农产品生产经营的农民专业合作社自愿联合组成农民专业合作社联合社的，依法办理工商登记，按照法律法规和章程的规定开展生产经营活动	《湖南省实施〈中华人民共和国农民专业合作社法〉办法》	2009
	北京	农民专业合作社自愿联合组成新的互助性经济组织，可以向工商行政管理部门提出设立登记申请，依法取得农民专业合作社法人营业执照	《北京市实施〈中华人民共和国农民专业合作社法〉办法》	2009

续表

文件级别	部门或省份	关于联合社成员资格的规定	来源	年份
省级文件中关于合作社登记管理办法的规定	辽宁	鼓励农民专业合作社之间进行多领域、多方式的联合与合作,组建农民专业合作社联合社或者总社	《辽宁省实施〈中华人民共和国农民专业合作社法〉办法》	2009
	江苏	两个以上农民专业合作社可以设立农民专业合作社联合社。农民专业合作社联合社可以参照本条例的有关规定,依法登记,领取农民专业合作社法人营业执照	《江苏省农民专业合作社条例》	2009
	江西	农民专业合作社联合社的成员数应在 3 个以上,允许企业、事业单位和社会团体成为农民专业合作社联合社的成员,但自然人不应成为农民专业合作社联合社的成员。联合社成员总数 20 个以下的,可以有 1 个企业、事业单位或者社会团体成员;联合社成员总数超过 20 个的,企业、事业单位和社会团体成员不得超过成员总数的 5%	《江西省工商行政管理局、江西省农业厅关于转发〈工商总局、农业部关于进一步做好农民专业合作社登记与相关管理工作的意见〉的通知》	2014
	海南	两个以上农民专业合作社可以自愿成立农民专业合作社联合社,经县级以上工商行政管理部门登记,领取农民专业合作社联合社营业执照	《海南经济特区农民专业合作社条例》	2011
	四川	鼓励和支持农民专业合作社自愿联合组建农民专业合作社联合社,并享受相关扶持和优惠政策	《四川省〈中华人民共和国农民专业合作社法〉实施办法》	2010

文件级别	部门或省份	关于联合社成员资格的规定	来源	年份
省级文件中关于合作社登记管理办法的规定	新疆	两个以上农民专业合作社可以根据自愿、平等的原则组成联合社	《新疆维吾尔自治区实施〈中华人民共和国农民专业合作社法〉办法》	2012
地市出台文件	赣州	成员以农民合作社为主体	《赣州市农民合作社联合社注册登记若干规定(试行)》	2014
	浏阳	联合社的成员必须是已经市工商行政管理局注册登记取得《农民专业合作社法人执照》的同类型农民专业合作社,成员数不少于5个	《关于设立农民专业合作社联合社注册登记的指导意见》	2010

注:根据文件资料搜集整理

5.1.2 专家观点综述

据农业部门统计,截止到 2017 年 7 月,农民合作社联合社的数量已经超过 7200 家,尤其是湖北、江苏、山东等地,联合社发展迅速,对于单个农户在合作社基础上的再联合、提高市场话语权起到了积极作用。因此,在《农民专业合作社法》的修订中,对农民合作社联合社的相关内容进行明确十分必要,其中,联合社的成员资格是基础性问题。对于这个问题,目前较少有人研究,发表可供参考的文献资料几乎没有。2016 年 3 月 19 日,由中国人民大学农业与农村发展学院孔祥智教授发起,在中国人民大学明德楼召开了"联合社成员资格问题研讨会",来自中国人民大学、农业部农村经济研究中心、国家工商行政管理总局、中国农业大学、国家粮食局等单位的 10 余名专家、学者及相关政策制定人员,参与了此次研讨会。① 会议讨论的主要内容是:究竟哪些主体可以加入联合社? 除了合作社之外,企业、事业和社会团体单位能否作为成员加入联合社?

与会专家的观点,主要分为以下两类。

一种观点认为,企业不宜作为独立主体加入农民专业合作社联合社。持这种观点的专家占到了绝大多数。有的专家认为,联合社的规模不宜过大,联合社成员即参与联合社的农民专业合作社,公司加入联合社将导致联合社产生四种风险:一是公司的逐利性可能会使得联合社成为逐利性组织,这种对资本报酬的追逐,将导致成员意志表达的衰减;二是在联合社的层面上,也很难界定清楚非法集资和内部信用合作的边界;三是公司加入联合社,将使得这些公司规避税收,从而造成与其他未加入联合社的公司存在竞争上的不平等;四是有些联合社成立的目的是互相担保贷款,从金融控制的角度而言,存在一定的风险。有的专家认为,不鼓励企业成为联合社的成员。农民专业合作社法允许企业领办合作社,没必要再允许企业加入联合社。加入联合社的企业规模一般较大,如果这类企业在联合社中的发言权过大,将与合作社的宗旨产生矛盾。从立法角度看,如果联合社的成员还有大的企业,成员太复杂,质疑会较多,从法律的解释、注册、宣传到监管都会受到挑战。有的专家认为,联合社应当是合作社的合作社,不鼓励企业等主体参与。从组织稳定性的角度看,当一个组织规模发展过大时,民主治理就会受到挑战,大公司再加入的话,组织内部的民主管理氛围将进一步衰减。合作社如果运转得好,不可能规模太大,因为这样内部管理成本会变得很高。有的专家认为,联合社不应该允许公司加入。从《农民专业合作社法》来看,对于合作社成员规定的认识还不足,立法不能只从法理的角度考虑,还要考虑人和文化,考虑政府的作用和不同利益主体的作用空间,不然法律执行起来就会走偏。有的专家认为,联合社应该由农民专业合作社组成。理由在于:一是合作社单一主体参与的联合社,其成员是由具有相当或相近实力的专业合作社组成,成员较为同质,现行合作社治理模式下的成员异质性问题能够得到缓解,再加上如果设定成员均等出资等有效制度设计,民主管理的基础就具备了,"一社一票"的民主决策机制,自然而然地

---

① 参会的专家有:孔祥智、马九杰、张照新、任大鹏、杨力军、仝志辉、朱乾宇、谭智心、钟真、毛飞、高原。专家观点根据会议纪要整理而成。

成为合理选择；二是在法律条款上保持联合社成员的同一性，有利于为基层实践明确方向。有的专家认为，要考虑联合社到底能解决什么问题，也就是从联合社的市场地位角度考虑。当前，很多联合社背后都是企业，但是企业不一定非要加入联合社。如一个奶站需要与中小奶农展开业务合作，如果仅是为了购买原料便宜，以联合会或公司的形式就可以解决，不一定要以联合社的形式出现。

另一种观点认为，应该允许企业等经营主体加入联合社，同时对其数量或占比进行限制。专家列举出了 7 条理由：一是一些省份已经出台的联合社登记管理办法中，允许企业等经营主体加入联合社，如果修法不允许非合作社主体加入，必然会造成混乱；二是合作社、企业、事业单位，专业大户，家庭农场，奶站等主体都是独立经营的经济主体，可以按照合同规定承担相应的民事责任；三是允许农业资源要素的合理流动和优化配置，比单纯的合作社联合要好；四是有利于促进合作社、企业和其他主体的融合发展；五是能够充分发挥各类主体的优势；六是企业加入合作社而导致的合作社"异化"现象，可以通过有效的制度设计，在联合社中加以解决；七是在此之前针对此问题，询问过一些合作社理事长的意见，合作社理事长普遍认为，如果不让企业加入联合社，那联合社就没有成立的必要了，联合社需要企业的带动。

5.1.3　利弊分析

1. 允许多元主体加入联合社的利弊分析

允许企业、事业或社会团体加入联合社的优势在于：①有利于优化农村资源要素配置。特别是在贫困地区，允许企业加入联合社，可以解决农民、合作社缺乏资金、技术和人才的难题，可以加快农业生产发展，提高农业的集约化水平。②可以促进家庭农场、合作社与企业实现多主体融合发展，提升农业的组织化水平。当前不少联合社是由企业发起的，允许企业加入联合社，会得到地方和现有联合社的呼应。

允许企业、事业单位加入联合社，也存在企业主导联合社发展、加剧当前财政支持资金被企业获取的弊端：①多元主体加入联合社后，对联合社的管理将形成较大挑战。联合社内部的成员性质不一，对于民主管理和保持合作社的为农性也将构成较大压力。②将加剧当前企业主导合作社或联合社的局面。目前，大部分联合社都有企业参与,而且联合社出资也主要由企业承担,事实上企业主导了联合社的各项事务。如果立法认可这种格局,会进一步激发企业领办联合社的积极性,进一步强化企业主导合作社和联合社发展的格局。③财政支农惠农政策或资金将加速流向企业。随着国家财政涉农项目更多由合作社或者联合社承担,这类由企业主导的联合社必然更加积极主动申请各类财政支持。由于联合社收益难以直接分配到农民成员账户,领办或参与企业将通过股份形式更为方便获取财政支持的收益。

2. 仅允许农民专业合作社加入联合社的利弊分析

不允许企业、事业单位加入联合社的优势在于:可以更好地实现民主管理、纠正当前企业主导联合社发展、套取惠农资金的倾向。①为实现民主管理奠定基础。联合社成员成分单一,性质相同,在治理结构上比较简单,容易实现合作社民主管理的原则,在重大决策上"一社一票"的决策机制也较易实现。②纠正当前企业利用联合社套取财政支持的问题。通过立法,推动企业退出联合社,可以有效防止企业利用联合社的名义套取财政支持政策,使财政支农资金真正让农民获得。虽然企业可以加入合作社,但由于合作社明确"一人一票",可以有效限制企业的发言权,同时利用财政支农资金量化到农民成员账户、交易额返还等条款,可以避免企业利用合作社套取财政支持资金的弊端。③虽然不允许企业加入联合社,但企业仍然可以通过加入合作社参与农业生产,与农民进行合作,不会对要素优化配置产生制约。

不允许企业、事业单位加入联合社在现实操作中存在一定的阻力和弊端:①大多数合作社实力较弱,组建联合社往往缺乏资金,经营管理理念也较为缺乏,企业则具有资金、管理和技术等方面的优势;②实践中组建的联合社大多都是由企业参与甚至是企业领办,这将与法律规定产生冲突,带来操作上的阻力。

5.1.4 立法建议

从国际合作社运动在世界范围内开展170多年的运作实践来看,"自愿和开放"的原则一直是合作社基本原则中的首要原则。从这一原则出发,对于愿意加入农民合作社联合社的组织,应该持开放和欢迎的态度,允许其自愿加入。然而,随着经济社会的不断发展,如果盲目地遵循这一原则,则容易发生联合社被资金雄厚的大资本、大企业控制的现象,从而导致合作经济的性质发生根本性改变。从本质上看,合作社联合社应该是合作社之间互助合作的经济组织,体现的是全体成员合作社的共同利益,所以在成员资格问题上就应该对资本独大的情况予以限制。

当前,我国农民合作社已经超过 190 万家,而且已经进入规范、提升和创新发展的新阶段。合作社之间的联合与合作成为提升发展实力和服务能力的必然要求;同时,促进合作社的规范发展,体现民办、民管和民受益的基本原则,增强其凝聚力和向心力,将成为今后合作社发展的重点任务。因此,我们既要积极支持联合社的发展,增强联合社的竞争能力和服务能力,同时更要强化其规范性,保障农民在联合社中的主体地位,实现联合社的持续发展。顺应实践发展的需求,在新修订的《农民专业合作社法》中,建议明确联合社作为一种合作经济组织的法律地位,对联合社的注册登记、成员管理、组织运行等问题予以明确,特别是要对企业等资本利益代表加入联合社的行为进行限制,为联合社的发展提供法律保障。

1. 坚持法律的原则性

《农民专业合作社法》对合作社的规定,是基于合作社基本原则方面的规定,尽管在基层实践过程中出现了异化现象,但合作社的本质属性不会改变。法律中诸如自愿参与、民主管理、按照交易量(额)分配等基本原则的规定,为我国农民专业合作社的发展指明了方向,区分了合作社和企业等市场主体的本质。所以,修法中增加联合社的相关内容时,立法初衷不能改变,有关联合社的法律规定也应体现出法律的原则性。

2. 保持联合社的为农性

联合社是以农业产业为主营业务,以为农民服务、促进农民增收为主要目标的经济组织,所以在设定成员资格的门槛时,要严格把关,加入联合社的经营主体应是体现农民利益的组织。与多元化主体相比,严格规定专业合作社单一主体加入,在原则上更能保持联合社的为农性。同时,规定单一合作社主体作为联合社的成员,与引入企业等社会资本参与和带动联合社发展并不矛盾,目前基层很多农民合作社就是由企业领办或是自己领办企业,如果企业想加入联合社,并不困难。而在法律规定中要求单一主体,更能给基层联合社的实践释放明确的信号,更好地保持联合社的为农属性。

3. 促进内部管理的协调性

联合社的成员身份越单一,多元化程度越低,越有利于组织内部的民主管理。如果将加入联合社的成员统一设定为农民专业合作社,则联合社成员之间的利益诉求较为一致,便于进行民主管理,而且在盈余分配时,也容易体现出成员社的意愿,从而能够有效降低联合社管理的内部交易成本。

5.2　联合社的组织结构

根据国际合作社联盟和我国《农民专业合作社法》所确定的合作社组织原则和组织宗旨,农民专业合作社是"人的联合"的组织,"人合"是农民专业合作社与企业等市场主体相区别的本质特征。联合社是由专业合作社组成的,所以从逻辑推理上看,合作社联合社也应该是"人的联合",联合社所体现出的社员(成员合作社)利益,也应该代表成员合作社的社员(农民)利益。但是,由于联合社层面上的社员不是自然人,而是加入联合社的农民专业合作社,所以联合社在进行组织结构设置和组织机构管理时,必然与管理自然人有所不同。

5.2.1　设立原则

联合社组织结构的设立,既应该体现农民合作社的基本原则,也应该具有联合社自身的组织特点。

1. 民主控制原则

世界上成立最早的现代合作社"罗虚代尔公平先锋社"对民主管理原则的表述是:"合作社是由社员管理的民主组织,它的事务由积极参与政策制定和决策的成员管理。被选出的代表应对成员负责。在基层合作社中,社员拥有平等的投票权(即每一社员一票),其他级别的合作社也按民主的方式组织。"*从国际合作社联盟对合作社基本原则的规定看,民主原则一直是合作社的经典原则之一,在联

---

* 孔祥智,金洪云,史冰清等著. 国计农业合作社研究——产生条件、运行规则及经济借鉴[M]. 北京:中国农业出版社,2012年4月第1版。

盟最近修改的合作社基本原则中,对民主原则的表述是"民主控制"。我国的《农民专业合作社法》第三条规定了农民专业合作社的成员地位平等,实行民主管理的原则。所以,不论是从合作社的国际发展还是我国的立法实践来看,民主原则都是合作社的基本组织原则之一。

从目前我国农民合作社联合社的组织结构设立及组织运行看,由于我国农民合作社联合社是农民专业合作社之间的联合与合作,组织规模较大,运营资产较多,故联合社内部的组织结构设置更加注重效率,而不是公平。所以,联合社在设置自身的组织机构时,一般是以组织效率为设计的第一考虑因素,但是联合社又要体现合作社最基本的民主组织原则,体现联合社是所有者和惠顾者有机统一的组织形式,故用"民主控制"的提法较为符合当前我国农民合作社联合社的实际情况。

2. 权力制衡原则

农民合作社联合社的组织结构是指联合社的所有者为实现组织目标,在管理工作中进行分工协作,在职务范围、责任、权利等方面所形成的结构体系。从世界范围来看,世界上主要国家的合作社组织结构模式可以分为两类:一类是一元制治理结构模式。这种组织结构模式以英美法系为代表,合作社内部只设社员代表大会和理事会,不设监事会。那么关于合作社的监督问题,则在合作社理事会内部设立审计委员会作为理事会的附属机构,行使合作社的监督权。另一类是二元制治理结构模式。这种组织结构模式以大陆法系为代表,合作社内部按照权力制衡的原则设立社员大会、理事会、监事会,分别代表最高权力机关、执行机关、监督机关,社员大会是联合社的最高权力机关,理事会和监事会由社员大会选出,代表社员行使执行权和监督权。

我国是大陆法系国家,《农民专业合作社法》第二十六条规定:"理事长、理事、执行监事或者监事会成员,由成员大会从本社成员中选举产生,依照本法和章程的规定行使职权,对成员大会负责。"可见,法律规定要求合作社的监事会独立于理事会,由最高权力机构选举产生。农民合作社联合社作为较高层次的合作社,也应该执行合作社法的相关规定。另外,从我国实践中的农民专业合作社组织机构设置来看,几乎所有的农民专业合作社都独立于理事会之外设置了监事会,形成了社员大会、理事会、监事会三权制衡的组织结构。在农民专业合作社的基础上成立联合社,也应该体现组织结构内部权力制衡的基本原则。同时,我国农民合作社联合社属于农民专业合作社在更高层次上的联合,联合社的组织规模、资产规模、经营规模都更为庞大,在此基础上进行组织管理,对联合社的监督一定要由专门和专业的部门来实行,从这一点看也需要在联合社内部设立监事会,与社员大会、理事会处于同一级别,共同管理联合社的组织机构运行。

3. 成员经济参与原则

国际合作社联盟在1995年国际合作社联盟大会上对合作社"成员经济参与原则"的表述是:"合作社成员对合作社公平出资,并进行民主控制。合作社应该从成员的出资中提取公共积累。成员从成为合作社成员而缴纳的资金中只能得到有限的报酬。合作社成员分配合作社的盈余要用作以下目的:留取部分不可分割的公共积累用于合作社的发展;留取一定的比例分配给与合作社进行交易的成员;支持合作社成员通过的其他活动。"[*] 经济参与的原则使得每一个合作社社员都能够与合作社产生利益关系,而不是名义上的参与。

从我国农民专业合作社的运行实践看,经济参与原则只是存在于合作社的部分成员之间,这部分成员作为合作社的核心成员,对合作社进行管理和控制,而很多不出资的合作社成员都是名义上的社员,不对合作社履行相关的权利与义务。产生这种情况很大一部分是因为目前我国农民专业合作社还具有一定的帮扶性质,农民入社自愿、退社自由,只要加入合作社就可以享受合作社提供的服务,如技术指导,但是这部分社员和合作社的联系非常松散,与合作社核心社员一起形成了合作社的"中心—外围"结构。这种结构是农民专业合作社同时注重效率和公平的结果,而农民合作社联合社作为合作社之间联合与合作的高级形态,更加注重的是效率,所以经济参与原则就显得尤为重要,而且对于发挥合作社之间的民主将起到很好的作用,甚至可以认为,该原则是联合社内部民主治理结构存在的物质基础。

5.2.2 设立目标

农民合作社联合社的成员大会、理事会、监事会以及这"三会"的制度设计,共

---

[*] 孔祥智,金洪云,史冰清等著. 国计农业合作社研究——产生条件、运行规则及经济借鉴 [M]. 北京:中国农业出版社,2012年4月第1版。

同形成了联合社的决策机制、执行机制和监督机制。这种组织结构设计的目标,就是实现联合社所有者对联合社的所有权、控制权和收益权的控制。

　　所有权意味着联合社归谁所有,在某种程度上,产权就是所有权。作为联合社内部重要的组织特征,联合社的产权结构特征可以决定联合社的剩余控制权和剩余收益权。在传统合作社中,合作社的所有者和惠顾者是统一的,即合作社的惠顾者就是合作社物质资源、人力资源和经营风险的承担者,成员对合作社出资就是为了获得未来分配合作社组织剩余的权利。然而,在现实实践中,合作社的资金来源渠道已经拓展,有些外部资金以入股的形式投资合作社,目的也是获取合作社的组织剩余,而这部分资金所有者并不与合作社发生任何交易。在我国合作社发展的实践中,供销社多采用投资入股的形式参与农民专业合作社或合作社联合社的盈余分配。

　　控制权意味着联合社组织的内部决策由谁掌握。一般来说,联合社的社员大会是最高权力机构,掌握着联合社的控制权,而且社员具有"一人一票"的投票权利。集体行动的逻辑告诉我们,成员越多的合作社,越难达成一致的决策。联合社的社员都是农民专业合作社,与农民专业合作社成员太多,不容易形成一致决策相比,联合社社员要少得多,形成决策应该容易得多。但是,联合社的社员不是自然人,而是一个个的法人组织,如果在联合社中形成控制权,也就意味着这家农民专业合作社获得了更多的联合社资源。在这种情况下,联合社内部决策将变得非常复杂。现实情况中,往往是对联合社具有控制权的专业合作社掌握着联合社发展过程中的关键资源。联合社组织结构运行机制图,如图 5-1 所示。

```
┌──────────┐      ┌──────────┐      ┌──────────┐
│  成员大会  │      │  理事会   │      │  监事会   │
└────┬─────┘      └────┬─────┘      └────┬─────┘
     │                 │                 │
     ▼                 ▼                 ▼
┌──────────┐      ┌──────────┐      ┌──────────┐
│  决策机制  │      │  执行机制  │      │  监督机制  │
└────┬─────┘      └────┬─────┘      └────┬─────┘
     └─────────────────┼─────────────────┘
                       ▼
                 ┌──────────┐
                 │  组织结构  │
                 └────┬─────┘
      ┌───────────────┼───────────────┐
      ▼               ▼               ▼
┌──────────┐    ┌──────────┐    ┌──────────┐
│  所有权   │    │  控制权   │    │  收益权   │
│ ● 出资人  │    │ ● 决策人  │    │ ● 收益人  │
│ ● 所有权分配│   │ ● 决策机制 │    │ ● 收益分配 │
└──────────┘    └──────────┘    └──────────┘
```

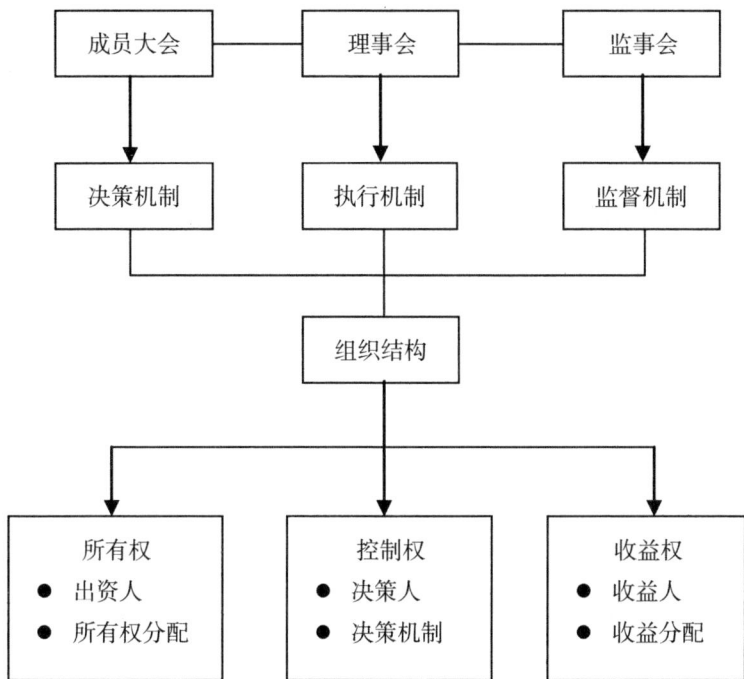

图 5-1 联合社组织结构运行机制图

收益权是联合社剩余分配的基础。按照传统的合作社理论,联合社的收益权应该属于联合社的惠顾者。而联合社的惠顾者能否获得联合社的剩余,又取决于惠顾者对联合社贡献的大小。我国现实实践中的联合社收益分配,并不是完全的惠顾者分配剩余的形式,只要是对联合社发展做出贡献的主体,都能享受到联合社的组织剩余。联合社中存在着不同的社员要素投入种类,导致联合社的分配形式较为多样。

5.2.3 设立类型

调研发现,在我国农民合作社联合社的基层实践中,完全按照传统合作社的组织原则设置机构的联合社并不多见,已有的联合社多以传统合作社的组织原则为基础,按照业务需求设立了符合自身发展特点的组织结构,而且有些联合社组织结构的设置已经与现代企业非常相似。具体来说,按照联合社与现代企业的近似程度,可将目前我国农民合作社联合社的组织结构设置分为以下3种类型。

1. 传统合作社型

传统合作社型联合社的组织结构设置以合作社经典原则为基础,按照我国《农民专业合作社法》的相关规定设立成员大会,作为联合社的最高权力机构,享有决策权。由成员大会选举产生理事会和监事会,这两会属于平行机构,分别掌握联合社的管理权和监督权。理事会设理事长 1 名、监事会设监事长 1 名,理事长负责联合社的全面业务工作,监事长负责对联合社的社内事务和财务等进行监督。这一组织结构类型属于典型的合作社组织结构类型,体现了合作社的民主原则和权力制衡原则。

图 5-2 为山东省寿光市菜农之家蔬菜专业合作联合社的组织结构图,这是按照《农民专业合作社法》的要求设置的传统合作社型的组织结构。这种组织结构能够体现合作社的经典原则,而且按照联合社内部的业务性质,分为技术中心、平台运行中心、品牌中心、质检中心、综合部等不同的职能部门,这种类型的组织结构能够实现专业化管理的优势,但不同职能部门之间的衔接和磨合需要花费较大的交易成本。

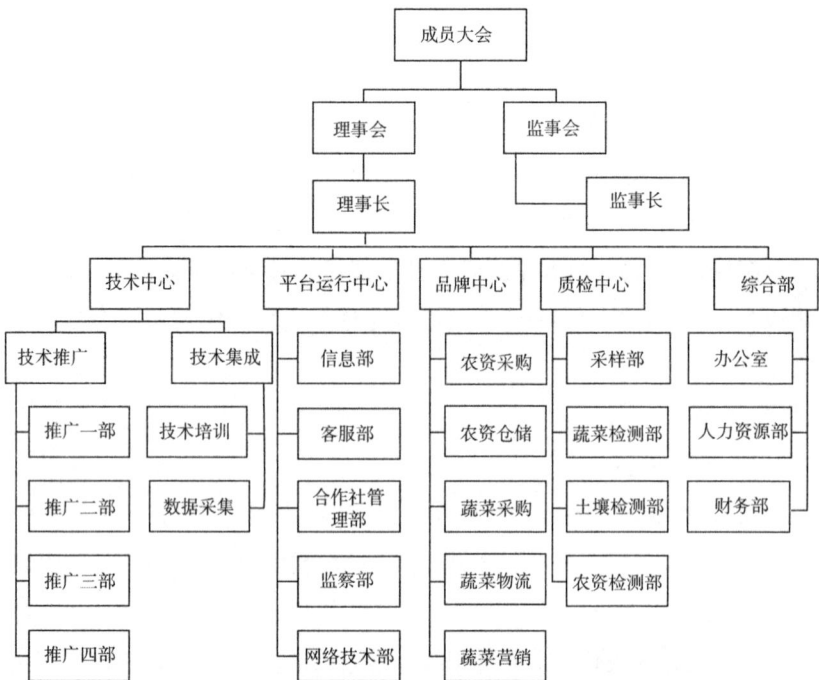

图 5-2　菜农之家蔬菜专业合作联合社组织结构图

2."委托—代理"型

"委托—代理"型农民合作社联合社的组织结构设置,即在联合社"三会"(成员大会、理事会、监事会)之下,设置职业经理人这样一个组织结构单元,职业经理人由理事会提名,并经全体社员大会表决通过,通过后的职业经理人行使联合社总经理的职能。这样的组织结构设计在现代企业中广泛存在,职业经理人具有专业的管理理念和管理经验,是市场经济环境下和在企业发展壮大的过程中,实现管理专业化的必然结果。农民合作社联合社内部出现这样的职业经理人职位,说明联合社的业务范围和组织规模已经发展到了一定的阶段,需要联合社实现所有权和经营权的分离,并在经营环节通过专业化的管理来提高整个联合社系统的组织经营和管理效率。

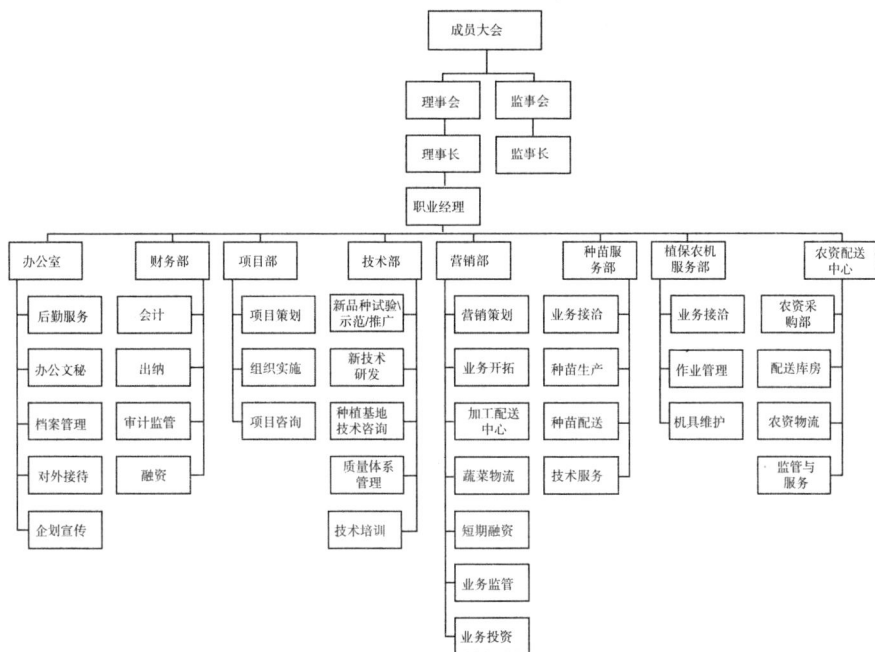

图5-3 蔬乡大地菜种植专业合作社联合社组织结构图

图5-3是四川彭州市蔬乡大地菜种植专业合作社联合社的组织结构图,属于典型的"委托—代理"型结构。该联合社组织机构较为庞大,包括办公室、财务

部、项目部、技术部、营销部、种苗服务部、植保农机服务部、农资配送中心等 8 个部门。职业经理人的出现,让联合社在管理上实现了专业化,提升了联合社的经营管理效率。但是,联合社所有权和经营权分离带来的"委托—代理"问题也开始出现。

3. 股份合作型

股份合作型农民合作社联合社的组织结构设置,与现代股份制企业已经非常相似。联合社内部设立股东大会、理事会与监事会。联合社社员以入股的形式加入联合社,成为联合社的股东,所有股东召开股东大会,成为联合社的最高权力机关,股东大会的决策成为联合社的最高决策。理事会和理事长、监事会和监事长由股东大会选举产生。这种股份合作型组织结构以社员占有的股份作为联合社内部享有权利的衡量标准,联合社内部不再实行"一人一票"制,联合社的盈余也按照股份多少进行分配。

图 5-4 是湖北武汉荆地养蜂专业合作社联合社的组织结构图。该联合社的主要组织结构有股东大会、理事会与监事会:①股东大会。联合社由 15 个养蜂专业合作社组成,这些专业合作社的社员以入股的方式加入联合社。此外,凡在黄陂区辖区内从事养蜂的蜂农都可以自愿入股成为联合社的社员。加入联合社的每股股金起点为 500 元,但是最高不得突破 3 万元。由入社的社员组成全体股东大会,全体股东大会是联合社的最高决策机构。②理事会。凡出资入股达 1 万元的蜂农,将成为联合社的理事;出资入股达 3 万元的蜂农,将成为联合社的常务理事,即 1 万元股产生 1 名理事,3 万元股产生 1 名常务理事。理事长和副理事长分别在常务理事中产生。③监事会。监事会的组成人员分别由各专业合作社的负责人和蜂业协会的领导人组成。

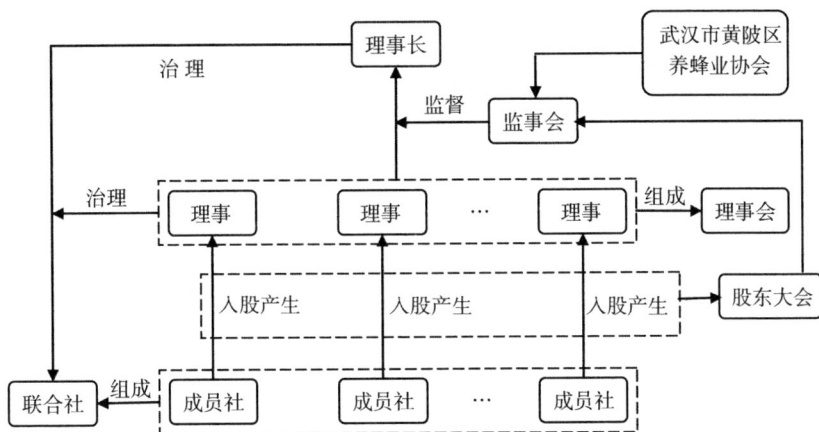

图 5-4 武汉荆地养蜂专业合作社联合社组织结构图

5.3 联合社的治理结构

5.3.1 理论模型

联合社的治理结构就是联合社的所有者如何通过组织机构的设置和契约关系的安排,有效达成联合社的组织目标,并将联合社的控制权和组织剩余的分配权通过组织治理的方式得以实现。新制度经济学认为,交易主体总是会选择交易成本最小的方式,在有限的约束条件下来实现自身效用的最大化。威廉姆森(2001)进一步深入研究了交易成本的构成。他指出,交易成本来自两个方面:一是物的因素,主要是指交易特征,包括资产专用性、交易频率和交易的不确定性;二是人的因素,主要是指人的有限理性、机会主义行为等。后来,威廉姆森又将交易的制度环境因素考虑进来,提出了一个由个人、交易特征、外部制度环境决定的治理结构的理论框架。詹森和麦克林(1979)强调了产权和组织契约对组织治理的重要性,他们认为,组织不过是一个存在于人们心中虚拟的"契约之网",契约决定了参与各方的行为,并对组织治理的结果施加影响。[1]

---

[1] 张学鹏,把镇宇. 国计从事作社研究综述[J]. 合作经济与科技,2016(3):39-42.

农民合作社联合社作为市场经济主体,在实现组织目标的过程中,治理结构是影响组织运行的核心因素和关键环节,治理结构的形成和指向,将决定联合社内部控制和组织目标的实现。所以,本次研究提出一个有关农民合作社联合社治理结构的理论框架(图5-5):联合社的治理结构作为实现组织目标、组织控制权和剩余分配权的契约安排,受联合社交易特征、主体特性、制度环境的影响。

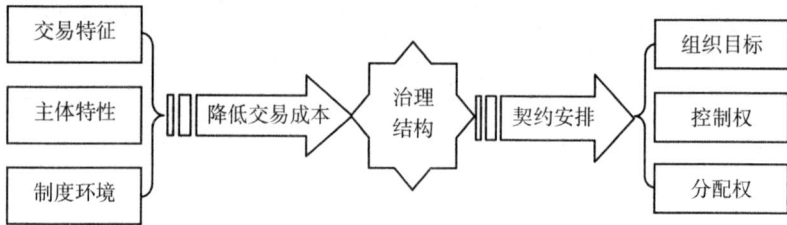

图5-5 联合社治理结构分析理论框架

5.3.2 案例介绍

湖北省天惠种植养殖专业合作社联合社(以下简称"天惠联社")由武汉天惠生物工程有限公司、阳新县太子镇东风农场种植专业合作社、天门市天惠服务专业合作社三家单位共同发起,成立于2011年6月,注册于2012年1月,注册资金1000万元。其中天惠生物工程有限公司800万元,其他2家成员法人共200万元。天惠联社按照自愿原则,以农民专业合作社为基本社员和主要服务对象,通过入股形成利益共同体,对外参与竞争、对内做好服务,其核心职能是整合资源,提供服务,并将自身定位为"农业专业化的组织者、农业科学技术的服务者和绿色农产品的提供者"。目前,天惠联社在湖北省范围内拥有工商备案的种植养殖成员合作社102家,并拥有50余个有机、绿色认证标志产品,涵盖茶叶、蜂产品、大米、蔬菜、食用菌、水果、水产和各种禽畜产品等多种居民基本消费类农产品。

1. 成立背景

《农民专业合作社法》颁布施行以后,从湖北省农民合作社的发展来看,虽然速度迅猛,但普遍存在缺资金、缺人才、缺管理、缺市场、抗风险能力弱等诸多问题。作为天惠联社主要发起单位之一的武汉天惠生物工程有限公司,是一家以科研生产、销售推广为主导的生物农药企业,尽管业内口碑不错,但是产品使用推广困难一直是限制其发展的最大因素。在此背景下,武汉天惠生物工程有限公司、省市政府相关部门和部分合作社经过总结当前农业发展的实际,认为只有走抱团经营、资源整合之路,发展更高一级的合作经济组织即联合社,才能通过进一步的集约化、专业化和市场化来提高整体组织的竞争力,农民社员才能真正从中受益,享受到农业经营体制机制创新的红利。因此,在省市各级政府的帮助下,由武汉天惠生物工程有限公司、阳新县太子镇东风农场种植专业合作社、天门市天惠服务专业合作社三家单位发起成立了全国第一家省级综合性的农民合作联社——天惠种植养殖专业合作社联合社。

2. 组织机构设置

天惠联社依据《农民专业合作社法》《农民专业合作社示范章程》制订了完整的联合社章程。天惠联社的最高决策机构是成员大会,下设理事会(5名理事)与监事会(1名执行监事),理事会与监事会两者平级。理事会设立理事长1名,下面分设行政人事部、财务部、技术服务部、农资配送部、网络部、农资销售部、资金互助部(图5-6)。

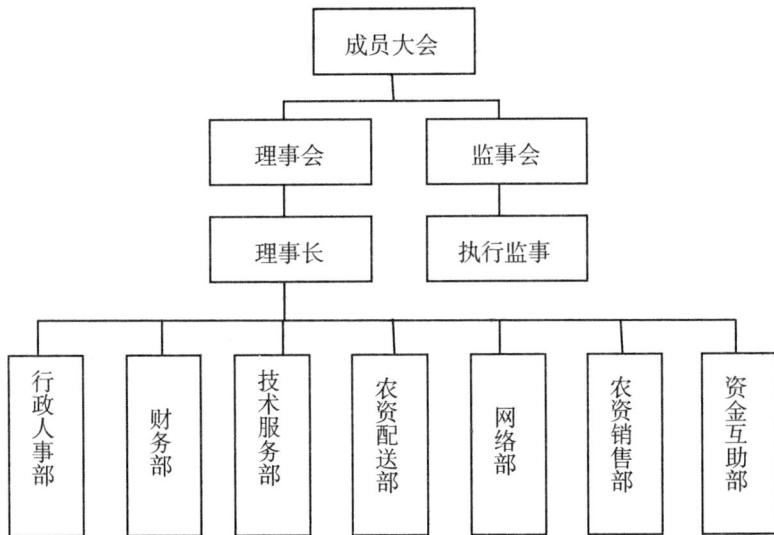

图5-6 天惠种植养殖专业合作社联合社组织结构图

3. 交易特征

天惠联社的产品定价决策是理事会以市场调研为依据决定的。以茶叶定价为例,其最新的《关于天惠联社茶叶销售办法》规定:天惠联社统一对外零售价为400元/提;为了鼓励外部兼职销售人员的积极性,采取"一单一结"的方式,以240元/提的价格进行结算;职员工和天惠集团关联公司,以260元/提的价格进行结算。同时,天惠联社对成员茶叶的收购价格达到220元/提,高于市场收购8%—10%的价格(180—200元)。

4. 主体特性

天惠联社的理事长韩总,也是天惠生物工程有限公司董事长,该公司出资比例占到整个联合社注册资金的80%,所以具有绝对的控制地位。韩总表示,由于注资风险过大,暂不接受成员社注资。由于韩总以前从事房地产行业,资金实力雄厚,出于对农业的热爱进入天惠联社担任理事长(实际为总经理)。目前,天惠联社的日常运营资金基本由理事长个人负责。即使这样,资金短缺的问题也普遍存在于天惠联社及成员社内。

5. 资金互助

针对成员社大多存在资金短缺的情况,天惠联社成立了"湖北省天惠农村资金互助社"。依照《农村资金互助社管理暂行规定》《农村资金互助社章程》等文件的强制性要求,发起人单位大股东拟投入资金500万元,对成员社的要求是入股资金为自有资金且来源合法,达到规定的入股金额起点(每股100元人民币,300股为单个成员单位入股起点)。

为控制风险,联合社对成员社的入股做出以下规定:①单个农村专业合作社入股,其持股比例不得超过资金互助社总额的10%。②入股必须以货币形式出资,不得以实物、贷款或其他方式出资。③资金互助社成员不得以所持本社股金为自己或其他人担保。股金和积累可以转让、继承和赠予,但理事、监事和经理持有的股金和积累在任期内不得转让。④不对联合社之外成员办理存、贷业务。⑤贷款金额限制:原则上不超过入股金额的4倍。⑥贷款时间限制:主要解决合作社成员临时之需和暂时困难,起到互助功能,原则上是1—6个月的短期贷款。

6. 服务体系

天惠联社地已建立起生产前、中、后多方面的立体服务体系(图5-7)。

```
              ┌─────────────┐
              │  服务体系    │
              └─────────────┘
        ┌────────┬──────────┬──────────┐
   ┌────────┐ ┌────────┐ ┌────────┐ ┌────────┐
   │ 生资联购 │ │生产技术│ │农产品联销│ │ 资金互助 │
   │         │ │  服务  │ │         │ │         │
   └────────┘ └────────┘ └────────┘ └────────┘
   ┌────────┐ ┌────────┐ ┌────────┐
   │ 招标采购 │ │400热线 │ │专卖店建设│
   └────────┘ └────────┘ └────────┘
   ┌────────┐ ┌────────┐ ┌────────┐
   │ 统一配送 │ │专家顾问团│ │批发渠道│
   │         │ │         │ │  建设  │
   └────────┘ └────────┘ └────────┘
   ┌────────┐ ┌────────┐ ┌────────┐
   │ 指导使用 │ │ 技术指导 │ │ 天合网 │
   └────────┘ └────────┘ └────────┘
              ┌────────┐
              │农业示范园│
              └────────┘
```

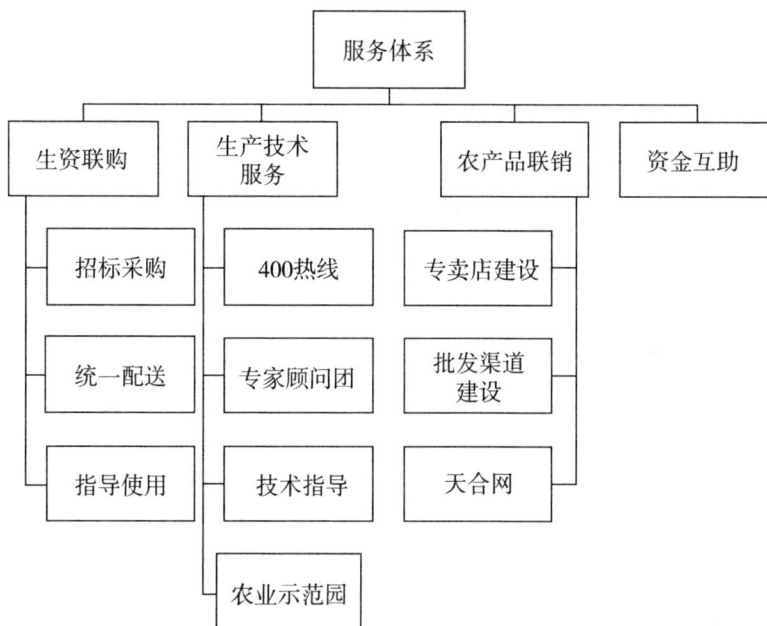

图 5-7　天惠联社服务体系

1）产前农资购买服务

天惠联社在农资统一采购上以武汉天惠生物工程有限公司为核心,以武汉天惠生物工程有限公司、北京燕化永乐农药有限公司、广西田园生化股份有限公司、江西正邦生物化工股份有限公司等 8 家国内农药制剂企业组建的"C8"农资采购集团为依托,与拥有实力雄厚的全国农资产品联合建立采购平台和实体。因此,天惠联社可以通过公开招标的方式,基本以低于市场 30% 的价格进行农资购买,并为成员社农户提供农资的运输与技术指导,在最大程度上保证了农资产品的质量与使用效果。

2）产中农技服务和农业培训

天惠联社在产中农技服务和农业培训上以天惠专家与华中农业大学教授为主,精力合作,通过 400 热线、示范园和各项专业讲座培训班等多种形式,为天惠联社各成员社做免费的技术服务与培训。同时,天惠联社根据不同成员社的技术诉求,帮助成员社联系相关专家,为该成员社提供专门的技术服务,但是专家的咨询费用由成员社负担。

3）产后销售服务

天惠联社的产后销售服务主要是通过两大渠道实现的：一是传统渠道，即专卖店、批发商等模式。值得一提的是，天惠联社是农业部"农社对接"工程在武汉市的唯一试点示范单位。通过农社对接的直销超市模式，减少了农产品销售的中间环节，大大提高了农民的利润。二是网络渠道——天合网。天惠联社成立天合网，是为了充分利用现代信息技术及农产品电子商务等现代交易方式，减少流通环节，降低流通成本。通过发展订单式产品，推进与机关、学校、企业食堂、餐饮饭店的产销对接。各成员社的农产品可以通过缴纳一定费用在天合网进行宣传销售，拓宽了农产品的销售渠道。

7. 分配机制

天惠联社的盈余分配制度是：当年扣除生产经营和管理服务成本，弥补亏损、提取20%公积金和5%公益金后的可分配盈余，经成员大会决议，按以下顺序分配：①按成员与本社的业务交易额比例返还，返还总额不低于可分配盈余的60%；

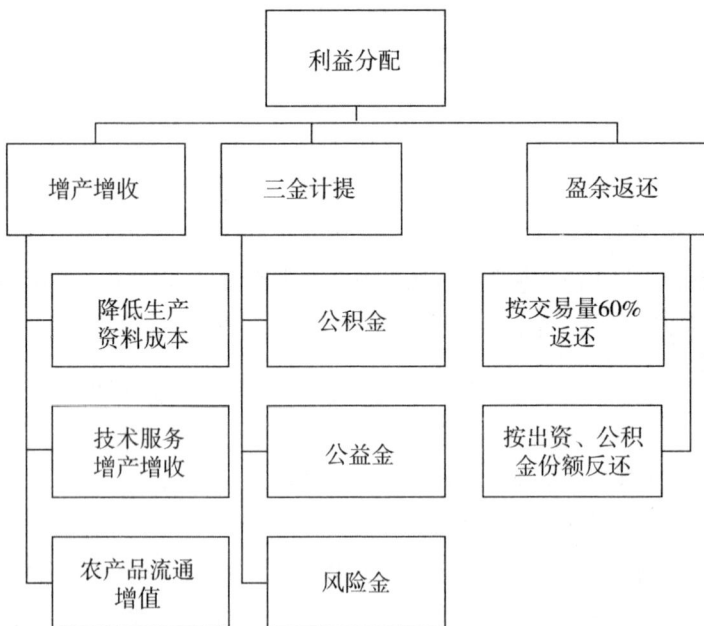

图5-8　天惠联社利益分配图

②剩余部分,以成员账户中记载的出资额和公积金份额,以及本社接受国家财政直补和他人捐赠形式的财产平均量化到成员的份额,按比例分配给本社成员,并记载在成员账户中;③公积金份额量化原则:出资额与交易额各占50%系数计算,并计入各成员账户(图5-8)。

8. 制度环境

天惠联社在成立过程中遇到了诸多困难,其中最主要的困难是无规无法可依。目前,我国并没有对农民合作社联合社进行立规立法,实际存在的联合社基本是参考《农民专业合作社法》进行摸索与建设的。当地工商局在接受天惠联社的注册申请时,由于无规无法可依,起初决定只能以企业的名义对天惠联社进行注册登记,但是若是以企业的名义注册登记,就无法享受惠农政策,这对于天惠联社而言是无法接受的。最后,天惠联社通过自身强大的社会资源与省委、市委相关部门的大力支持,才终以农民专业合作社的身份顺利成立。其中,武汉市工商局发布的《关于农民专业合作社联合社登记工作的意见》为天惠联社的成立提供了十分重要的帮助。意见明确规定以《农民专业合作社法》《农民专业合作社登记管理条例》为法律依据,符合明确标准,经审核后,授予"农民专业合作社法人营业执照",取得法人资格。此外,2013年湖北省委"一号文件"明确提出,将加大对跨区域、跨行业的农民专业合作联社和股份合作社的支持,重点扶持各级示范社。省委"一号文件"的发布,为湖北省联合社的成立与发展提供了强有力的帮助。

5.3.3　案例分析

1. 联合社治理结构与组织控制权、剩余分配权和组织目标的实现

天惠联社属于典型的企业主导型联合社。在联合社组织结构设置上,按照典型的传统合作社组织原则设置了"三会",即成员大会、理事会、监事会。由于联合社由企业发起成立,在联合社注册时,企业(武汉天惠生物工程有限公司)出资额占到总注册资金量的80%,所以联合社理事长由企业董事长担任,这样的制度安排能够实现企业对联合社的控制权。

在联合社的组织剩余分配上,按照成员大会通过的联合社章程,联合社依据规定提取公积金、公益金和风险准备金后,剩余盈余的60%按照成员社与联合社的交易量返还,这样能够体现成员社的利益,便于联合社通过有效的利益联结机

制,保持联合社的稳定运行。此外,剩余盈余的40%按照出资和公积金的份额返还,这样的制度设计能够体现其他要素贡献的价值,也是联合社的股东实现其股份价值和联合社剩余控制权的重要途径。

联合社的组织目标是实现两种能力的打造:一是打造上游组织标准化农业生产的能力;二是打造下游进行品牌化农产品销售的能力。所以,联合社在组织机构设置方面,采取了职能型组织结构设计方式,共设7个职能部门,其中行政职能部门设行政人事部、财务部,上游组织标准化农业生产方面设农资销售部、农资配送部,下游品牌化农产品销售方面设网络部,中游设技术服务部。此外,为实现对联合社社员的资金服务,联合社还设立了资金互助部。这样的组织结构设计能够将联合社的组织目标落实到具体的职能部门中,便于实行专业化的经营管理和目标的考核。

2. 交易特征、主体特性和外部制度环境对联合社治理结构的影响

联合社的经营产品为农资和农产品,由于成员社从事种植和养殖所需的农资品种往往较为相似,而且需要农资的时间也较为一致,从而为联合社统一农资经营提供了条件。联合社的组织机构中专门针对农资业务设立了农资配送部和农资销售部;联合社各成员社生产的农产品也通过联合社统一销售,于是联合社利用自身的销售渠道、销售网络、销售品牌,为成员社进行服务,联合社设立了网络部。此外,为解决联合社社员的融资问题,联合社还在内部开展了资金互助合作业务,于是专门设立了资金互助部。

从主体特征来看,只有占据绝对控制地位才能实现对联合社的控制权,所以在设置联合社的组织结构时,联合社理事长就是联合社注册资金中占股最多的武汉天惠生物工程有限公司的董事长。而且,联合社仅由少数几个成员单位出资,暂未对其他成员合作社放开注资,目的就是避免联合社股份被稀释,从而实现联合社由少数成员单位控制。而实际上,联合社的控制权目前被武汉天惠生物工程有限公司牢牢掌握。

从外部制度环境看,如果没有政府的大力支持,联合社的成立和发展也不会如此顺利。作为新兴事物,各部门对联合社的接纳程度不一,联合社成立时就遇到工商部门不予登记的难题,最后还是在政府的协调和支持下,联合社才实现了登记,成为合法的市场主体。在联合社的发展过程中,很多事情也是需要政府的

协调和支持的,例如,联合社的资金互助业务,如果没有政府的支持,很容易被定性为非法集资,导致该业务无法顺利开展。

5.4 联合社的激励问题

按照《农民专业合作社法》的相关规定,农民合作社是一个所有者与惠顾者相统一的市场法人主体。在我国农民合作社联合社的实际运行中,联合社的利益相关者包括联合社的所有者、经营者、惠顾者,这三者往往是相互分离的不同主体,如何通过合理的机制设计,保证这三者在联合社运行中的职能发挥,实现联合社的有效运行,则是本部分需要研究的联合社的激励问题。

5.4.1 国内外文献回顾

关于合作社激励问题的研究,主要集中在"委托—代理"问题上,较早地提出"委托—代理"关系在合作社中的重要性的学者有 Emelianoff(1942)、Phillips(1953),其中 Emelianoff 将研究重点放在社员的关系上,构建了一个较为复杂的合作社理论框架。之后,公司治理中的"委托—代理"理论逐渐被应用到农业合作社中来。Sexton(1990)采用了一个博弈分析框架来分析社员采取集体行动的动机及决策行为。Cook(1995)指出,为防止合作社代理人与广大社员出现利益分歧,就会出现相应的代理成本,从而产生控制问题。Eilers 和 Hanf(1999)则区分了合作社与 IOFs 中委托人和代理人身份的不同。*

国内有关合作社内部委托代理问题的研究较少,已有研究多集中在合作社"委托—代理"问题产生的原因及解决方式上。例如,马彦丽和孟彩英(2008)认为,我国农民专业合作社内部普遍存在着双重"委托—代理"关系,即中小社员和核心社员之间的委托—代理关系以及全体社员与经营者之间的"委托—代理"关系,其中前一种成为矛盾的主要方面。冯根福(2004)认为解决双重"委托—代理"关系的核心是如何设计最优的治理机制,防止经营者或大股东存在损害中小

---

* 张学鹏,把镇宇. 国计从事作社研究综述[J]. 合作经济与科技,2016(3):39-42.

社员的激励。郝小宝和陈合莹(2007)则认为合作社出现内部人控制的现象,根源在于剩余索取权和控制权的不对等以及外部介入的不当。

从文献的检索结果看,关于农民合作社联合社内部"委托—代理"关系问题的研究,目前几乎还处于空白状态。

5.4.2　联合社的"委托—代理"关系

在我国农民合作社联合社的基层实践中,联合社的投资者除了联合社的社员以外,有些联合社还有来自政府或企业的外部投资,如供销社就在中国投资了很多家联合社;联合社的经营者主要是联合社的理事会成员,他们往往也是联合社的惠顾者。例如,很多联合社的理事长自身就是农民专业合作社的理事长,他们除了管理联合社的日常事务以外,自身合作社经营的农产品也通过联合社进行销售;联合社的惠顾者是指与联合社发生农产品交易关系的成员合作社或非合作社类型的成员(如家庭农场、企业等),有时也存在着没有加入联合社的农村市场主体通过联合社销售产品、享受联合社的服务的情况。综上所述,我国农民合作社联合社内各主体之间的"委托—代理"关系可用图5-9表示。

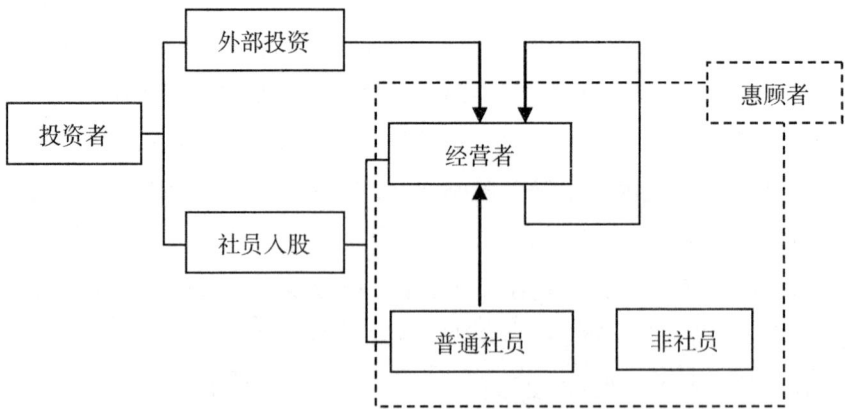

图5-9　农民合作社联合社内部委托代理关系图

图中的箭头表示存在着委托—代理关系

从图5-9可知,我国农民合作社联合社内部的"委托—代理"关系主要有以下3种。

第一种是外部投资者与联合社经营者之间的"委托—代理"关系。这里的外部投资者主要是指政府、企业或其他社会团体。来自外部的资金分为两类：一类属于捐赠资金，一旦捐赠过程结束，此类资金的所有权和经营权则都归联合社内部支配，故不存在"委托—代理"关系。另一类属于项目委托资金，此类资金的所有权属于项目发包方，而具体的经营权则归联合社所有，资金的所有权和经营权发生了分离，故此类资金存在着"委托—代理"问题。上述两类资金在联合社内部都成为公共财产，联合社契约的不完全性使得联合社的公共财产具有模糊的产权，从而存在着联合社经营者攫取联合社公共财产的机会主义行为。

第二种是联合社内部普通社员和联合社经营者之间的"委托—代理"关系。普通社员入社时缴纳会费或者对联合社进行投资，成为联合社的所有者，并委托经营者对联合社进行管理，到一个生产周期结束时，通过与联合社交易自己的农产品，分享联合社的组织剩余。从某种意义上说，此种类型的"委托—代理"关系最为接近企业理论中所讨论的股东和经理人之间的关系，也是本次研究所讨论的联合社"委托—代理"关系的主要内容。

第三种是联合社经营者自身的"委托—代理"关系，上文已经提到，当经营者自身既是管理者又是惠顾者时，则存在着此种"委托—代理"关系。在此种类型的"委托—代理"关系中，经营者将自己的资金纳入联合社的总资金中，由经营者统一进行管理，但是由于经营者自身也是联合社的所有者和惠顾者，此类"委托—代理"关系中的所有权和经营权并没有完全分离（或者说是部分分离）。

5.4.3　"委托—代理"关系的特点

《中华人民共和国农民专业合作社法》第一章第二条指出："农民专业合作社是在农村家庭承包经营基础上，同类农产品的生产经营者或者同类农业生产经营服务的提供者、利用者，自愿联合、民主管理的互助性经济组织。"从中可以看出，我国的农民专业合作社是参与市场活动的独立经济实体，但合作社内部又实行民主管理和互助合作，所以合作社内部各主体之间的"委托—代理"关系较为复杂。然而，农民合作社联合社与农民专业合作社又有所不同，联合社由专业合作社组成，在专业合作社"委托—代理"问题的基础上又存在着新的"委托—代理"问题，这导致联合社内部的"委托—代理"问题具有自身独特的特点。

1. 联合社中委托方的实力较强

"委托—代理"关系实质上是一种契约关系,在这种契约关系中,委托人是指能够主动设计契约形式的当事人,而代理人则是被动接受契约的人。在一般意义的"委托—代理"关系中,委托人为了实现自身的利益而授权代理人从事某项活动,而代理人则通过代理行为获取一定的报酬。所以,在此种"委托—代理"关系中,委托人决定最终契约的形式和内容。从我国农民专业合作社和农民合作社联合社的运行实践看,农民专业合作社往往是理事会(或核心成员组成的团体)在组织内部具有较强的话语权,即代理方具有较强的谈判实力;而合作社联合社中的委托人和代理人之间的关系与上述情况正好相反,联合社组织内部委托人(即联合社的实际出资方)往往具备较强的人力资本和物质资本,对联合社内部决策的影响力也更大一些。

2. 联合社中的行为主体具有明显的互惠倾向

一般意义上的"委托—代理"理论沿袭了新古典经济学中关于理性人、偏好不变、预期效用等基本假设,所以在以往的"委托—代理"模型中,委托人和代理人都是独立的"理性人",这些"理性人"在自利偏好的假设下,追求的是自身利益的最大化。如委托人追求资本增值和收益最大化,代理人除了追求货币收入最大化以外,还力图获得更多的非货币收入(如奢侈的工作条件、挥霍企业的财产等)。在我国的农民合作社联合社中,组成联合社的都是农民专业合作社(或是农业经营主体),这些经营主体的实力与单个的农民相比要强得多,而且有的联合社内部成员实力还较为平均,所以联合社内部成员之间的互助互惠意识较强。因此,农民合作社联合社中的"委托—代理"关系与一般意义上的"委托—代理"关系相比,联合社内部社员的行为偏好前提假设中除了自利偏好以外,还应该加入互惠偏好。

3. 联合社中存在不完全"委托—代理"关系

在一般意义上的"委托—代理"关系中,委托方和代理方的界线非常明确,委托方拥有组织的所有权,代理方受委托方邀请,成为组织的管理者,代理方只拥有组织的经营权而没有所有权。而在我国农民合作社联合社的运行实践中,绝大部分的情况是,联合社的经营者同时也是联合社的所有者,而且对联合社的所有权还占有相当大的份额。在这种情况下,联合社的经营者在经营联合社资产的同时,实际上也是在经营自己的资产。这种联合社内部所有权和经营权不完全分离的委托代理关系,可称为不完全"委托—代理"关系。

5.4.4 "委托—代理"模型的构建

1. 基本假设

结合我国农民合作社联合社"委托—代理"问题的特点,可以得出我国农民合作社联合社"委托—代理"理论模型的基本假设如下。

(1)农民合作社联合社中的经营者即为联合社的代理人,设经营者从"委托—代理"活动中获得的工资收入为 w_i;又由于联合社内存在不完全"委托—代理"关系,即大部分联合社的经营者同时也是联合社的投资者或惠顾者,所以设联合社的经营者从与联合社的交易中获得的经营收入为 m_i。此外,经营者还将从联合社的盈余中获取属于自己的股份红利或利润返还,设此部分资金为 $t_i q$,其中,q 代表联合社产出的待分配盈余(设产出的单价为1),t_i 表示联合社经营者从 q 中分得的份额。

(2)联合社的社员之间存在着互惠行为,所以设联合社代理人对互惠偏好的效用函数为 $k_i = k_i(Y_i Q_{ji})$,其中,Y_i 表示联合社代理人对互惠关注的敏感性系数,Q_{ji} 表示其他社员对代理人给予的惠顾程度。当 Y_i 大于0时,表示联合社代理人存在互惠偏好,且值越大,表示互惠偏好越强;当 Y_i 小于0时,表示联合社代理人对互惠持厌恶态度;同理,联合社委托人的互惠偏好效用函数 $k_j = k_j(Y_j Q_{ij})$ 表示。

(3)设 $c(a)$ 是代理人在努力程度为 a 时的成本,假定 $c(a)' > 0,c(a)''' > 0$,即成本是努力程度的严格凸函数,努力程度越大,成本越高,且边际递增;$s(x)$ 为委托人的投入成本。

(4)$\overline{u}$ 为代理人在不接受合同时的最大期望效用,也称为保留效用。上文提到,农民合作社联合社的社员(委托人)在"委托—代理"关系中的实力较弱,所以当联合社社员从联合社中得到的效用小于自己的期望效用时,则会选择退出联合社,即终止"委托—代理"关系,所以本书设 $\overline{v}$ 为联合社委托人(社员)的保留效用。

2. 理论模型

在以上假设条件下,农民合作社联合社中代理人(经营者)的期望效用函数为

$$U = u(w_i + m_i + t_i q) + k_i(Y_i Q_{ji}) - c(a)$$

其中，$u(w_i + m_i + t_i q)$ 为货币收入的效用，$k_i(Y_i Q_{ji})$ 为互惠偏好带来的效用，$c(a)$ 为代理成本。

农民合作社联合社中委托人（社员）的期望效用函数为

$$V = v[m_j + (1-t_i)q] + k_i(Y_i Q_{ij}) - s(x)$$

其中，m_j 表示委托人自身的经营收入，$(1-t_i)q$ 为委托人从联合社经营中得到的分红或返利收入（假设 q 全部分配），$k_j(Y_j Q_{ij})$ 为互惠偏好带来的效用，$s(x)$ 为委托成本。

此外，农民合作社联合社"委托—代理"关系必须满足的约束条件如下。

（1）参与约束。

代理人的参与约束为

$$u(w_i + m_i + t_i q) + k_i(Y_i Q_{ji}) - c(a) \geqslant \bar{u}$$ 委托人的参与约束为

$$v[m_j + (1-t_i)q] + k_j(Y_j Q_{ij}) - s(x) \geqslant \bar{v}$$

（2）激励相容

农民合作社联合社"委托—代理"关系中的激励相容约束为

$$u(w_i + m_i + t_i q) + k_i(Y_i Q_{ji}) - c(a) \geqslant u(w_i + m_i + t_i q) + k_i(Y_i Q_{ji}) - c(a^\circ)$$

其中，$a^\circ \in A$，代表代理人可选择的任何努力程度。

所以，农民合作社联合社中的"委托—代理"模型可以表示如下：

$$Max \quad \{v[m_j + (1-t_i)q] + k_j(Y_j Q_{ij}) - s(x)\}$$

$$\text{s.t.} \begin{cases} u(w_i + m_i + t_i q) + k_i(Y_i Q_{ji}) - c(a) \geqslant \bar{u} \\ v[m_j + (1-t_i)q] + k_j(Y_j Q_{ij}) - s(x) \geqslant \bar{v} \\ u(w_i + m_i + t_i q) + k_i(Y_i Q_{ji}) - c(a) \geqslant u(w_i + m_i + t_i q) + k_i(Y_i Q_{ji}) - c(a^\circ) \end{cases}$$
$$(a^\circ \in A)$$

该模型的含义在于：在农民合作社联合社的"委托—代理"关系中，委托人要获得最大效用，必须满足激励相容的约束条件。这个约束条件就是：委托人和代理人在联合社中获得的实际效用大于各自的保留效用。

5.4.5 联合社代理人激励行为分析

1. 基本假设

本书中将我国农民合作社联合社代理人的受激励程度用联合社经营者的努

力程度 a 来表示。a 越大,表明联合社经营者受激励的程度越大。结合我国农民合作社联合社的运行实践和上文所证明的联合社经营者的效用函数 $U = u(w_i + m_i + t_iq) + k_i(Y_iQ_{ji}) - c(a)$,可以得到联合社经营者激励行为分析的基本假设。

(1)为了便于分析,我们将上述联合社经营者的效用函数货币化:$u(w_i + m_i + t_iq)$ 为经营者的货币收入效用,货币收入效用代表了联合社代理人的自利性偏好,货币收入越多,则货币收入效用越大,所以本书中直接用货币收入的数值$(w_i + m^i + t_iq)$ 来表示货币收入效用 $u(\cdot)$ 的大小;$k_i(Y_iQ_{ji})$ 为经营者的互惠性偏好效用,互惠性偏好是联合社中普遍存在的也是不容忽视的组织行为,本书中用 αY_iQ_{ji} 表示互惠性偏好的货币化数值,其中 α 为经营者互惠性偏好的货币化系数;$c(a)$ 是经营者在努力程度为 a 时的成本,由于上文中假定 $c(a)' > 0, c(a)''' > 0$,所以本书中用 ba^2 代表 $c(a)$ 的货币化数值,$b > 0$ 为努力成本系数,上式表明成本是努力程度的严格凸函数,努力程度越大,成本越高,且边际递增。

(2)设联合社经营农产品的产出总量为 Q。联合社经营者的努力程度越大,则联合社经营农产品的产出总量 Q 和待分配产出 q 也会越大$(q < Q)$,所以本书中用 $Q = \gamma a$、$q = \gamma' a$ 来表示两类产出与 a 之间的关系,其中 γ、γ' 表示两者之间的相关系数。

(3)上文分析到,由于我国农民合作社联合社的代理人自身也通过联合社经营自己的农产品,即存在着不完全"委托—代理"关系,为便于分析,本书中将联合社代理人的努力程度 a 分为 βa 和 $(1-\beta)a$ 两部分,其中 β 表示联合社代理人用于联合社经营的努力程度比例,$(1-\beta)$ 表示联合社代理人用于自身经营的努力程度比例。联合社代理人效用函数中的 m_i 表示了经营者自身经营农产品的收入,设联合社经营者自身经营的农产品占联合社农产品产出总量(Q)的比例为 λ,则 mm_i 可表示为 $m_i = \lambda Q = \lambda \gamma(1-\beta)a$。

(4)互惠效用函数中的 Q_{ji} 表示其他社员对联合社给予的惠顾程度,由联合社的分配原则可知,其他社员的惠顾程度越大,则分给这些社员待分配的盈余越多,所以本书中的 Q_{ji} 用 $Q_{ji} = \theta(1-t_i)q = \theta(1-t_i)\gamma' a$ 表示,其中 θ 为相关系数。

2. 模型求解及分析

由于联合社代理人相对于委托人来说具有强势地位,同时依据"委托—代理"关系中的激励相容条件可知,联合社代理人必先最大化自身效用以后才会考虑委

托人的效用。所以，通过上述假设可得我国农民合作社联合社代理人效用的货币化函数(U^*)为

$$U^* = [w_i + \lambda\gamma(1-\beta)a + t_i\gamma'a] + aY_i\theta(1-t_i)\gamma'a - ba^2$$

结合代理人参与约束，可得最大化联合社代理人货币收入的一阶条件为

$$\partial U^*/\partial a = \lambda\gamma(1-\beta) + t_i\gamma' + \alpha Y_i\theta(1-t_i)\gamma' - 2ba = 0$$

从上式中可以解得联合社代理人效用最大化时的努力程度为

$$a = \frac{\lambda\gamma(1-\beta) + t_i\gamma' + aY_i\theta(1-t_i)\gamma'}{2b} \tag{5-1}$$

式(5-1)即为联合社代理人激励相容的一阶等价条件。

在式(5-1)得以满足的基础上，将参与约束方程代入联合社委托人的效用函数，即可得到联合社委托人效用最大化时的一阶条件。

本书中仅考虑联合社代理人的激励，则由式(5-1)可以得到如下结论。

(1)农民合作社联合社代理人自身经营的农产品占联合社总产出的比重(λ)与其努力程度(a)正向相关。即如果联合社经营者自身经营的农产品占联合社总经营农产品数量的比例越大，则对其的激励程度越大。

(2)联合社代理人对互惠关注的敏感性系数(Y_i)与其努力程度(a)正向相关。这说明当联合社的代理人是一个互惠偏好者时，他将采取更大的努力去经营联合社。

(3)由式(5-1)转化得

$$t_i = \frac{2ba - \lambda\gamma(1-\beta) + \alpha Y_i\theta\gamma'}{\gamma'(1-\alpha Y_i\theta)}$$

由此可知，联合社代理人占联合社盈余的分配比例(t_i)与联合社代理人的努力程度(a)正向相关。

综合上述结论可知，我国农民合作社联合社代理人努力行为的激励(a)与该代理人自身经营的农产品占联合社经营农产品总量的比重(λ)、该代理人对互惠关注的敏感性程度(Y_i)、联合社盈余分配的比例(t_i)等因素存在正向的相关关系。

5.4.6 研究小结

农民合作社联合社内部往往存在着所有者和经营者相分离的情况，所以"委

托—代理"问题在联合社内部广泛存在。从农民合作社联合社的组织特征来看，由于联合社的经营者(理事长或者聘用的总经理)往往也是联合社的所有者和惠顾者,经营者和所有者没有实现完全分离,所以本书认为联合社内部存在着不完全的"委托—代理"关系。这种"委托—代理"关系必然使得联合社内部的激励问题具有自身独特的特点。通过构建联合社的"委托—代理"模型,并对模型进行分析可知,联合社理事长(代理人或经营者)的行为激励与自身经营产品占联合社的比重、对互惠关注的敏感性程度以及自身在盈余分配时所占的份额有关。这就从联合社核心人员行为激励的角度解释了为什么联合社在组织结构设置和治理机制上会更加注重联合社所有者的股份贡献,而不是像传统农民合作社那样,更加注重公平和民主的原则。

第6章

农民合作社联合社的运行

6.1　联合社的运行内容

农民合作社联合社的业务开展是联合社运行的核心内容。据调研了解，目前我国发展较好的农民合作社联合社都是围绕农业产业来进行运作的，从业务内容所处产业的环节划分，可以将联合社的运行内容分为产前、产中和产后三个部分（图6-1）。

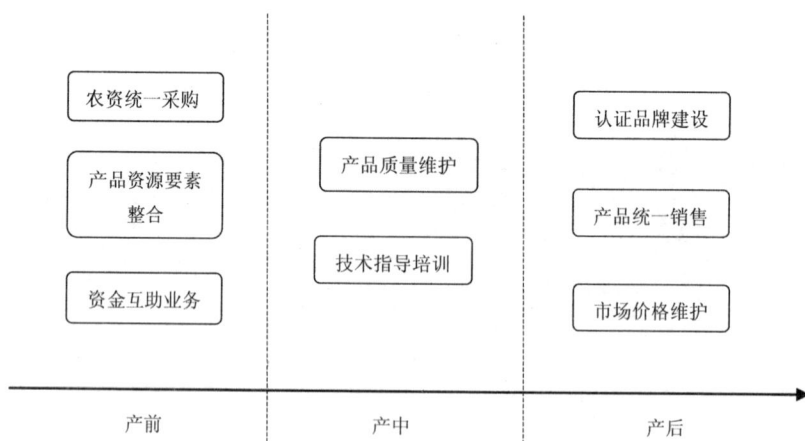

图6-1　农民合作社联合社的业务内容

6.1.1 农资统一采购

农资统一采购是大多数农民合作社联合社常见的业务内容。联合社比单个的农民专业合作社更具规模效应,这种农资统一采购的方式有利于合作社和农民节约生产成本,节约成本的比例依产品和市场而定。此外,这种农资采购方式还能够有效防止单个农户或小规模生产主体在市场上采购到假冒或劣质的农资产品,为农民正常顺利地开展生产提供了坚实的保障(实例见表6-1)。

表6-1 联合社农资统一采购实例

联合社名称	农资统一采购内容
湖北省松滋市汇龙生猪集团专业合作社联合社	联合社社员购买投入品时,凭"社员证"享受比市场价低20%的社员价;据测算,社员全程使用联合社提供的投入品,每头生猪养殖可降低成本80元以上
湖北九宫绿园种养殖农民专业合作社联合社	联合社在向合作社供应成员社产品时,保留一定差价,一般为产品供应价的8%左右;联合社的供应价介于批发价与市场价之间
湖南省汉寿围堤湖蔬菜专业联合社	集中开展育苗、农资采购,亩均生产成本降低了123.3元,反映到每公斤销售成本上则降低了22.5元
山东省临朐县志合奶牛合作社联合社	统一购买苜蓿草,比各合作社单独购买时每车节约3500元
浙江省湖州吴兴粮梦油专业合作社联合社	在联合购买农药、化肥等农资时,可以买到价格更便宜的产品,每亩生产成本节省了47元
浙江省苍南县国泰种植专业合作社联合社	联合社统一组织采购,供应社员需要的种子、种苗、生产原料和农用物资等农业投入品,开展成员需要的运输、储藏、保鲜等业务
江苏省沛县云翔禽业专业合作社联合社	联合社以优质产品、优惠价格,从正大集团徐州分公司直购饲料供应成员,减少中间环节,减少人力、物力、财力,降低生产成本。截至2013年末,合作社共计统一购进良种鸡苗100万羽,各种肥料1000多吨,兽药10万元

联合社名称	农资统一采购内容
江西省上高县汇农种植业专业合作联社	联合社为社员提供生产资料统一采购服务:一是2012年为社员采购早晚优质高产新稻种6万公斤,投入资金240万元,同时把每公斤7元多的批零差价全部让利给社员,社员早晚两季每亩节约用种成本30多元,共计42万多元;二是为社员统一采购农药,投入资金210万元多元,社员早晚两季每亩降低用药成本13元,共计19.5万多元;三是为社员统一采购化肥1500吨,投入资金408万元,社员早晚两季每亩降低用肥成本10多元,共计16多万元。2012年农资采购共投入资金858万多元,种子、农药、化肥三项共为联社社员减少生产成本近77.5多万元
山西省大同市马兵生态养殖专业合作联合社	由联合社带领专业合作社代表与种子经销商签订当年的优质种子采购合同,与农资部门合作,以低于当地农资市场价格销售给入社成员化肥、农药,对贫困户还由专业合作社担保,予以赊销
陕西省三秦果农联合社	各理事单位遵循总部发展合作社服务成员的宗旨,针对农资市场无序竞争,产品伪劣质量无保证,打造统一采供平台,三秦果农网整合销售网络优势,每年召开采购招标会,严把采购优品关,减少中间环节,降低成本,统一市场管理,保证了价格的稳定,发展支持特色产业合作社,建立连锁店,实行"六统一",发展理事单位18家,建立连锁店620家,实现销售3.2亿元。集团采购,降低成本10%,节省投入3000多万元
四川省江油市蜀岭种养殖农民专业合作社联合社	联合社统一采供成员生产经营所需原材料,按采购成本加10%—15%的费用批发给成员和农户,联合社的供应价介于批发价与市场价之间,降低了生产成本

注:根据部分调研资料整理

6.1.2　产品资源要素整合

　　农民合作社联合社具有整合各农民专业合作社优势产品资源及要素优势的能力,在基层实践中,很多联合社就是利用自身这一优势,实现对成员社农产品和农业生产要素的整合。其中,对农产品的整合主要是利用统一平台扩大农产品销售规模,或是为同一产品整合基地提供统一的生产服务及技术指导;对生产要素的整合,主要是实现生产要素的优势互补和集约化利用。总之,联合社通过自身的平台,整合各成员社具有比较优势的资源要素,节约了自身发展的时间和空间(实例见表6-2)。

表6-2 联合社整合优质产品资源及要素优势实例

联合社名称	整合产品资源及要素优势内容
湖北省天惠种植养殖专业合作社联合社	联合社吸纳全省范围内拥有工商备案的种植养殖合作社成员102家,并拥有50余个有机、绿色认证标志产品,涵盖茶叶、蜂产品、大米、蔬菜、食用菌、水果、水产和各种禽畜产品等诸多居民基本消费类农产品
湖北九宫绿园种养殖农民专业合作社联合社	联合社吸收了多种合作社,产品涉及种植业、畜牧、水产等21个专业,丰富了产品,满足了市场多样化的需求
浙江省桐乡市大运河农机粮油专业合作社联合社	14个农机合作社组建联合社,各个农机合作社都有自己独特的农机。组建联合社后,实现了农机资源的共享,增加了各个合作社的农机种类
浙江省玉环县禾裕农民专业合作社联合社	联合社主要以组织收购、销售成员社种植、养殖及加工的农产品为主,目前吸纳的合作社涉及水果、蔬菜、粮食、海产品、畜牧养殖、中药材等几大产业,形成了一个具有指导、管理、协调、服务四大功能并存的互助性经济组织
北京延庆县北菜园联合社	联合社吸纳合作社的优质果蔬产品,丰富了联合社的产品种类
北京京东农合农产品产销联合社	集聚了一批张家湾镇优质产品,如"张家湾"葡萄、"秋红"牌纯手工棉被、"碧海圆"鲜切红掌、"瑞正园"西凤西瓜和牛奶草莓、"大运河"樱桃等产品,通过不断宣传,改进包装,整合优质产品资源,不断扩大市场影响力
北京兴农鼎力合作社联合社	联合后,各合作社进行优势互补,拥有规模化种植苹果、梨、杏、无花果、草莓、各种时令蔬菜等产品,市场开拓为蔬菜+水果立体式产品布局,改变了原有产品单一优势项目一枝独秀,其他种类贫乏,不能吸引爱好其他产品消费者的情况,市场竞争力经过联合后快速提高
山东省潍坊然中然农产品专业合作社联合社	整合多家合作社优质产品,包括蔬菜、山楂、山核桃、小杂粮、冬雪蜜桃、弥河银瓜、潍县萝卜、放牧生态猪肉等几十种

注:根据部分调研资料整理

6.1.3　资金互助业务

资金要素是农业农村发展最为稀缺的生产要素。农民合作社联合社通过开展内部的资金互助业务,能够有效缓解社员融资困难的问题。但是,由于融资业务涉及金融监管问题,法律层面对联合社开展内部资金互助业务也没有明确,导致目前开展此项业务的联合社较少(实例见表6-3)。

表6-3　联合社开展资金互助实例

联合社名称	资金互助内容
北京清水腾达乡村旅游专业合作社联合社	共吸收11家基层社入资100万元建立了发展基金。这些资金将重点用于宣传打造联合社品牌,建设公共服务设施,开展内部资金互助服务,开发特色产业园区等项目
北京市门头沟区清水镇农民专业合作社联合社	与北京门头沟珠江村镇银行合作,开发了"合作社联保贷"金融新产品。由若干个合作社成立联保贷小组,通过联合担保的方式获得银行资金贷款,具有不用合作社提供抵押质押,不用担保公司提供担保,合同期长、用款灵活、随借随还、资金使用成本低等特点,贷款利率按基准利率上浮15%执行
浙江湖州吴兴粮梦粮油专业合作社联合社	以嘉兴银行为金融保障,合作社注册资本金作风险抵押,金融机构按资本金1∶5放大,扩大了融资信贷规模,满足每个成员的基本需求,解决单个合作社的融资难题
湖北省武汉市荆地养蜂专业合作社联合社	联合社的信贷资金来源于社员的入股金额,只有入股联合社的社员才有资格享有信贷服务。社员向联合社申请贷款时,只需所在合作社做信用担保,原则上贷款额度最高不超过10万元。社员贷款实行差别利率服务。倘若贷款用于发展蜂业,则贷款年息为10%;若用于其他行业,则贷款年息为12%
湖北省天惠种植养殖专业合作社联合社	成立了"湖北省天惠农村资金互助社"。依照《农村资金互助社管理暂行规定》及《农村资金互助社章程》等文件的强制性要求,发起人单位大股东拟投入资金500万元,对成员社的要求是入股资金为自有资金且来源合法,达到规定的入股金额起点(每股100元人民币,300股为单个成员单位入股起点)

注:根据部分调研资料整理

6.1.4 产品质量维护

在调研中,课题组发现联合社还起到了行业产品质量维护的作用,尤其是起到了对联合社范围内合作社的示范、监督作用。主要表现在:联合社成立后,科学制定生产标准,引导农民和基层合作社按照标准生产,把不合格的农产品排除在市场之外,确保农产品质量安全不出问题。基层合作社为消费者提供的原始、生态、绿色、安全、健康的本土农产品,反过来又促进联合社配送销售,从而实现了产销的良性互动、相互促进(实例见表6-4)。

表6-4 联合社产品质量维护实例

联合社名称	产品质量维护内容
江苏省宿迁市惠农奶牛专业合作联社	联合社成立后,加快奶牛良种化进程,推广生态健康养殖模式,规范牛奶质量控制办法,打造宿迁市生态优质奶源品牌基地,逐步实现奶牛养殖的规模化、标准化、优质化、产业化
江西省高安双惠蔬菜专业合作社联合社	通过合作社抱团发展,有效地帮助农户在品种选择,肥料、农药施用过程中,做到科学、规范、安全,并建立健全农产品安全优质的管理制度,严把质量检测关,使农产品的质量安全得到了保障
山东省潍坊市丰谷农产品专业合作社联合社	潍坊市丰谷农产品专业合作社联合社以昌乐县乔官镇为中心,拥有高标准基地4800亩,蔬菜大棚3132个,联合社对出产的各种蔬菜严格把关,由质检部负责对各项指标化验,化验合格的出具各项指标化验条,菜农凭条销售,否则,不允许进入市场。同时,联合社主动与各地蔬菜批发市场搞好对接,确保农产品从生产到销售质量安全不留空白
山西省万荣县民乐果业科技专业合作联合社	联合社坚持严把农资质量关,统一农资采供。原则是不经试验的农资不推广,没有特殊效益的农资不推广,在保证效果的情况下,力求降低生产成本,做到施肥全营养搭配,病虫防治安全有效

续表

联合社名称	产品质量维护内容
陕西省黄陵县驭龙专业合作联社	合作联社按照有机苹果生产标准，结合黄陵地区的实际，组织果业技术骨干编写生产操作规程，印发给各功能合作社和果农，组织指导各功能合作社按照操作要求实施有机苹果生产，集成建立合作联社标准化生产技术体系
四川省江油市蜀岭种养殖农民专业合作社联合社	联合社与成员签订产品质量安全生产协议，做到从生产到销售，用药、原材料、种养殖全过程有记录，建立农产品质量可追溯制度，实现了生产有记录、信息可查询、流向可跟踪、责任可追究、产品售后服务有保障的产品质量安全体系
浙江省舟山市普陀兴岛生态禽果专业合作社联合社	联合社投入30万元建造沼气池，对病死鸡及屠宰场废弃物实施无害化集中处理，处理后的废液灌溉果园、茶园。这样既可以有效处理废弃物，改善农庄环境；又能将废弃物通过发酵处理提高养分含量，增加肥力，成为优质的农家肥，灌溉果园；经过发酵处理生成的甲烷气体供屠宰场和农庄生活等使用。这不仅保证了林地鸡产品质量安全，防止疾病的蔓延与传播，同时节省了人力、水电等各项开支，能更好地保护周边居民环境，带动更多的养殖户进行废弃物无害化处理
湖北省松滋市汇龙生猪集团专业合作社联合社	联合社实施统一供料、供药，杜绝了违禁添加，确保了产品安全

注：根据部分调研资料整理

6.1.5　技术指导培训

农民合作社联合社比单个的农民专业合作社更具组织规模优势。从基层实践看，组建联合社以后，从两个方面帮助合作社提升技术水平：一是各个合作社内部不乏某一方面的技术能手，但是很难有全面的技术人才，随着联合社的成立，先进的技术能够在联合社范围内得以扩散，有利于各个合作社取长补短、共同发展；二是组建联合社以后，农民具有了组织优势、资金优势，因而能够从外界引进先进的技术。此外，联合社的规模优势，使得联合社具备条件能够与政府或培训机构联系，对联合社管理人员或社员(农民)进行统一的技术、管理方面的人员培训(实例见表6-5)。

表6-5 联合社内部技术指导实例

类别	联合社名称	技术指导内容
内部技术分享	黄陵县驭龙专业合作联社	按照果业生产季节,针对果农生产经营的需要,合作联社制订培训计划,由阿党镇合作社为主的生产技术部,建立合作联社果业技术培训网络,实施职业农民的培训和培养,组织开展多种形式的培训,提高农民的综合素质。2011—2013年,累计举办各类专业培训班16期,培训农民2898人次,发放技术资料5500多份
	江苏常州舜溪果品专业合作联社	(1)成立技术服务队。联社将各合作社中的技术骨干组成了13人的专业服务队伍,开展修剪、整枝等有偿技术服务,同时组织好统一套袋、防病治虫和农药农资供应服务 (2)成立"梨农专业技术研究会"和"翟家梨树专业技术协会",由技术骨干担任理事,按果品区生产规模指定技术联络员,负责接待果农技术咨询,指导果农进行生产。通过技术服务联动,加快果品生产标准化、良种化,提高果品种植防病保健水平,规避了果品生产技术风险
	山西万荣县民乐苹果科技专业合作联社	联合社采取技术培训、田间指导、现场观摩,在合作社间推广普及了"苹果双套袋技术""高光效树形改造技术""郁闭果园间伐技术""无公害综合防治病虫害技术"等
	浙江建德市蚕桑专业合作社联合社	(1)种养技术培训,给广大社员和蚕农传递科学种桑养蚕的信息,指导农民种桑养蚕的新方法和新技术,逐步强化蚕农的市场意识、质量意识、科技意识,提高其综合素质,为提高蚕桑质量打下良好的基础 (2)针对突发性病虫害和异常气候所带来的灾害开展的防治技术培训 (3)专业合作社及联合社管理人员管理知识的培训,提高其开展经营管理工作和服务的水平。同时,积极开展协调和宣传,争取政府及有关部门对专业合作社的支持和扶持,保护好各成员社和社员的合法权益。全年开展各种培训500余人次

类别	联合社名称	技术指导内容
外部技术引进	山西省阳城县太行小杂粮农民专业合作社联合社	联合社每年在年初,自筹资金,聘请农业部门技术人员、土专家对农户进行培训,实地指导,从而使农户认识到小杂粮种植有相当大的潜力和广阔的销售市场,改变了"种什么吃什么,有什么种什么"的传统观念。同时,引进了晋谷21号、长谷4号、东昌一号等新品种,推广了精播技术、田间管理技术、病虫害防治技术,提供全方位无偿服务,使联合社成员的小杂粮产量由2015年的亩均550斤提高到2016年的650斤,亩均增产100斤,增收260元,品质提高了一个档次
	湖北省九宫绿园种养殖农民专业合作社联合社	联合社建成后,争取到了县农业局的支持,依托"阳光工程"培训计划,对成员社进行了技术、管理方面的人员培训。截至2013年底,已有120多个农民成员获得了技术咨询服务
	江西省上高县汇农种植业专业合作(联)社	聘请专职专业农技人员负责,推广无公害生产技术,通过采取无污染水源、机插技术、绿色防控、低毒农药及有机肥施用、节水灌溉、无混杂机械脱粒、谷垫翻晒等技术保障措施,建立绿色大米生产基地,为合作社创立自己的产品品牌奠定了基础
	山东省临朐县志合奶牛合作社联合社	联合社与山东广播电视学校共同创办了奶牛学校。奶牛学校任教的老师是来自科研院校的专家、教授。每一批学员都要经过两年的系统学习,经过考试合格后,还会获得由山东广播电视学校颁发的正规专业证书

注:根据部分调研资料整理

6.1.6 认证品牌建设

打造产品品牌往往是许多合作社组建联合社后的重要工作。据了解,很多联合社成立以后,通过基地建设、统一标准等方式,打造"三品一标"产品认证,并利用统一平台,注册品牌。有的联合社有机整合成员社的优势资源和优质品牌,在品牌的影响下组织社员开展标准化生产,在延伸产业链条,拓展发展空间方面,起到了重要的助推作用(实例见表6-6)。

表6-6 联合社品牌建设实例

联合社名称	品牌建设内容
北京市门头沟区清水镇农民专业合作社联合社	联合社注册了"清水腾达"商标,11家基层社的特色农产品将统一使用此商标打造市场品牌,利用镇域内旅游咨询站点,统一销售合作社农产品
湖南省郴州市家佳农民专业合作社联合社	郴州市家佳农民专业合作社联合社成立后,通过加盟方式,已在全市开设20多家直销店,着重打造了"家佳"品牌,逐步形成了以"品牌+质量检测体系+标准化生产"的农产品供销产业链,走出了一条新的销售路子
江西省乐平市泊水源农副产品产销专业合作社(合作联社)	联合社成立后,注册了"泊水源"商标,强化了合作社农产品的内在品质
山东省潍坊市然中然农民专业合作社联合社	联合社及各成员拥有"然中然""绿鸽""古州香韭""曹家沟""清风寨""居录""康诺""万笛"等18个注册商标,获得"国家地理标志认证"产品1个(清风寨山楂),无公害质量认证12个,绿色质量认证5个,有机质量认证22个
山西省临汾市翼城县唐尧现代农业联合社	临汾市翼城县唐尧现代农业联合社秉承"唐霸地域文化与绿色现代农业共融,特色农业产品与品牌品质品位共生"的发展理念,以开发"尊贵高档、绿色有机"产品为发展方向,打造"唐霸"品牌,挖掘"唐霸"文化,提升"唐霸"价值,逐步壮大拓展"唐霸"特色产品市场,将唐霸打造成为翼城特色农产品金字招牌。联合社吸收"隆化小米""北撖苹果""弃里核桃"三个已有品牌的农产品,2012年新增"唐霸"小杂粮商标,2013年新增"舜都"水果商标
陕西省黄陵县驭龙专业合作联社	2009年,合作联社注册认证了"驭龙"苹果品牌,各功能合作社和合作联社统一使用"驭龙"品牌,由杨岭合作社和下王村合作社组成果品营销部,分别在杭州和福建建立2个直销窗口,重点经销"驭龙"苹果
四川省成都蜀上锦生态蔬菜联合社	联合社已形成以"蜀园"为名称、广告语为"蜀园,成都人的健康菜园"的公共品牌,目前该商标已在工商部门进行商标登记注册工作。联合社前期制作了"蜀园"宣传画册、贴牌,并与成都电视台签订蔬菜公共品牌打造协议,拍摄了郫县农产品从育苗、种植、采收到最后的销售上市等全过程,通过宣传片的拍摄,利用电视、广播、网络等媒体宣传郫县优质农副产品及生产基地,极大地提高了郫县有机生态蔬菜的知名度和吸引力

续表

联合社名称	品牌建设内容
浙江省湖州吴兴粮梦粮油专业合作社联合社	联合社组建后,集中人力、物力、财力等资源,共同打造"粮梦"公用品牌,各家专业合作社采取既可以使用公用品牌,又保留使用原有品牌的"双商标"使用方式,使用更加专业的统一包装,使用统一发票,提高了公用品牌的知名度

注:根据部分调研资料整理

6.1.7 产品统一销售

联合社一端联系商家,另一端联系合作社,统一进行销售业务和财务业务往来,能够实现销售和财务的统一管理,降低运营成本,提高工作效率。据了解,绝大多数联合社都会统一销售产品,这是因为统一销售既能获得价格优势,也能因规模效应节约交易成本。联合社具有规模优势,能够组织社员开展会展招商、产品推介和市场营销等活动,帮助合作社农产品进超市、进市场,协助会员创办农产品专营店和市场直销部。此外,联合社引导在同一县域范围内同一类型产品合作社打造统一品牌,加强品牌的培育、认定、宣传、保护和推广,不断提高品牌的内涵和知名度,还能够提升整个县域农产品的竞争力(实例见表6-7)。

表6-7 联合社产品统一销售实例

联合社名称	产品统一销售内容
北京市门头沟区清水镇农民专业合作社联合社	联合社注册了"清水腾达"商标,统一销售合作社农产品,同时,通过农游对接、农社对接、农超对接等方式开拓产品销路,从而全面提升清水镇农产品的竞争力和市场占有率,提高合作社的经营效益,让更多的农民通过合作社实现增收
湖南省浏阳市新期绿种植专业合作社联合社	联合社统一组织农产品的储运、产销,两年来,联合社与长沙马王堆红星市场、家乐福、步步高等多家大型市场、超市实现了"农超对接",更好地拓宽了销售市场,提升了经济效益,为浏阳市当地的蔬菜产业化发展和农民脱贫致富起到了积极推动作用

续表

联合社名称	产品统一销售内容
江苏省沛县云翔禽业专业合作社联合社	联合社对成员的产品统一使用无公害标识,用"苏合""家祥""赛克银宝"商标对外销售通过与徐州十二集团军及徐州医学院等5大院校签订供货协议,月销售鸡蛋300吨,每斤高出市价0.1元
四川省江油市蜀岭种养殖农民专业合作社联合社	联合社与成员签订产、供、销协议,组织成员的产品统一包装、统一制单销售、统一账务结算
浙江省常山县柚乡胡柚专业联合社	(1)凡加入联合社的企业、专业合作社,以后对外销售胡柚产品,都必须以联合社的名称进行销售,企业名只能作为生产厂家地址 (2)统一指导价销售。对以联合社进行销售的胡柚,按照销售区域、质量等级,在一定时期内确定相对统一的市场指导价进行销售 (3)统一市场销售组织。对联合社社员在销售区域,进行分配,并采取联合办法,有序组织运输、储藏与销售
浙江省湖州吴兴粮梦粮油专业合作社联合社	联合社组建后,集中人力、物力、财力等资源,共同打造"粮梦"公用品牌,各家专业合作社采取既可以使用公用品牌,又保留使用原有品牌的"双商标"使用方式,使用更加专业的统一包装,使用统一发票,提高公用品牌知名度。统一品牌销售一改过去各自为政、分散销售、知名度不高的局面,能够促进农业增效、农民增收。
重庆市菇娇香菇种植专业合作社联合社	推广以"联合社 + 合作社 + 基地 + 农户"的种植模式,严格实行"采购、制袋、接种、生产、销售"的"五统一",扩大香菇产业发展受益面,让更多农户投入到香菇的生产中来。积极鼓励农户在房前屋后进行立体式香菇种植,向他们提供技术支持,确保菌孢生产、管理养护和成品加工等环节的成功率,保证产品的回收或销售
山东省临朐县志合奶牛合作社联合社	各合作社通过联合社,集中向乳品企业供应产品,不仅提高了销售价格,而且也稳定了销售渠道

注:根据部分调研资料整理

6.1.8　市场价格维护

　　调研发现,维护市场价格,一方面是许多联合社组建的动力,避免了同业成员间的恶性竞争,由原来的合作社之间相互竞争,变为一致对外,市场地位得到明显提高(奶业联合社的例证最为明显);另一方面,很多联合社在组建后,由于其规模的扩张,市场谈判力的增长,维护市场价格内生性地成为联合社的主要职能(实例见表6-8)。

表6-8　联合社市场价格维护实例

联合社名称	市场价格维护内容
北京市密云县栗联兴业板栗联合社	联合社组织客商与基层合作社直接对接,建立板栗价格信息发布机制,避免了合作社和农户相互竞争压价,使栗农比出售给小商小贩的板栗价格高出 0.5 元/斤。
湖北省松滋市汇龙生猪集团专业合作社联合社	联合社从种猪、仔猪到肥育猪各阶段产品开展联销工作,实行统一定价招标,以规模大、质量优、组织性强吸引客商,实现互利互惠。据不完全统计,2011—2012 年共为社员协助销售生猪 16.8 万头。经测算,通过集中组织销售,帮助社员增价 20 元/头以上
江苏省常州舜溪果品专业合作联社	常州果品合作社大多数规模小、社员数少、带动能力不足,有时在销售农产品时,合作社之间还会出现相互压价,恶性竞争,导致利润少,带动农户效益不明显。为改变这种状况,江苏省常州舜溪果品专业合作联社得以成立,联合社成立后改变了各自为政、分散经营的状况,稳定了市场价格
江苏省宿迁市惠农奶牛专业合作联社	"奶牛联社"通过与蒙牛集团进行价格谈判,1 斤原奶与其他非奶牛联社原奶高出 1 元钱,仅此一项年增收 200 万元,这就是提质效益
山东省临朐县寺头富盛红香椿专业合作社联合社	临朐县寺头镇红香椿市场散乱,早期的几家合作社各自为政,大打价格战,一度由卖方市场变为买方市场,临朐县寺头富盛红香椿专业合作社联合社成立后,将 5 家红香椿专业合作社联合起来,一致对外,新建保温式红香椿钢结构交易大棚 2 处,将散乱的红香椿交易市场进行统一,社员和红香椿种植户的利益切实得到了保障,同比效益提高 20%以上

　　注:根据部分调研资料整理

6.2 联合社的利益联结机制

利益联结机制是联合社内部社员之间,以及社员与联合社之间达成的契约联结形式,这种契约联结形式触及联合社内部各利益相关主体的核心利益,并以此为纽带,实现联合社"利益共享、风险共担"的组织宗旨。从某种意义上说,联合社的利益联结机制是联合社能否成功发展和持续发展的关键,理顺联合社的利益联结机制,既是联合社实现组织发展的客观需求,也是联合社提高组织效率的重要保障。据调研了解,目前我国农民合作社联合社内部的利益联结机制主要体现在产品联结和要素联结两个方面,按照联结的紧密程度,可将其划分为紧密型利益联结机制和松散型利益联结机制。

6.2.1 紧密型利益联结机制

联合社内部形成紧密型利益联结机制的重要表现就是联合社在实现产品联结的同时,实现了要素联结。这里的要素包括资金、劳动力、技术、土地等多个方面。之所以要素联结能够形成紧密型利益联结机制,主要是因为要素投入是在产前环节,一旦投入某种要素资源以后,就会使得要素投入方(社员)与联合社之间形成类似的债权与债务或者股份关系,这种关系要等到联合社的一个产品生命周期完结后,才能最终实现初始投入的回报。所以,在形成这种利益联结机制到实现利益回报的过程中,联合社社员都会对联合社的组织、生产、运行、治理给予高度关注,并利用自身在联合社中的地位施加影响,以保证初始投入时的期望回报能够顺利实现。同时,这种回报的实现也是进行下一轮新的投入的基础,如果前一轮回报低于社员的预期值,将影响到社员对联合社进行下一轮的投入,进而联合社发展的持续性也会受到影响(图6-2)。

紧密型利益联结机制一般具有两个特点:一是在紧密的产供销一体化同盟中,专业合作社一般采取入股的方式加入联合社,股份来源可以多样化(如资金、技术、土地等),通过入股来构建共有的产权基础,建立利益联结机制;二是联合社的剩余一般会按照合作社入股份额进行返还,以此体现出合作社在联合社成立之初的贡献与承担的风险补偿。在这种联合社中,合作社将生产产品转交联合社,由联合社进行集中销售,联合社再将盈余按照合作社的交易量或股金进行返还;或者合作社共同出资投资某个项目,项目剩余按照股份进行返还(实例见表6-9)。

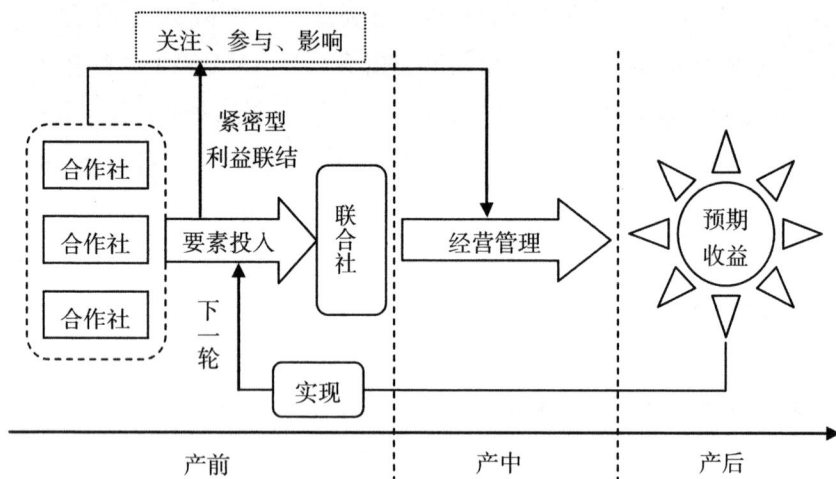

图 6-2　联合社紧密型利益联结机制图

表 6-9　紧密型利益连接机制的联合社实例

联合社名称	入股情况	盈余分配方式
湖北省武汉首佳水产养殖联合专业合作社	成立初期,5 家合作社与 96 户农户共同出资 1000 万元	联合社剩余按股返还
河北省灵寿县青同镇农民专业合作社联合社	成立初期,联合社资产总计 400 万元,其中 20% 来自村"双委干部"等社会能人,50% 来自青同镇本地的 6 个龙头企业,10% 来自县供销社,20% 来自各个合作社	联合社剩余按股返还

联合社名称	入股情况	盈余分配方式
江西省乐平市泪水源农副产品产销专业合作社	26家合作社共同出资220万元	联合社剩余按股返还
江西省彭泽县安泰农机合作社联合社	8家农机合作社和2家农机经销商出资1133万元	联合社剩余按股返还
北京市门头沟区清水镇农民专业联合社	11家主发起合作社共同出资100万元	(1)联合社按照与基层社交易量或交易额为主实行盈余返还,其比例不低于联合社年终可分配盈余的60% (2)其他的可分配盈余按照成员社入股股金分配
湖北九宫绿园种养殖农民专业合作社联合社	由10家合作社共同出资200万元	(1)联合社可分配盈余的60%,按交易量对各成员社返利 (2)其余40%按照入股股份进行分配
四川省资阳市宰山嘴蔬菜专业合作社联合社	合作社出资达300万元	(1)可分配盈余的70%按照成员与联合社的交易额返还 (2)可分配盈余的剩余30%按成员出资额返还
四川省成都蜀上锦生态蔬菜联合社	12家蔬菜生产专业合作社和2家农产品流通企业共同出资	(1)可分配盈余的60%按照成员与联合社的交易额返还 (2)可分配盈余的剩余40%按成员出资额返还

注:根据部分调研资料整理

6.2.2 松散型利益联结机制

联合社的松散型利益联结机制具有两个特点。

(1)各成员合作社不需要以资金入股的方式组建联合社。各成员合作社与联合社一般按照以下方式进行连接：联合社通过不具有严格约束力的合作协议，或向成员合作社提供种苗、农药、肥料等农资，或收购成员社的农产品进行加工或转手销售。在这种联合社中，一般会有一个实力较强的中心合作社行使联合社职能，联合社的运作实际上表现为这个中心合作社与普通合作社之间的合作（图6－3）。

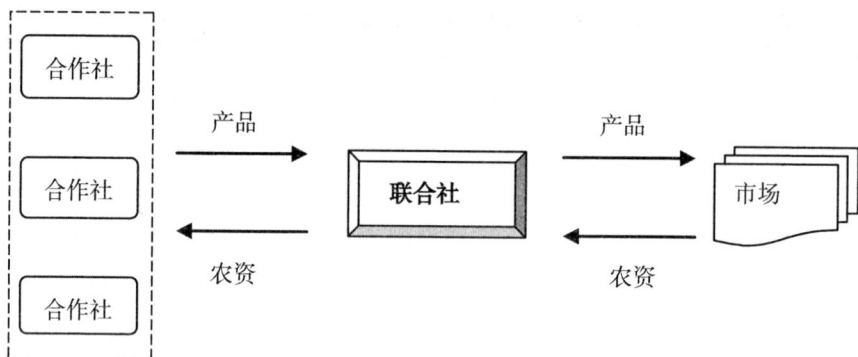

图6－3　联合社松散型利益连接机制图

（2）各成员合作社与联合社是销售关系，没有二次返利或分红。在这种运营模式中，中心社或联合社是成员合作社部分产品的销售服务代理或者中间经销商，主要以购销差价或者下游收购企业的返利获得收益，经营收入一般不会在成员合作社之间二次分配，很少或完全没有建立"收益共享、风险共担"的利益联结机制。因此，此类联合社更像是一个合作社联合会或合作社协会，合作双方随时都可能单方面毁约，而且不会受到相应的惩罚。但是，调研发现，这种"代买—代卖"式合作利益关系简单，组织成本和运营成本都较低，是目前联合社比较普遍的运行模式。

在上述模式中，中心合作社与普通合作社之间也形成了一个双赢的格局：首先，中心社收购普通合作社的农产品，本质上是对其生产能力的一个补充，有利于中心社扩大农产品销售的种类或数量，获得多样化经营效益；其次，对于普通合作社而言，中心社的收购能够解决产品滞销问题，保障了合作社的销售渠道（实例见表6－10）。

表6-10　松散型利益连接机制的联合社实例

联合社名称	连接方式	盈余分配方式
北京市房山区网上联合社	加入网上联合社的会员,在具备相应的条件后,"联合社"将为其提供自己的个性化展示平台,合作社利用这个平台进行互动与交流	各合作社单独核算,联合社不核算
江苏省沛县云翔禽业专业合作社联合社	由沛县龙祥禽业专业合作社牵头成立,即为中心社;在中心社的带动下,各个合作社实行统一供鸡苗、统一物资供应、统一技术服务与统一产品销售	各合作社单独核算,联合社不核算
江苏常州舜溪果品专业合作社联社	5家合作社牵头成立,即为中心社;在中心社的带动下实行"六个统一":统一农业生产资料等投入品的采购和供应,统一技术辅导和培训,统一注册(使用)商标和品牌,统一生产技术规程和产品质量标准,统一产品和基地的认证认定,统一包装和销售	各合作社单独核算,联合社不核算
山东省潍坊然中然农产品专业合作社联合社	由青州市绿龙蔬菜生产专业合作社牵头成立,即为中心社;在中心社的带领下,各合作社产品通过中心社进行销售	各合作社单独核算,联合社不核算
山东省临朐县志合奶牛合作社联合社	由临朐县佳福奶牛养殖专业合作社牵头成立,即为中心社;在中心社的带领下,联合社实行"两个统一":一是中心社统一购买农资或技术服务,并以原价提供给成员合作社;二是合作社产品统一由中心社组织销售(负责联络销售渠道,有别于合作社将产品销售给联合社),由中心社和企业谈判后统一确定产品价格	各合作社单独核算,联合社不核算

联合社名称	连接方式	盈余分配方式
河北省邢台市聚农肉鸡产业联合社	由邢台市聚农养殖专业合作社牵头领办，即为中心社；在中心社的组织下，各个合作社实行信息共享以及农资统一购买；合作社产品亦可通过中心社进行销售	各合作社单独核算，联合社不核算
海南省保亭县永鸿什玲鸡养殖专业合作联合社	由海南永基畜牧股份有限公司牵头组建成立，即为中心社；在中心社的组织下，各合作社实行资源共享，农资统一购买，合作社将产品销售给联合社	各合作社单独核算，联合社不核算
陕西省黄陵县驭龙专业合作联社	由黄陵县果业协会发起成立，即为中心社；在中心社的组织下，各合作社实行资源、信息与技术共享	各合作社单独核算，联合社不核算

注：根据部分调研资料整理

6.3　联合社的契约选择

农民合作社联合社对利益联结机制的选择，实质上是联合社内部各方交易主体在现有的约束条件下，为达成组织目标而选择的交易成本最低的契约安排。这种契约安排的稳定性取决于联合社内部各方利益主体能否达成自己的预期效用。从上文分析可知，联合社形成紧密型的利益联结机制主要是基于要素投入，即要素契约；而松散型的利益联结机制主要是商品销售方面的合作，即商品契约。从某种程度上说，对这两种契约形式的选择，决定了联合社的组织特征和发展方向。所以，研究这两种契约的特征及其联合社对这两种契约进行选择的影响因素，对于联合社的发展和指导来说，具有重要意义。

6.3.1　理论框架

关于商品契约和要素契约的选择和替代问题，目前学界存在不同看法。威廉姆森(2002)从市场交易的内部化和纵向一体化的角度来解释企业对市场的替代,并认为企业的本质就是要素契约对商品契约的替代,而阿尔钦和德姆塞斯(1996)通过理论研究,却得出了要素契约和商品契约没有差异的结论。国内关于要素契约和商品契约相互关系的研究较少,已有的研究多是集中在产业化领域,如周立群和曹利群(2002)通过研究我国农业产业化中的契约关系,发现在进行了专用性资产投资及声誉机制起作用的情况下,商品契约要比要素契约稳定。

本次研究认为,如果把农民合作社联合社看作是一系列或紧或松的契约关系所构成的"契约集",对联合社内部组织形式的选择其实就是对联合社契约关系的选择。所以,根据联合社内部契约性质的不同,可将联合社分为要素契约型联合社和商品契约型联合社。这两类联合社内部的组织特征及制度安排各不相同(表6-11)。

表6-11 农民合作社联合社不同契约类型特征比较

项目	要素契约型联合社	商品契约型联合社
组织特征	紧密型	松散型
股份持有	入社必须认购股份,持股不必等额	不需要或自愿认购股份,持股较为平均
进入/退出	进、退有限制	进、退较自由
利润分配	按交易量和按股份分配相结合,或只实行按股份分配,或按股份分配为主	按交易量分配为主
决策机制	按股份比重获得决策权,或者与"一人一票"制相结合	"一人一票"制

注:根据相关资料整理

一般认为,要素契约比商品契约更加具有稳定性和长期性。但是,实践中这两种契约形式同时存在,说明这两种契约各有不同的组织类型与之相适应,而且通过对已有文献的研究发现,并没有一个明确的结论来说明要素契约一定是优于商品契约的,应该说这两种契约在具体环境中,是各有优势的。联合社只有根据自身的特点,科学选择适合自身特点和发展阶段的契约模式,才能得到持续和稳定的发展。

在契约选择的理论研究方面,威廉姆森(2001)分析了契约选择与交易类型、治理结构之间的关系,他认为交易者会选择交易成本最小的契约安排和治理结构,而且在实际交易过程中,组织契约的选择将与各种不同要素在不同交易状态下进行匹配。最后选择的结果,一定是交易者对各种要素进行综合权衡后的选择。詹森和麦克林(1979)强调了组织剩余产生过程中,产权安排与契约制度对组织产出的重要作用,并指出了产权特征和组织契约之间的相互关系。此外,实践证明,我国农民合作社联合社在成立和发展的过程中,政府作为外部支持者,起到了非常重要的作用。同时,联合社的发展也严格地受到市场因素的制约,于是政府和市场因素构成了我国农民合作社联合社发展的外部环境。综合上述观点,本书可以得出农民合作社联合社进行契约选择的理论假说(图6-4):农民合作社联合社对要素契约或商品契约的选择,受联合社产权结构、交易特征、治理结构和外部环境的影响,选择向着降低交易成本的方向进行。

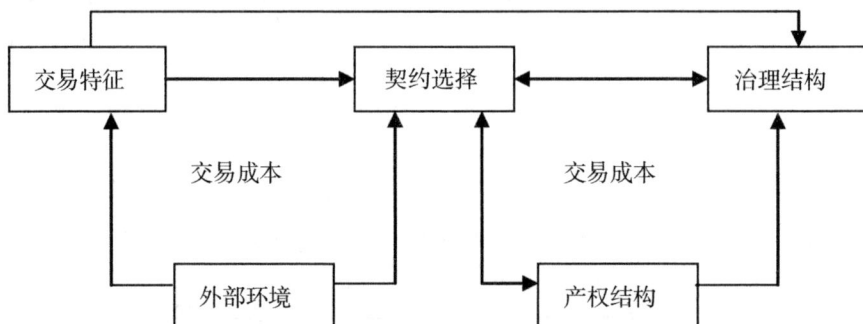

图6-4　农民合作社联合社契约选择理论框架

6.3.2　实证检验

从农民合作社联合社契约选择理论框架可知,联合社的产权结构、交易特征、治理结构、外部环境以及交易成本等因素都会对联合社的契约选择造成影响。那么,在中国农民合作社联合社发展的现阶段,这些因素对我国农民合作社联合社的影响程度如何,本书将进行实证检验。

1. 变量设定

1）产权结构因素

农民合作社联合社的产权结构，决定了联合社归谁所有，这对联合社的组成成员来说，无疑是最大的激励因素。从要素契约看，往往在联合社要素契约的制定中就将产权予以界定，例如，加入联合社需要资金入股，通过持有股份成为联合社的股东，还有的通过技术或土地要素入股，通过将要素价值量化并折成股份后，享有联合社的所有权。在我国农民合作社联合社的基层实践中，联合社受第一大股东控制的情况较为普遍，所以本次研究选择联合社第一大股东的持股比例（X_1）作为衡量联合社产权结构的影响因素，该变量能够明确地反映出联合社所有者在进行联合社契约选择时的影响强度。

2）交易特征因素

农民合作社联合社的交易特征，包括产品特性、交易结构、技术条件等，这些因素对联合社的经营方式有着重要影响。本次研究选择联合社的规模（X_2）、联合社所处的发展阶段（X_3）、联合社是否进行固定资产投资（X_4）、联合社产品是否实行标准化生产（X_5）等指标，来衡量联合社的交易特征。联合社的规模（X_2）可以从一定层面上反映联合社产品的交易数量，这个指标反映了产品对要素契约或商品契约的依赖程度，一般认为，交易的产品数量越多，对联合社依赖的程度越大，要素契约较之商品契约要更加稳定和牢固；联合社所处的发展阶段（X_3），该指标反映了联合社交易的成熟度，成立时间越长的联合社，其交易特征的成熟度越高；固定资产投资指标（X_4），衡量了联合社是否形成了不可分割的专用性资产，这些资产对联合社的契约选择影响较大，有的固定资产就是要素契约形成的；联合社产品的标准化程度（X_5），该指标反映了联合社对产品交易的技术要求，如果标准化程度高，则联合社对社员的生产过程需要实行必要的控制，要素契约比商品契约更能实现这个目标。

3）治理结构因素

联合社的治理结构反映了联合社内部组织机构的运行情况，从某种程度上说，联合社组织机构的设置就是联合社内部契约选择的结果。本次研究选择社员入社的自由度（X_6）、联合社盈余按股分红比例（X_7）作为联合社治理结构因素的衡量指标。联合社社员入社自由度（X_6）反映了联合社的封闭性程度，一般来说，具有要素型契约的联合社较容易形成封闭性结构，这种结构能够保证联合社内部资本和入社社员股份的稳定性；联合社盈余按股分红比例(X_7)反映了联合社要素价值得到体现的程度。按照我国农民合作社联合社社内分配比例的经验数据，一般是"三七"分成或"四六"分成较为普遍，即30%按照股份分配、70%按照交易量分配，或者40%按照股份分配、60%按照交易量分配，有的联合社按股分配比例更高，所以本次研究选择30%作为划定联合社内部按股分配重要程度的标准线。

4）外部环境因素

农民合作社联合社经营的外部环境包括政策环境和市场环境两个部分。本次研究中，政策环境用联合社所在地政府对联合社运营的支持度(X_8)和行政干预度(X_9)来衡量。政府对联合社的支持体现在政策支持和项目支持两个方面。据了解，有些地方政府部门还暗中推动并扶持成立联合社，并在联合社中注入股份，可以认为，中国的农民合作社联合社内部契约选择受到政策环境和政府的影响非常大。市场环境用联合社主要经营农产品占市场容量的变化(X_{10})和联合社产品在本地市场（县域）的销售比例(X_{11})来衡量，实践经验证明，这两个指标对联合社内部契约选择将产生一定的影响。一般认为，市场容量越大，联合社本地销售比例越低，说明联合社处于扩张阶段，这时的市场组织有着明晰产权、并建立紧密型利益联结的激励，此时的联合社更容易产生要素型契约关系。

5）交易成本因素

按照科斯在《企业的性质》一文中的分析，交易成本因素是实现市场向企业转变的关键因素。在我国农民合作社联合社的基层实践中，可以说联合社的治理机制、契约选择、产权安排等一系列组织制度的安排，都与交易成本因素有关。本次研究中选择联合社的谈判成本(X_{12})和监督成本(X_{13})作为交易成本的衡量指标。其中，谈判成本(X_{12})用联合社的买方是否经常有降价要求来衡量，监督成本(X_{13})用联合社遇到欺骗或违约的概率来衡量。

2. 计量模型选择

以农民合作社联合社的契约模式选择作为因变量 Y，选择商品契约模式赋值为0,选择要素契约模式赋值为1。[①] 这样因变量 Y 就成为取值为0或者1的二值变量,选择两项 Logistic 模型作为本次研究的回归模型,遵循经典假设,我们把 Z 作为对农民合作社联合社契约模式选择产生影响的变量的线性函数,于是有

$$Z = \beta + \sum_{i=1}^{n} \alpha_i X_i + u \qquad (6-1)$$

其中,u 为服从极值分布的随机变量,β 和 α 分别表示待估计的参数,其中 β 为常数项,X_i 表示第 i 个影响因素。根据二项 Logistic 回归模型,有

$$\ln\left(\frac{prob(event)}{prob(nonevent)}\right) = \ln\left(\frac{prob(y=1)}{prob(y=0)}\right) = \ln\left(\frac{prob(y=1)}{1-prob(y=1)}\right) = \beta + \sum_{i=1}^{n} \alpha_i x_i$$

$$(6-2)$$

可得

$$prob(y=1) = \frac{\exp(\beta + \sum_{i=1}^{n} \alpha_i x_i)}{1 + \exp(\beta + \sum_{i=1}^{n} \alpha_i x_i)} = \frac{e^z}{1+e^z} = E(y) \qquad (6-3)$$

对式(6-3)求 Z 的导数,得 $\dfrac{dE(y)}{dZ} = \dfrac{1}{(1+e^z)^2} > 0$,所以 $E(y)$ 即 $prob(b=1)$ 的值随 Z 值的增大而单调递增。

3. 变量特征

本实证研究选择课题组赴全国东、中、西部13个省(自治区、直辖市)进行农民合作社联合社典型调研的问卷数据作为分析样本,共调研农民合作社联合社(会)78家,剔除发展处于起步阶段、没有实质运行内容的农民合作社联合社样本21家和数据较为缺失的样本4家,得到有效样本53家。数据分析发现,因变量中采取了要素契约模式的联合社($Y=1$)共34家,占总样本数的64.2%,这种分布特征用二项 logistic 模型较为合适。其他自变量样本的描述性统计结果如表6-12所示。

---

① 在选择的农民合作社联合社样本中,有的联合社既实行了商品契约,也实行了要素契约,此种情况统一按照要素契约处理。

表6-12 变量描述统计表

	变量	赋值	均值	方差	预计影响
Y	联合社的契约选择	商品契约=0;要素契约=1	0.642	0.213	
X_1	第一大股东持股比例	小于或等于50%=0; 大于50%=1	0.703	0.292	+
X_2	成员数量	5家及以下=1;6—20家=2; 21家以上=3	2.023	0.497	+
X_3	成立时间	2007年7月1日之前=0; 2007年7月1日之后=1	0.838	0.597	+
X_4	是否进行固定资产投资	否=0;是=1	0.723	0.489	+
X_5	产品是否标准化生产	否=0;是=1	0.874	0.548	+
X_6	成员入社有无限制	无限制=0;有限制=1	0.385	0.110	+
X_7	按股分红比例	小于30%=0; 大于或等于30%=1	0.698	0.362	+
X_8	当地政府支持度	没有=0;有支持,力度一般 =1;有支持,力度很大=2	1.798	1.049	+
X_9	当地政府行政干预程度	完全不干预=0; 很少干预=1;较多干预=2	1.693	1.730	-
X_{10}	主产品市场容量 近3年的变化	变小=1;不变=2; 变大=3	2.209	1.854	+
X_{11}	联合社产品在本地 市场销售比例	0-25%=1;26%-50%=2; 51%-75%=3;76%-100%=4	2.649	1.392	-
X_{12}	买方是否有降价要求	无=0;有时有=1;经常有=2	1.037	1.309	+
X_{13}	遭到欺骗和违约频率	无=0;有时有=1;经常有=2	0.846	0.936	+

注:预期影响符号中,"+"表示正相关,"-"表示负相关

4. 实证检验

本次研究运用SPSS15.0统计软件对53个样本进行二项Logistic回归,回归过程中,选择Wald向后筛选法(backward stepwise:Wald),并将分类变量中的第一项作为参照项。回归结果显示,共有5种估计结果,这5种模型的卡方(Chi-square, χ^2) 检验均统计性显著, 模型的 Sig. 值也在 0.01 的显著性水平上显著, 不同统计模型的计量结果相似且稳定, 证明模型整体上有意义。为方便报告结果, 本书只报告变量全部纳入时的模型结果(模型一)和全部变量都显著时的模型结果(模型五), 如表6-13所示。

表6-13 农民合作社联合社契约模式选择回归结果

解释变量	模型一			模型五		
	系数	Wald 值	Exp(B)	系数	Wald 值	Exp(B)
常数项	0.674	0.064	1.894	-1.289	1.363	0.287
X_1	1.576***	8.907	4.137	1.039***	6.879	2.346
X_2	-0.593	1.730	0.593	—	—	—
X_3	0.495	1.478	0.739	—	—	—
X_4	2.589**	2.405	1.592	1.849***	3.894	2.648
X_5	0.749	1.840	1.047	—	—	—
X_6	3.894***	6.820	0.040	3.860***	6.938	2.478
X_7	2.485*	3.948	2.759	2.583***	4.595	8.405
X_8	-0.749	2.485	2.490	0.639*	3.485	0.375
X_9	-0.048	0.284	0.019	—	—	—
X_{10}	0.485	0.849	2.485	—	—	—
X_{11}	-0.388	3.294	1.405	—	—	—
X_{12}	1.385**	3.596	4.586	1.304*	4.586	3.946
X_{13}	2.485**	2.485	4.078	1.903*	2.495	3.405
-2对数似然值		46.387			53.872	
卡方检验值		34.875***			24.603***	
Nagelkerke 的 R2		0.639			0.538	

注: *、**、***分别表示在10%、5%和1%的统计水平上显著

145

6.3.3　检验结论

在报告的两个模型中,−2 对数似然值分别为 46.387 和 53.872,说明变量的筛选过程基本合理;Nagelkerke 的 R^2 值分别为 0.639 和 0.538,说明模型具有较好的拟合度。

从回归模型中自变量的显著性来看,在第一个模型中,第一大股东持股比例、是否进行固定资产投资、成员入社有无限制、按股分红比例、买方是否有降价要求、遭到欺骗和违约频率等变量对农民合作社联合社内部契约选择的影响较大。在第二个模型中,显著性变量又加入了当地政府支持度。计量模型的结果充分说明,在当前我国农民合作社联合社的运行实践中,联合社选择要素契约还是商品契约,与联合社的产权结构、交易特征、治理结构、外部环境、交易成本等因素均有关系,具体如下。

"第一大股东持股比例"在两个模型中都在 1% 的显著性水平上统计显著,说明产权结构对契约形式的选择具有非常重要的影响。在我国农民合作社联合社中,股东持股就是要素契约的一种形式,对联合社选择契约具有直接的影响。另据调研了解,我国联合社内部产权设置采取股份形式的情况非常普遍,这也是联合社与专业合作社在产权设置上最大的区别所在。

"是否进行固定资产投资"在两个模型中均统计显著,说明固定资产投资对要素契约的选择非常重要。固定资产投资形成了联合社的专用性资产,资产专用性带来的利润只能在投资者内部进行分配。如果是外界投入(如政府投资),则资产归联合社全体社员所有,资产投资带来的剩余也应该属于全体社员。这样一来,进行了固定资产投资的联合社,其资产带来的收益必然要求在资产所有者内进行分配,所以只有采取要素契约的形式才能实现这种分配形式。

"成员入社有无限制"在两个模型中统计显著,说明我国采取要素型契约的联合社具有保持要素价值稳定的内在要求,例如,以是否缴纳股份作为能否成为联合社社员的标准,这样的联合社在分配组织剩余时,必然要考虑以股份份额作为分配标准,同时这种分配方式也促使联合社在成员入社时就采取要素契约的方式加入。

"按股分红比例"在两个模型中统计显著,说明我国采取按股分红的联合社多是选择要素型契约作为联合社内部的契约联结机制。按股份分红是我国乃至世界上现代企业普遍采用的剩余分配方式,这种方式能够体现出资本要素在组织剩余产生过程中的重要作用。我国农民合作社联合社内部采取这种分配方式,说明联合社与单个的专业合作社已经大不相同了,联合社更加接近于企业,是专业合作社演变的高级阶段。

"买方是否有降价要求"和"遭到欺骗和违约频率"在两个模型中统计显著,说明交易成本在联合社选择契约联结机制的过程中起到了重要作用。这一指标体现的是联合社与外界进行交易时的谈判成本和监督成本,如果这两个交易成本过大,联合社的正常生产经营活动就会受到影响,如果联合社采取松散型的利益联结方式,那么联合社就无法正常运行,甚至会出现解散的风险。所以,采取要素契约的形式,更能够在交易成本高昂的情况下保证联合社的稳定。

"当地政府支持度"在第二个模型中显著,说明对于政府支持的重要性,还是要加以重视的。据调研了解,联合社的成立离不开政府相关部门的支持和良好的政策环境,很多联合社承担的社会功能,就是政府通过项目扶持的手段依托联合社来实现的。

6.3.4　研究小结

本次研究按照农民合作社联合社内部利益联结机制的紧密性和松散性程度,将联合社分为要素契约型和商品契约型两种类型。这两种契约类型在我国现阶段农民合作社联合社发展过程中同时存在,说明不同的联合社在不同发展阶段,需要采取不同的契约联结方式,这种联结方式能够有效低联合社运行中的交易成本,实现组织目标和组织剩余。理论分析表明,农民合作社联合社对要素契约或商品契约的选择,受联合社产权结构、交易特征、治理结构、外部环境和交易成本的影响。通过对我国13个省份运作较好的农民合作社联合社的契约选择类型进行实证检验,计量分析结果表明,上述因素对联合社的契约选择均有影响。

第 7 章

农民合作社联合社的绩效

农民合作社联合社的组织绩效问题并非简单的评估问题。从我国农民合作社联合社的发展现实来看,联合社在迅速发展的过程中,还存在着很多没有明确和亟待解决的问题。例如,与单个农民专业合作社相比,联合社的组织结构、决策机制、分配规则等制度安排更加贴近市场,更加注重组织效率和资本要素的价值,这与农民专业合作社坚持"人的联合"、资本报酬有限的原则是否矛盾? 联合社应该如何进行规范,是按照《农民专业合作社法》的标准进行规范,还是应该根据自身的特点单独设立一套规范体系? 除了经济功能之外,如何看待联合社在社会、政治、文化方面发挥的作用? 目前,与联合社相关的法律和国家层面的扶持政策尚未出台,如何科学有效地评价联合社的组织绩效,将成为指导联合社发展方向的重要信号。

7.1 合作社绩效研究文献综述

7.1.1 绩效考核指标与方法

在合作社绩效考核指标的确定方面,现有研究主要分为经济维度和社会维度两个层面。其中,从经济维度开展研究的学者又分为新古典学派和新制度学派。新古典学派的 Nourse(1945)把合作社看作是一种衡量竞争效率的尺度,主张通过建立合作社来加强竞争,提高市场效率;* 新制度学派的 Sexton(1990)在分析合作社所在的市场和产业链条上,厂商追求利润最大化的价格决策,表明合作社社员资格的开放有利于促进市场竞争和消除企业垄断行为。从社会维度开展研究的学者多采用定性研究的分析方法,如 Lorendahl(1996)在研究瑞典合作社时发现,当地合作社在基础设施建设、就业乃至商业发展等方面对地方经济发挥着积极的促进作用;Gertler(2001)在充分肯定合作社角色与公共政策目标的一致性时,提出了合作社能有效降低不平等和促进可持续发展的观点。

在合作社绩效考核的测度方法上,目前的研究多采用财务分析方法,如 Barton 等(1993)建立了一套财务绩效指标,包括资产名义价值、资产回报率、毛利率、生产能力比率、流动成本比率,等等。此外,Peterson 和 Anderson(1996)把合作社的战略因素纳入到合作社绩效考核体系中,将反映合作社发展战略及组合的效率指标考虑进来;Trechter(1996)对合作社发展多元化战略的影响进行了实证研究;Katz(1997)利用 1988—1992 年的调查数据进行了实证研究,表明合作社的一体化战略是获得较高绩效的保证。

7.1.2 绩效影响因素及实证

关于合作社绩效影响因素的研究,主要集中在规范分析和实证研究两个方面。

在规范分析方面,研究者多从交易费用、组织理论、内部治理等层面阐述影响农民合作社绩效的主要因素。例如,么振辉(2000)主要从交易费用的角度探讨了农民专业合作社的制度绩效,指出农民专业合作社能使农户获得规模效益,节约信息费,节约资源再配置的成本,并有效保护农民利益。赵佳荣(2007)从宏观社会制度层面和微观组织制度层面分析了影响我国农民专业合作社组织绩效的制度性因素,建议通过制度的完善来提升合作社的组织绩效。王银凤(2008)从理论上分析了中国农民专业合作社的经济绩效,指出合作社能够有力地提高生产者利益并有效兼顾公平效率。黄胜忠等(2008)从农民专业合作社的成长能力、赢利能力和社员满意度三个维度对合作社的绩效进行了衡量,并发现农民专业合作社

---

* 张学鹏,把镇宇. 国计从事社研究综述[J]. 合作经济与科技,2016(3):39 – 42.

的组织绩效与内部治理结构有密切的关系。

在实证研究方面，目前采用的实证研究方法主要有描述性分析、回归分析、因子分析、指标体系的实证检验、理论模型的实证检验等。例如，马培衢（2006）通过对湖北、四川、山东三省农民专业合作社的抽样调查数据的描述性统计，提出了改善农民专业合作社组织绩效的相关建议；黄胜忠等（2008）通过反映合作社成长能力、赢利能力和社员满意度的三个指标，基于 168 家合作社的调查数据进行了回归分析，结果表明，治理良好的合作社具有更好的成长能力和赢利能力。刘滨等（2009）从合作社内部治理、社员收益、组织收益、发展潜力、社会影响五个方面设计具体指标体系，并通过江西 317 家合作社的调查数据进行实证检验，提出了数量与质量并重、规范与发展协调的政策建议是。郑少红和张春霞（2007）运用产业组织理论的"结构—行为—绩效"分析范式，对福建省农民专业合作社的组织绩效进行了定性评价，并指出了其制度缺陷。

7.1.3　文献综述小结

从目前已有的关于农民专业合作社组织绩效的研究成果来看，新制度经济学中的交易成本理论、产权理论、俱乐部产品理论、集体行动理论和博弈论等都被广泛应用到该领域的研究中来。特别是 20 世纪 90 年代后期，把合作社看作是一组契约关系的观点受到了很大的关注，研究者利用代理理论、交易成本理论和不完全契约理论的综合，来分析合作社的组织绩效问题。联合社作为合作社的高级形态，其绩效评价方面的研究目前在国内还处于空白状态。本书认为，从基层实践看，我国的农民合作社联合社除了遵循农民专业合作社的基本原则外，其发展具有自身的特点，所以在对联合社的绩效进行评价时，也要将联合社的特点一同加以考虑。

7.2　联合社绩效评价指标体系

7.2.1　指标选取原则和思路

农民合作社联合社是具有多元化属性的组织,在选择联合社绩效评价指标时,应该在全面了解联合社各项组织功能的基础上,对联合社的绩效做出多维度、多指标的综合评价。农民合作社联合社属于农民合作社发展过程中的特殊形态,所以联合社绩效评价指标的选取原则要参考《农民专业合作社法》中关于农民专业合作社规范运行的相应条款。此外,绩效评价指标的选取还要考虑联合社自身的组织特点。

从上述原则出发,结合我国农民合作社联合社的运行实践,本书认为联合社的评价指标体系应该选择经济、社会、发展这 3 个维度(表 7-1)。

经济绩效反映了联合社的盈利能力。从我国农民合作社联合社的发展现实来看,经济功能是联合社成立的主要目的,联合社的所有者在设置联合社的产权契约、治理结构、运行模式、组织规范时,均是围绕实现联合社的经济利润来进行的。所以,经济绩效应该是对联合社进行评价时需要考虑的第一位因素。作为独立承担市场风险的主体,联合社的经济绩效可分为经济规模和经济效益两个指标体系。经济规模主要由联合社成员社数量和成员覆盖范围来衡量;经济效益主要由联合社的利润率、成员合作社收入高于当地平均数的比例来衡量。

社会绩效是联合社作为合作社组织天然应该具有的组织功能。除了经济绩效,联合社的第二大功能就是社会功能。作为农民合作社之间联合与合作的组织,联合社的社会功能得以在更大范围内展开,成立联合社的目的就是要利用组织优势带动全体社员共同抵御市场风险,实现共同富裕。联合社的社会绩效包括社会带动规模和社会效益两个指标体系,其中,社会带动规模主要是指联合社带动的所有农户数量、解决的就业人口数量;社会效益主要是指联合社每年培训的人次、提供公共服务的种类、对当地基础设施和公益事业的投资程度。

发展绩效指标反映了联合社实现可持续发展的空间和可行性。联合社的发展能力可从组织稳定性、社会关系稳定性和市场竞争力三个方面来衡量。其中，组织稳定性是指联合社是采取紧密型的利益联结机制还是松散型的利益联结机制，社会关系稳定性可用联合社与上下游关系是否稳定、是否有政府项目的支持等指标来表示，市场竞争力可用联合社产品的市场占有率、品牌知名度来表示。

表7-1　农民合作社联合社组织绩效评价指标表

一级指标		二级指标		三级指标	
经济绩效	A₁	经济规模	B₁	成员社数量	C₁
				成员覆盖范围	C2
		经济效益	B2	利润率	C3
				成员合作社收入高于 当地平均数的比例	C4
社会绩效	A2	带动规模	B3	带动农户数	C5
				解决就业数	C6
		社会效益	B4	年培训人次	C7
				提供公共服务的种类	C8
				对基础设施、公益事业的 投资程度	C9
发展绩效	A3	组织稳定性	B5	内部利益联结机制	C10
		社会关系稳定性	B6	与上下游关系是否稳定	C11
				是否有政府项目的支持	C12
		市场竞争力	B7	产品市场占有率	C13
				产品品牌知名度	C14

7.2.2　联合社组织绩效比较

以上文确定的农民合作社联合社绩效考核指标体系为基础，本次研究将对生产型联合社、销售型联合社、产业链型联合社、综合型联合社的组织绩效进行比较分析。通过筛选辨识，在53家联合社样本中，共有生产型联合社13家、销售型联合社28家、产业链型联合社8家、综合型联合社4家。有的联合社同时具有上述两类或3类联合社的特征,为了统计和比较上的方便,本次研究均按照最主要的特征将其归到一类中,即联合社的归类具有排他性。

1. 经济绩效比较

1)经济规模

生产型、销售型、产业链型、综合型这4类联合社的经济绩效指标统计,如表7-2所示。

表7-2 不同类型联合社成员社数量比较   单位:家

类型	样本数	1—5家	6—20家	>20家
生产型	13	2	8	3
销售型	28	3	6	19
产业链型	8	1	4	3
综合型	4	0	3	1
合计	53	6	21	26

注:根据调研资料整理

表7-3 不同类型联合社成员覆盖范围比较   单位:家

类型	样本数	本乡镇	跨乡本县	跨县本省	跨省
生产型	13	2	4	5	2
销售型	28	2	5	18	3
产业链型	8	1	5	2	0
综合型	4	3	1	0	0
合计	53	8	15	25	5

注:根据调研资料整理

从不同类型联合社的经济规模比较数据来看,销售型联合社的经济规模最大,不论是成员社的数量还是覆盖范围,都处于规模最大的位置,说明此类型联合社有规模扩张的冲动。其次是生产型联合社,经济规模最小的是综合型联合社,该联合社多存在于一个有限社区的范围内,据调研了解,由于此类型联合社承担的社会功能比重较大,发展太大则成本也大,所以有内生机制约束其发展规模。

2)经济效益

生产型、销售型、产业链型、综合型这4类联合社的经济效益指标统计,如表7-4所示。

表7-4 不同类型联合社利润率比较 单位:家

类型	样本数	小于5%	6%—10%	11%—20%	大于20%
生产型	13	1	6	5	1
销售型	28	2	4	17	5
产业链型	8	2	6	0	0
综合型	4	3	1	0	0
合计	53	8	17	22	6

注:根据调研资料整理

表7-5 不同类型联合社成员社收入与当地平均情况比较 单位:家

类型	样本数	小于	持平	略多	较多
生产型	13	0	0	12	1
销售型	28	0	12	11	5
产业链型	8	0	1	6	1
综合型	4	2	0	2	0
合计	53	2	13	31	7

注:根据调研资料整理

从不同类型联合社的经济效益比较数据来看,销售型联合社的利润率普遍较高,说明我国当前的农产品市场还是属于买方市场,销售型联合社通过统一销售、统一品牌的方式,从某种程度上能够改变农产品市场上买卖双方的谈判能力,提高农产品价格。联合社成员社收入与当地情况相比,有些综合型联合社还没有达到当地的平均水平,说明综合型联合社自身的盈利能力还较为欠缺。调研中也了解到,综合型联合社多是政府牵头成立,目的是让联合社承担一些公益项目,联合社以服务为主,自身的产业基础薄弱,盈利能力普遍较差(表7-5)。

表7-6 不同类型联合社带动农户数量比较　　　　单位:家

类型	样本数	500 户以下	501—1000 户	1001—3000 户	3000 户以上
生产型	13	1	5	6	1
销售型	28	1	4	16	7
产业链型	8	1	3	4	0
综合型	4	2	2	0	0
合计	53	5	14	26	8

注:根据调研资料整理

2. 社会绩效比较

1)带动规模

生产型、销售型、产业链型、综合型这4类联合社的带动规模指标统计,如表7-6和表7-7所示。

表7-7 不同类型联合社解决就业数量比较　　　　单位:家

类型	样本数	50 人以下	50—200 人	201—500 人	500 人以上
生产型	13	0	1	5	7
销售型	28	1	3	9	15
产业链型	8	0	2	1	5
综合型	4	4	0	0	0
合计	53	10	6	15	22

注:根据调研资料整理

从不同类型联合社带动规模的比较数据看,产业链型联合社在带动农户数量和带动就业数量方面均较多,这与产业链型联合社多是企业牵头成立有关,企业在整个产业链中能够起到掌控作用,而且产业链型联合社容易形成较为紧密的利益联结机制,从而对劳动和就业的带动能力较强。此外,数据显示,综合型联合社的带动能力最弱,说明此类型联合社较难和成员形成紧密型利益联结机制。

2) 社会效益

生产型、销售型、产业链型、综合型这 4 类联合社的社会效益指标统计,如表 7 -8—表 7 -10 所示。

表 7 - 8　不同类型联合社年培训人次比较　　　　单位:家

类型	样本数	≤500	501—1000	1001—5000	≥5001 人次
生产型	13	1	2	4	6
销售型	28	3	19	4	2
产业链型	8	0	1	2	5
综合型	4	4	0	0	0
合计	53	8	22	10	13

注:根据调研资料整理

表 7 - 9　不同类型联合社提供公共服务种类比较　　　　单位:家

类型	样本数	3 种以下	3—5 种	5 种以上
生产型	13	10	3	0
销售型	28	23	3	2
产业链型	8	2	5	1
综合型	4	1	3	0
合计	53	36	14	3

注:根据调研资料整理

表 7 - 10　不同类型联合社对基础设施、公益事业投资程度比较　　单位:家

类型	样本数	没有	较少	较多
生产型	13	0	5	8
销售型	28	5	16	7
产业链型	8	0	4	4
综合型	4	0	0	4
合计	53	5	25	23

注:根据调研资料整理

从不同类型联合社社会效益的比较数据看,综合型联合社在提供公共服务、基础设施、公益事业方面的比例要高于其他类型联合社,说明综合型联合社比其他类型联合社更加关注社会功能的发挥。生产型和产业链型联合社对基础设施和公益事业的投入也较多,这表明有生产基地的联合社更加关注自身基地的建设,从而对其投入也会增加。

3. 发展效益比较

1)组织稳定性

生产型、销售型、产业链型、综合型这4类联合社的组织稳定性指标统计如表7-11所示。

表7-11　不同类型联合社内部利益联结机制比较　　　　　　　单位:家

类型	样本数	紧密型	松散型
生产型	13	11	2
销售型	28	3	25
产业链型	8	8	0
综合型	4	1	3
合计	53	23	30

注:根据调研资料整理。紧密型联合社属于要素契约为主,松散型联合社属于商品契约为主

从不同类型联合社组织稳定性的比较数据来看,生产型和产业链型联合社多采用紧密型的利益联结机制,这两类联合社侧重于生产,故采用要素契约联结的较多。销售型联合社多为松散型利益联结机制,据调研了解,此类型联合社主要依靠销售渠道和品牌商标实现与社员的合作,故不需要联结得太过紧密。

2)社会关系稳定性

生产型、销售型、产业链型、综合型这4类联合社的社会关系稳定性指标统计如表7-12和表7-13所示。

表 7 - 12　不同类型联合社与上下游关系稳定度比较　　　　　单位:家

类型	样本数	稳定	不稳定
生产型	13	8	5
销售型	28	25	3
产业链型	8	8	0
综合型	4	1	3
合计	53	42	11

注:根据调研资料整理

表 7 - 13　不同类型联合社获得政府项目支持比较　　　　　单位:家

类型	样本数	没有	较少	较多
生产型	13	1	2	10
销售型	28	5	17	6
产业链型	8	0	5	3
综合型	4	0	0	4
合计	53	6	24	23

注:根据调研资料整理

从不同类型联合社社会关系稳定性的比较来看,销售型、生产型和产业链型联合社与产业上下游的关系均较为紧密,说明我国的合作社联合社在产业做大之后,均是以市场为导向的;而综合型联合社在获取政府项目支持方面具有很高的概率,说明综合型联合社在社会服务方面与政府意愿较为一致。

3)市场竞争力

生产型、销售型、产业链型、综合型这 4 类联合社在市场竞争力方面的指标统计,如表 7 - 14 和表 7 - 15 所示。

表7-14　不同类型联合社产品市场占有率比较　　　　单位:家

类型	样本数	较低	中等	较高
生产型	13	1	2	10
销售型	28	0	9	19
产业链型	8	0	3	5
综合型	4	3	1	0
合计	53	4	15	34

注:根据调研资料整理

表7-15　不同类型联合社产品品牌知名度比较　　　　单位:家

类型	样本数	较低	一般	较高
生产型	13	6	4	3
销售型	28	1	11	16
产业链型	8	0	1	7
综合型	4	0	3	1
合计	53	7	19	27

注:根据调研资料整理

从不同类型联合社的产品市场竞争力比较看,侧重于生产的生产型和产业链型联合社在市场占有率方面较为有优势,说明这种类型的联合社都是面向市场进行生产的;而销售型联合社在品牌知名度方面优势较大,这也是此类型联合社得以发展壮大的核心竞争力所在。综合型联合社在产品的市场占有率和品牌知名度方面都不高,说明此类型联合社主要不是以产品竞争力作为发展的首要目的。

7.2.3　绩效比较小结

通过对我国生产型、销售型、产业链型、综合型农民合作社联合社组织绩效的比较,可以得知不同类型联合社在组织绩效的不同维度上(经济维度、社会维度、发展维度)具有各自不同的优势和劣势,其发展也有不同的导向特征。通过对这些优劣势和导向特征的比较分析,可以按照组织特点更加科学地指导我国农民合作社联合社的下一步实践。

现将各种类型联合社组织绩效的比较结果总结如下(表7-16)。

表7-16　不同类型联合社组织绩效比较

项目		生产型	销售型	产业链型	综合型
经济绩效	经济规模	规模较大	规模最大	规模较大	规模最小
	经济效益	利润较高	利润最高	利润较高	普遍较小
社会绩效	带动规模	规模较大	规模较小	能力最强	规模最小
	社会效益	较强	最弱	较强	最强
发展绩效	组织稳定性	紧密	松散	最紧密	最松散
	社会关系稳定性	与上下游关系稳定	与上下游关系较稳定	与上下游关系最稳定	与政府关系紧密
	市场竞争力	较强	品牌优势最强	较强	最弱

注:根据上文分析结论总结得出

7.3　联合社的绩效与契约选择

7.3.1　联合社绩效与契约选择的理论基础

关于农民专业合作社的绩效决定问题,很多学者都是从产业组织理论中的"结构—行为—绩效"的研究范式出发,构建关于合作社绩效的解释模型。例如,罗必良(2010)以上述研究框架为基础,构建了一个关于农业合作组织绩效的解释性模型(Progeity Right structure - Trading Object - Metering Capability - Economic Performance):"产权结构—交易对象—计量能力—经济绩效";谭智心(2013)对罗必良的合作社绩效解释模型进行了扩展,加入了合作社内部主导主体的行动取向因素,形成了扩展的 RTCP 模型(Behaviov Direction - Propenty Right Structure - Trading Otject Metering Capability - Economic Performawe):"行为取向—产权结构—交易对象—计量能力—组织绩效";刘洁(2011)通过理论分析,构建了"制度结构—环境特性—交易成本—经济绩效"的理论模型,并用案例进行了实证检验。

虽然上述研究中对合作社绩效决定的解释各有不同,但研究路径基本相同,都认为农民专业合作社的组织绩效具有多种维度的特征,合作社内部组织特点和外部发展环境共同决定了合作社的组织绩效在不同维度上的发展程度。

关于农民合作社联合社的组织绩效问题,虽然相关研究比较缺乏,但本书认为,合作社联合社也属于农民合作社,借鉴农民合作社组织绩效的研究范式和研究方法,能够对联合社的组织绩效进行科学评估。但是,由于联合社是农民专业合作社之间联合与合作的组织,与单个合作社相比,联合社的规模更大、更复杂,也更具特点。如果按照构成成员来看,农民合作社是"人合"的组织,那么合作社联合社就是"社合"的组织。人与人的联合,依靠的是利益、情感和共同意志,那么社与社的联合,从字面上看,可能只剩下利益。情感和共同意志能否从合作社所有者的层面转移到合作社层面,就要受到内外部环境的约束了。所以,在研究农民合作社联合社的组织绩效时,本次研究的基本假设就是:联合社是追求利益的市场行为主体。在此假设条件下,对于联合社的组织绩效,可以用"契约结构—交易行为—组织绩效"的分析框架来进行评估。

契约结构是指农民合作社联合社内部是采取要素型契约还是商品型契约,这两种契约结构的选择决定了联合社的产权安排、组织结构、治理机制、决策和分配特征等联合社的一系列制度设计,这些制度设计最终将通过联合社社员之间或者社员与市场之间的交易特征来实现,实现的效果可以用不同维度的指标来衡量,即联合社的组织绩效。在此过程中,交易成本和环境特性成为约束条件(图7-1)。

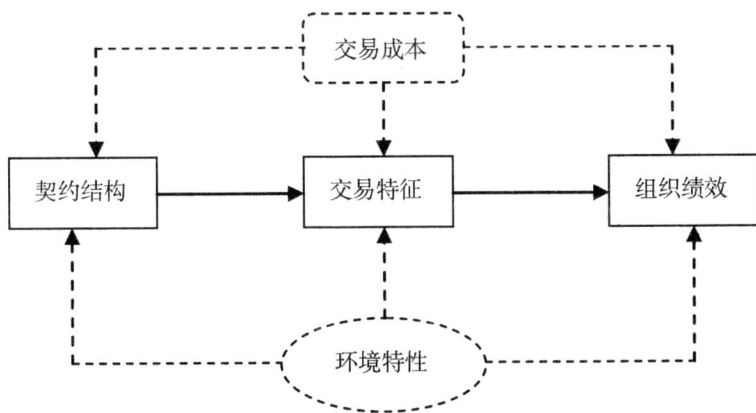

图7-1 联合社组织绩效影响图

7.3.2 联合社组织绩效案例介绍

为验证"联合社的契约结构将通过交易行为影响组织绩效"的研究假说,本次研究选择了两个分别采取商品型契约和要素型契约的农民合作社联合社案例进行比较分析。为了控制外部影响因素,本次研究中所选的两个联合社案例均来自我国著名的蔬菜生产基地:山东寿光和四川彭州。我国的蔬菜产业界素有"北寿光南彭州"之说。寿光是"中国蔬菜之乡",拥有80万亩蔬菜种植面积,蔬菜出口量占到全国的20%,也是我国冬暖式大棚蔬菜的发祥地,是中国高端蔬菜的主产区。彭州是我国南方著名的商品蔬菜生产基地,享有"中国蔬菜之乡""中国大蒜之乡""中国莴笋之乡"等美誉,彭州蔬菜种植面积达82万亩,产量220万吨,产值27亿元,外销达180万吨,农民人均年蔬菜收入5094元,占农民人均纯收入的41%。

研究选择的两个联合社均从事蔬菜瓜果产业,产业基础好,发展较为成熟,政府支持度较高。选择经营同一产业而且产业发展基础较好的两个联合社作为比较对象,可以较好地控制产业特点、政策及市场环境等因素,从而便于对联合社的内部契约及组织特征进行比较。

1. 案例一:寿光市鑫盟果蔬专业合作联合社

山东省寿光市鑫盟果蔬专业合作联合社位于寿光市侯镇崔家村。2011年6月28日,在寿光市工商局注册成立,注册资金2751万元。联合社的发起合作社——金百果品专业合作社(2009年成立)在2011年被农业部评为国家级示范社。该联合社也是山东省合作社数量最多、社员人数最多、果蔬种植种类最齐全的联合社。

1)契约结构

在产权安排上,联合社实行互助经营与独立经营并举,并做到了产权明晰。联合社采取了入股和不入股两种社员形式,这两种社员在年终盈余分配上会有差异。首先,在生产经营过程中,将经营中获得的可分配盈余按照社员交易量(额)分红;其次,按照社员出资额分配剩余盈余。具体分配办法和比例根据联合社章程决定(由成员代表大会讨论确定)。2014年,全社按交易(量)额给社员分红21万元,按入社资金分红达12万元。同时,入社社员(包括合作社成员)享受购买各种生产资料比市场价低 10%—20%、销售产品比市场价高 10% 以上,并能够及时得到技术培训和指导等方面的优惠。

据调研了解,该联合社的社员遍及全国,虽然有入股社员,但联合社内部最为主要的契约联结方式还是商品契约(联合社的入股合作社基本分布在寿光,而寿光地区的成员合作社只有 19 家,分布在外地的成员合作社有 84 家),联合社与山东、上海、江苏等地的大型超市建立了良好的供货关系,这些超市只要有蔬菜瓜果订单的需求,都会给联合社打电话联系,然后联合社第一时间给成员合作社打电话订货。联合社的成员合作社种植瓜果蔬菜的品种繁多,所以基本上超市的供货需求都能得到满足。这种基于商品销售方面的联系较为松散,成员合作社可根据自身的需要决定是否给联合社供货。

2)交易行为

在自有基地上,联合社加强对社员的技术指导,全面提升农户的种植水平。其严格按照"一订、四统一、四化生产"的规程进行果品蔬菜种植:直接与农户签订种植合同;统一生产资料供应、统一技术指导、统一生产服务、统一产品生产销售;生产销售过程中实现操作规范化、生产标准化、经营品牌化、销售高端化的"四化"要求,打造了优质品牌,联合社和社员实现了双赢。

在产品质量管控上,联合社高度重视果蔬技术改良与创新,不断加大培训与监测投入,形成了完整的培训与检测机制。一是建立科学的培训制度。联合社根据果蔬不同的生长期,定时聘请农业局果品和蔬菜专家到社讲课。联合社自成立以来,举办技术培训 120 多期,3100 余人次,发放技术资料 5200 余份,使果蔬种植合格率达到 100%。二是严格进行果蔬检测,联合社购置了测土配方施肥仪、农药残毒快速检测仪等检查设备,确保生产出优质、安全和符合市场要求的绿色无公害果蔬产品。三是联合社利用多年积累的种植管理经验不断进行技术创新,并总结出了一套"葡萄的大棚菜式栽培方法"专利技术,该技术的应用大大提高了产出,一亩地 2300 棵、69 000 片叶子、6900 穗葡萄。同时利用自身专利的优势,提升苗木品质,充分发挥其在技术推广、行业自律、维权保障、市场开拓方面的作用,实现规模种植与市场的有效对接,并推动标准化规模品牌创建。

在产销模式上,联合社打破经过批发商、经销商甚至更多环节才能进入消费者手中的传统果蔬供应方式,通过直接与北京、上海、哈尔滨、郑州等大中城市的市场对接,与大型农贸市场、知名超市、企业等建立了稳定的供求关系,使优质果蔬产品能在第一时间进入农贸市场、超市、酒店及市民的餐桌,规避了流通周转时间长、果蔬难保鲜、流通环节多及发生质量问题难以查清源头等弊端,使新鲜的优质果蔬实现了对终端消费者的即时供应。

3)组织绩效

从经济绩效上看,目前该合作联合社辖山东省内外跨区域专业合作社103家,拥有社员18 540户。①按合作社分布区域划分,分别有19家寿光市内蔬菜果品专业合作社,全部为农民,分布于本市侯镇、上口镇、田柳镇、营里镇、洛城街道、文家街道、稻田镇的36个村庄;有33家跨寿光市专业合作社,社员分布在文登、烟台、济宁等地;有51家跨省专业合作社,社员分布在河南、浙江、山西、吉林、江苏、内蒙古6个省份。②按合作社种植产品划分,分别有89家葡萄专业合作社,建有园区58个,面积8460亩,年产葡萄6500万斤,预计年实现销售收入22 600万元;5家苹果专业合作社,面积7600亩,年产苹果4600万斤,预计年实现销售收入4560万元;9家蔬菜合作社,面积3200亩,年产黄瓜、西红柿、丝瓜、茄子、五彩椒、小黄瓜等6000万斤,预计年实现销售收入13 000万元。

从社会绩效上看,该联合社2009年被批准为山东省科技厅星火科技示范基地、中国果菜绿色高科技示范基地;2010年被授予山东省果品开发协会团体会员单位、潍坊市民营科技企业、侯镇科普示范基地,并被誉为潍坊市农民专业合作社示范社、山东星火科技服务示范基地,农业部主办、中国农业协会颁发被评为绿色种植果蔬名优产品示范基地;2011年联合社成员之一金百果品专业合作社成为全国首批合作社示范社,被评为潍坊市市级示范社及寿光市农产品质量安全先进单位,荣获中国农村合作社组织100强,授予"百佳农民专业合作社理事长"称号,荣获全国百佳农民专业合作社示范社;2012年1月"圣翔"牌果蔬参加全国优质产品争评活动,荣获"优质放心农产品"称号,被评为山东省农民专业合作社示范社;2013年3月被评为潍坊市消费者满意单位,7月被评为先进基层党组织。

从发展绩效上看,联合社自主创建品牌,拥有注册商标"圣翔"。联合社生产的优质果品蔬菜统一使用"圣翔"注册商标,统一包装、标识。通过申请无公害和绿色产品认证,提高优质果品、蔬菜的产量和品质,确保合作联合社"圣翔"牌系列产品均达到国家标准要求。联合社除了有10个农产品(葡萄、苹果、梨等)通过了无公害和绿色标志认证,还认证了一处绿色产品基地。

2. 案例二:彭州市蔬乡大地菜种植专业合作社联合社

彭州市蔬乡大地菜种植专业合作社联合社于 2013 年 5 月 29 日在彭州市工商局注册成立,注册资金 140 万元,农民成员数 1279 户,基地面积 7526 亩,带动农户数 14 395 户,带动基地面积 21 520 亩。联合社成立的目的是有效促进农业产业链的整合,实现农工商一体化、产加销专业化,挖掘彭州蔬菜产业的潜力,塑造彭州大地蔬菜品牌。

1)契约结构

联合社成立时共有 14 家会员单位,其中 12 家农民专业合作社(3 家销售型农民专业合作社、9 家生产型农民专业合作社)、1 家蔬菜种业公司(四川种都种业公司)、1 家农资公司。联合会要求每个成员单位缴纳会费 10 000 元,作为联合社的启动资金。此外,彭州市政府为支持彭州市第一家联合社的成立和发展,提供启动经费 10 万元,主要用于联合社自身建设、办公条件改善、规章制度建立以及现场会召开等相关费用。截止到 2014 年 4 月,有 2 家成员单位退出了联合社,其中 1 家是销售型合作社,1 家是农资公司。其退会的原因在于不愿意缴纳联合社的会员出资费用。联合社成立以后,以利益为连接纽带、蔬菜产业为桥梁,进行优势互补、产品整合、服务整合、信息共享,带动彭州大地蔬菜产业的发展,体现了规模经济和产品组合效应,实现了"组团打天下,创新赢未来"的发展战略。

2)交易行为

从组织结构上看,联合社设成员大会、理事会、监事会,并聘用职业经理人管理联合社内外部事务(图 5 - 3)。

从经营模式上看,联合社采取"联合社 + 合作社 + 农户"的经营模式,联合社出资金、人才和技术,政府部门提供政策、奖励和补贴,共同组建农业服务超市,全力打造农业产前、产中、产后"一站式"全程服务平台,努力构建"六统一"社会化服务新机制,即统一技术指导培训、统一种子种苗供应、统一农资配送和投入品监管、统一农机植保作业、统一搭建产销平台、统一打造"大地菜"品牌,将公益性服务与经营性服务有机结合,为各成员合作社及其农户提供合作社、订单式、托管式服务。

从盈余分配上看,成员与合作联社的所有业务交易,均实名记载于各成员的个人账户中,作为按交易量进行可分配盈余返还分配的依据。联合社从当年盈余中提取1%的公积金,用于扩大生产经营、弥补亏损或者转为成员出资;从当年盈余中提取2%的公益金,用于成员的技术培训、合作社知识教育以及文化、福利事业和生活上的互助互济。当年扣除生产经营和管理服务成本、弥补亏损、提取公积金和公益金后的可分配盈余,经成员大会决议,按照下列顺序分配:首先,按成员与合作联社的业务交易量比例返还,返还总额不低于可分配盈余的60%;其次,按前项规定返还后的剩余部分,以成员账户中记载的出资额和公积金份额,以及合作联社接受国家财政直接补助和他人捐赠形成的财产平均量化到成员的份额,按比例分配给本合作联社成员,并记载在成员个人账户中。

从风险控制上看,蔬菜种植风险大,为保证联合社各成员社员的利益,联合社在风险控制方面创新出了"二次提取"风险基金的实施办法。第一次提取是在成员与联合社进行交易时,从农产品交易额中提取1%作为风险基金;第二次提取是在联合社的可分配盈余中提取10%作为风险基金。风险基金用于为成员购买农业保险,或进行其他风险损失补偿。如此操作,联合社成员种植蔬菜更加有保障,成员利益也不会因为外界因素而严重受损。

3)组织绩效

从经济绩效上看,通过资源整合,经过一段时间的发展,联合社现已建有3000亩蔬菜产业科技示范园区和规模化、标准化蔬菜基地近10万亩。建设中新技术集中展示示范高端设施智能化温室1栋(占地15亩)、工厂化智能育苗温室车间3个、钢架连栋大棚800亩、简易竹架大棚5000亩、5万吨农产品冷藏气调库、蔬菜加工车间3000平方米、蔬菜整理配送场所10处以上,每个合作社成员均建立了农产品质量安全追溯体系。目前,联合社还注册登记了农机作业服务大队、植保机防大队、农业劳务服务大队3个分支机构,拥有机手队伍65人,各型农机具69台套,农业劳务人数近千人。

从社会绩效上看,联合社依托新型经营主体,不断创新社会化服务模式,把公益性服务与经营性服务有机结合。联合社在濛阳镇农业综合服务站内投资10余万元,设立了农业服务超市,并先后向各成员合作社提供农资120余吨,金额30多万元;提供10多个大类、30多个品种的蔬菜种子5000余袋,金额25万余元;提供种苗6000万株,种植面积上万亩,并开始向宜宾、绵竹、什邡等地供应种苗。

2014 年,彭州市市委、市政府高度重视联合社建设,为支持联合社开展"六统一"社会化服务,彭州市委农村工作领导小组专门为联合社解决工作经费补助 10 万元。

从发展绩效上看,联合社以成都市场为主攻方向,以外销为主要渠道,整合销售资源,及时启动各成员社蔬菜的统一销售。2014 年先后与四川雨润国际农产品交易中心、成都益民菜市进行了产销对接。在第四届中国四川(彭州)蔬菜博览会上,与青海凯峰农业公司签订了产销对接协议,约定在 3—5 年内,每年外销青海蔬菜 5 万吨,并在青海省建 200 家"菜篮子"直销店,在彭州建设 10 万亩青海蔬菜特供基地。2014 年上半年又与四川天府菜篮子企业管理公司签订了产销协议,与广汉中国民航飞行学院进行了蔬菜配送谈判。目前,联合社蔬菜营销工作全面启动,全年销售蔬菜达 5 万吨,销售额超 5000 万元。

按照成都市《关于建设标准化常年蔬菜生产基地的实施意见》,联合社协调丰碑、禾盛、黄林、永兴、竹新、伍庙基等专业合作社共上报标准化常年蔬菜生产基地近 2000 亩。为实施蔬菜标准化生产,实现"三品认证"全覆盖,2014 年 3 月,联合社与成都市晨曙科技有限公司签订土豆、白菜各 2 万亩无公害产品认证合同书。同时,继续依托种都种业蔬菜新优品种的研发、推广优势,分别在各成员合作社落实一定的面积、品种和点位,确定科技示范户,大力开展蔬菜新优品种示范推广,逐步实现品种的更新换代和蔬菜产业的提档升级,为实施蔬菜品牌战略打好质量基础。

7.3.3 联合社组织绩效案例分析

上述两个农民合作社联合社都是在"中国蔬菜之乡"(一北一南)经营瓜果蔬菜的联合社典型。这两个联合社分别以商品契约(寿光市鑫盟果蔬专业合作联合社)和要素契约(彭州市蔬乡大地菜种植专业合作社联合社)作为联合社内部主要利益联结机制,并通过契约结构影响联合社的交易行为,最终影响联合社的组织绩效。

1. 契约结构与交易特征

寿光市鑫盟果蔬专业合作联合社经营规模较大,加入联合社的农民专业合作社达到了 103 家,而且分别在全国各地。地域上分布这么多的农民专业合作社在农业上进行联合,只能是以松散型的商品契约形式结成利益联结机制,因为如果专业合作社之间以要素契约联结,统一投入、统一从事农业生产,必然会产生非常高昂的监督成本,这个监督成本是联合社无法承担的,最终必然导致要素契约的瓦解。所以,该联合社的成员分布特点这一交易特征就决定了联合社内部成员社之间只能形成松散型的商品契约形式。

彭州市蔬乡大地菜种植专业合作社联合社是典型的企业起主导作用的联合社。该联合社成立时起主导作用的企业是种业公司,其他成员分别是生产型农民专业合作社、销售型农民专业合作社、农资公司等,显然成立联合社时的初衷是实现供种、农资、生产、销售的产供销一条龙生产和经营,这样的产业链型联合社要实现产业化经营,缺少哪一个环节都不行,联合社内部成员社之间的利益联结客观上就要求稳定、可持续,所以只有结成紧密型的利益联结机制,才能保证实现上述目标,以要素投入作为利益联结的联合社最终形成。

2. 交易特征与组织绩效

寿光市鑫盟果蔬专业合作社联合社的商品契约特征,决定了该联合社的组织绩效特点是经济规模和经济效益巨大。据了解,该联合社成员已遍布全国,而且经销产品的年销售额已经过亿。同时,以销售为合作前提的联合社,必然在销售渠道和销售品牌方面打造出自身独特的优势,与全国很多地方的大型超市都建立了供销关系,联合社拥有注册商标"圣翔"。在政府支持方面,地方政府给予了大力支持,这从联合社获得的众多奖项上就可见一斑,有了社会声誉之后,联合社在社会公益方面必然会做出很大的贡献。据联合社理事长崔金德介绍,联合社在修路、扶贫、公益捐赠等方面,均为社会做出了贡献,体现出了联合社的社会价值。

彭州市蔬乡大地菜种植专业合作社联合社的要素契约特征,决定了该联合社吸收成员方面必然具有封闭性。据了解,联合社目前就没有吸纳新社员的打算。联合社的要素契约特征,将整个蔬菜产业链上的各个环节经营主体紧密连成一体,减少了各主体之间的交易成本,在共同应对市场的过程中,也必然会加强这种利益联结,增强产业链条整体的竞争实力。从联合社的经济规模和经济效益来看,规模并不是很大,而且较为注重产品的品质。这就决定了联合社的资金投入方向必然是建设标准化基地和对产品质量进行严格把控。从社会绩效方面看,联合社在形成产业链条时的带动能力非常突出,而且以蔬菜产业为基础,形成了一整套社会化服务的创新模式,为整个产业链条上的菜农提供了各种各样的农业社会化服务项目。从发展绩效看,联合社的组织稳定性较高,而且注重产品基地建设和产品质量的运营理念,必然使其产品竞争力要高于普通的蔬菜产品。

7.4 研究小结

农民合作社联合社的组织绩效评价问题,不仅仅是评价一个联合社发展的优劣状况,而是在现阶段如何正确、合理、科学地看待联合社的发展和地位问题。对农民合作社联合社评价指标的设计,将成为未来对联合社给予指导和扶持的风向标。本次研究将农民合作社联合社作为农民合作社的高级形态看待,在对其绩效给予评价时,既考虑作为农民专业合作社的本质属性,又考虑其自身特点,并将其绩效评价体系分为经济绩效、社会绩效和发展绩效3个维度。按照这一评价体系,对我国生产型、销售型、产业链型、综合型农民合作社联合社的组织绩效进行了比较分析。此外,本次研究还比较了商品型契约和要素型契约两种类型联合社的利益联结机制,构建了联合社契约选择与组织绩效之间关系的理论分析框架,并用处于同一产业的两个联合社案例进行了案例分析,分析结论表明,联合社的组织绩效与其对商品型契约或要素型契约的选择有关,契约选择将通过组织的交易特性最终传导到组织绩效。

第8章

世界合作社联合组织对我国的启示

8.1 国际合作社联盟

国际合作社联盟(International Cooperative Alliance, ICA)1895 年在英国伦敦成立,是世界上成立最早的合作社国际组织,也是全球最大的独立非政府性国际组织。目前,拥有来自96 个国家的258 个会员组织,代表了全球10 亿多合作社社员。该联盟是 1946 年首批获得联合国经济与社会理事会咨询地位的 41 个非政府组织之一,成员组织涉及农业、消费、银行、信贷、保险、工业、能源、渔业、住房、旅游等行业。从某种程度上说,国际合作社联盟是世界合作社运动的代言人,联盟的发展演变代表了世界合作社运动的发展方向。

8.1.1 成立与发展

1. 国际合作社联盟的成立

现代合作经济思想起源于早期的空想社会主义思潮[①]。19 世纪初期,欧文、圣西文、傅里叶等空想社会主义者进行了试图改造资本主义社会的"合作公社"试验,虽然试验没能获得成功,但合作经济思想却在社会上产生了很大影响,并在当时的西欧流行起来。1843 年,英国北部小镇罗虚代尔的一个法兰绒纺织厂,由于工作条件十分恶劣、工资很低,工人们无法忍受食品和家庭用品的高昂价格,于是

---

① 这种学说最早见于 16 世纪托马斯·莫尔的《乌托邦》一书,盛行于 19 世纪初期的西欧。

开展了要求增加工资的罢工斗争,当罢工被镇压后,次年(1844年)的12月21日,该厂的28位纺织工人发起成立了第一家具有现代合作社特征的日用品消费合作社,取名"罗虚代尔公平先锋社"(Rochdale Society of Equitable Pioneers),揭开了现代合作社运动的序幕。由于罗虚代尔公平先锋社从一开始就将目标定位于供应社员生活用品、减轻商业的中间盘剥、改善社员的家庭生活状况和社会地位,而不是像欧文等空想社会主义者那样强调公有制,试图改造当时的社会形态,所以罗虚代尔公平先锋社获得了成功。建社1年后(1845年),社员人数扩大到80人。1851年,合作社开办了面粉厂,1855年又开办了纺织厂。到该社建社100周年(1944年)时,社员人数已经发展到3.2万人,年销售额达到200万英镑,拥有100多个分支机构和多处规模宏大的工厂。该社制定的一套切实可行、公平合理的办社原则,即"罗虚代尔原则",成为国际合作制度的经典原则,为后来的国际合作运动奠定了坚实的基础。

罗虚代尔公平先锋社的成功,成为各国纷纷效仿和宣传的对象,世界合作社运动蓬勃发展起来。随着合作社思想的广泛传播,合作社运动的国际交流需求越来越强烈,建立合作社国际组织的条件也日趋成熟。19世纪80年代,正是欧洲合作社运动大发展的时期,在1886年召开的英国合作社大会上,法国代表布瓦弗提出建立国际合作社联盟的建议。同时,法国、德国、意大利等国召开的合作社大会也提出了同样的建议。于是,1889年建立了国际合作社友好联盟筹备委员会。经过6年的筹备和酝酿,1895年8月19日,国际合作社联盟在伦敦召开了第一次代表大会,来自英国、法国、意大利、比利时、瑞士、荷兰、丹麦、奥地利、匈牙利、塞尔维亚、美国、澳大利亚等14个国家的正式代表35名出席了会议,国际合作社联盟正式成立。

2. 国际合作社联盟的发展

国际合作社联盟自成立以来,发展规模逐渐壮大。国际合作社联盟早期的发展较为缓慢,第一次世界大战后迅速发展,到1927年联盟成员增加到35个国家的109个组织,合作社数量达到20.86万个,社员人数达到1亿人,占世界人口的比重提高到5.3%。第二次世界大战期间,受战争影响,发展速度明显放缓。第二次世界大战后随着世界经济的恢复,联盟呈加快发展势头。1961年开始接纳国际性组织的加入。到1992年,参加第30次国际合作社联盟大会的国家有82个,国际性组织 9 个,代表合作社社员 6.6 亿人,占世界总人口的 14.5%。随着世界合作社运动的广泛开展,国际合作社联盟的规模还在不断扩大。目前,国际合作社联盟已经发展成为一个规模庞大、组织健全、活动广泛的国际组织。

从地区分布看,随着国际合作社运动的深入推进和国际合作社联盟的不断壮大,合作社的地区分布也发生了较大变化,总的趋势是从以欧洲为中心逐渐发展到以亚洲为中心。按照合作社社员数量占比计算,1935 年,欧洲占 89%,亚洲占10%;1960 年,欧洲占比降为 54%,亚洲占比上升为 32%;到 1986 年,亚洲占比上升到首位,占 56%,欧洲下降到 28%。

从加入国际合作社联盟的合作社类型看,也发生了重要变化,主要趋势是消费合作社的比重不断下降,信用合作社和农业合作社的比重不断上升。20 世纪20 年代之前,世界合作社发展的主要类型以消费合作社为主,1913 年国际合作社联盟所属的 3871 个合作社中有 95.5% 的合作社是消费合作社。随后,信用合作社、农业合作社的比重不断上升,根据国际劳动局的统计,按社员数量计算,1932—1980 年,消费合作社占比从 61.9% 下降到 36.9%,信用合作社占比从18.6% 上升到 34.2%,农业合作社占比从 15% 上升到 18%。

8.1.2　原则及演变

合作社原则是合作社本质特征的体现。在现代合作社运动 170 多年的发展进程中,尽管不同国家和地区合作运动产生的背景、发展的环境、合作的类型各不相同,但作为一种世界范围内的经济运动,既有其内在规律,也有着国际通行的基本原则。而且,顺应世界政治经济格局的变化和时代背景的变迁,合作社的基本原则也在不断地进行着修改和调整(表 8 – 1)。

表 8 – 1　国际合作社原则及演变

1895 年"罗虚代尔原则"	1921 年第一个统一的合作社原则	1937 年组建合作社组织的国际标准	1966 年"合作原则"	1995 年目前执行的合作原则
入社自愿	—	门户开放	入社自由	自愿和开放的社员

续表

1895 年 "罗虚代尔原则"	1921 年 第一个统一的 合作社原则	1937 年 组建合作社组 织的国际标准	1966 年 "合作原则"	1995 年 目前执行的 合作原则
一人一票	社内事务采用 平等投票原则	民主控制	民主控制	社员民主控制
现金交易	—	实现现金交易	—	—
按市价出售	商品按市场平 均价格销售	—	—	—
如实介绍商品， 不缺斤少两	销售商品 保质保量	—	—	—
按业务交易量 分配盈余	盈余按社员交易 额的比例分配	按交易额 分配盈余	合作社经营盈余 或剩余为该合作 社社员所有	社员的经济参与
重视对社员的 教育	将盈余的一部分 用于发展教育	促进社员教育	合作社教育	教育、培训和 信息服务原则
政治和宗教独立	—	政治和宗 教信仰中立	—	—
—	合作社的事业应 以自有资金经营， 社员投资按普通利 率支付股息	股本利息 应受限制	资本报酬适度	自治、自立
—	—	—	合作社之间的 合作	合作社间的合作
—	—	—	—	关心社区

注：根据网络资料整理

1. 合作社原则演变的主要内容

传统经典的国际合作社原则是 1844 年英国罗虚代尔先锋社确立的"罗虚代尔原则"，1895 年国际合作社联盟成立时确认该原则为国际合作社联盟的办社原则。此后,顺应时代潮流和国际合作社运动的发展,国际合作社原则于 1921 年、1937 年、1966 年、1995 年进行了 4 次修改。

1)传统经典合作社原则(1895 年):"罗虚代尔原则"

"罗虚代尔原则"是世界公认的合作社运动发展早期比较规范的合作社原则,该原则沿用了 1844 年成立的世界第一个现代合作社——罗虚代尔公平先锋社的办社原则,并予以确认。该原则共 8 条,主要内容包括:①入社自愿;②一人一票;③现金交易;④按市价出售;⑤如实介绍商品,不短斤少两;⑥按业务交易量分配盈余;⑦重视对社员的教育;⑧政治和宗教独立。

在上述合作社经典原则中,最核心的能够体现合作社本质特征的思想有 3 条:①自愿原则。即加入合作社不能采取强制措施,完全遵循社员自己的意愿。这表明合作社是尊重人的权利、为社员服务的人的联合。②民主原则。合作社原则中的"一人一票",决定了合作社是成员共同参与、共同决策、民主管理的组织,而且对民主程度的要求很高,一人一票制可以说是目前民主的最高层级。③共享和公平原则。合作社原则中规定"按业务交易量分配盈余",这一原则实质上体现了按照对合作社贡献大小回馈报酬的思想。因为早期成立的合作社大多是消费合作社,社员与合作社发生交易即从合作社购买商品,由于另一合作社原则规定要"按市价出售",所以社员购买合作社商品的价格中包含了商品的合理利润,而且社员与合作社交易量越大,合作社从社员手中赚取的利润就越多。又因为合作社是社员自己的组织,盈余分红时要将合作社赚取的利润返还给自己的社员,那么当然给合作社贡献较多利润的社员应该得到更多的利润返还,所以"按业务交易量分配盈余",实质上体现了公平的原则,同时又表明合作社社员可以以交易量为衡量标准共享合作社利润。

2)第一个统一的合作社原则(1921 年)

1895 年确立的"罗虚代尔原则",实质是针对消费合作社确立的基本原则,随着国际合作社运动的深入开展,不同类型的合作社不断出现,"罗虚代尔原则"中的有些原则,如按业务交易量分配盈余,只适用于消费合作社和供销合作社,而不适用于信用合作社和生产合作社。所以,确立统一的适用不同类型的合作社原则显得尤为必要。1921 年,在瑞士召开的国际合作社联盟第 10 次代表大会上确定了第一个统一的合作社原则,也称为"罗虚代尔原则"。该原则的内容有 6 条:①

合作社的事业应以自有资金经营,社员投资按普通利率支付股息;②销售商品保质保量;③商品按市场平均价格销售;④盈余按社员交易额的比例分配;⑤社内事务采用平等投票原则;⑥将盈余的一部分用于发展教育。

统一的合作社原则的确立,既是世界各国合作社组织的共同意志,也成为国际合作社联盟走向成熟的重要标志。这一合作社原则与1985年的合作社原则相比,有五个方面的变化:①从强调"一人一票"转为"平等投票",平等投票的民主程度显然不如一人一票的层级高,而且实践中要完全做到一人一票是非常困难的事情,新修订的合作社原则更加尊重实践,修改后既能体现民主原则,又不至于太过死板;②分配从"交易量"转为"交易额",合作社发展壮大后经营的产品多种多样,不同产品的交易量无法统一量化标准,交易额核算更能体现公平原则;③新增加了"合作社的事业应以自有资金经营,社员投资按普通利率支付股息"的原则,这条原则从根本上明确了合作社的独立性和民主性,自有资金经营表明合作社不会受到外部控制,对合作社的投资按照普通利率支付股息表明合作社不以追求资本报酬为目的,从而保证了合作社是人的联合;④明确了"将盈余的一部分用于发展教育",充分说明了合作社的公益性质,合作社并非只追求经济利益,而是将提升合作社社员的个人素质与能力作为重要原则;⑤放弃了"入社自愿"的原则,说明合作社可以按照自身需求设立入社门槛,这将不利于合作社的民主性和共享性。事实证明,之后的合作社原则对此进行了修正。

3)明确组建合作社组织的国际标准(1937年)

1937年国际合作社联盟在巴黎召开了第15次代表大会,这次会议明确要组建合作组织的国际标准。此次会议确定的合作社原则既体现了罗虚代尔原则的基本精神,也根据当时的时代背景和政治经济形势做出了新的规定。新的国际合作社原则包括7项内容:①门户开放;②民主控制;③按交易额分配盈余;④股本利息应受限制;⑤政治和宗教信仰中立;⑥实现现金交易;⑦促进社员教育。

这一合作组织的国际标准,可以说统一了合作社原则的基本框架,成为世界合作社运行发展过程中一个新的里程碑。而且,"巴黎协定"还指出,一个经济组织符合前4条原则就可以称为合作组织。这一合作社原则与前一版本的不同之处在于:①恢复了"门户开放"的原则。这一原则表明,任何人只要承认合作社的章程并且能够承担社员的义务,就有权利加入合作社,不受政治、宗教、种族和性别的限制,这一原则也是将合作社从入社门槛角度区别于其他组织,如企业、政府等的核心条件。②将"民主投票"改为了"民主控制"。控制(control)一词更加贴近合作社民主管理的层次,比起"投票"一词内涵也更加丰富,说明合作社的管理不仅是通过投票方式或投票环节进行,而是社员能够主动参与合作社的制度制定和事务决策,合作社的运行和发展能够体现全体社员的意志,全体社员是合作社的主人,合作社能够牢牢地掌握在全体社员手中。③省去了"按市场价格出售商品"和"保质保量"的原则。这一改变使得合作社原则能够适应生产合作社、信用合作社等多种类型,丰富了合作社的内涵,也体现和推动了国际合作社发展的实践。④新的合作社原则还明确了合作社要提取公积金(inalienable assets),这是首次在合作社原则中提出公积金的概念,为合作社实现自身的发展创造了条件。

此外,这一合作社原则还添加了 3 项附加条款:①只对社员交易;②社员入社自愿;②时价或市价交易。这些条款增强了合作社原则的完整性和普适性。

4)"合作原则"(1966 年)

第二次世界大战以后,世界政治经济形势发生了重大变化,世界合作社运动也呈现出新的发展趋势。例如,合作社运动的中心由欧洲转到了亚洲,合作社的主要类型也由消费合作社转变为生产合作、信用合作、农业合作等领域。在这样的形势下,国际合作社联盟于 1966 年召开了联盟第 23 次代表大会,将国际合作社原则归纳为 6 项,称为"合作原则",这 6 项内容是:①入社自由;②民主控制;③资本报酬适度;④合作社经营盈余或剩余为该合作社社员所有;⑤合作社教育;⑥合作社之间的合作。

与 1937 年的合作社原则相比,1966 年的合作社原则做出如下修改:①放弃了政治和宗教保持中立的原则。原因在于,1929—1933 年资本主义经济危机发生以后,在凯恩斯主义经济干预思想的指导下,世界各国政府都加强了对合作社的干预,而且合作社发展壮大以后,迫切需要政府在合作社立法、税费减免以及合作资金等方面提供更多的扶持。同时,政治中立的原则在之前的各国合作社实践中也难以得到真正执行,所以取消"政治中立"的原则,摆脱了合作社发展的桎梏。②资本报酬适度原则的提出。这一条是顺应时代特征和合作社发展实践提出的,可以说是对合作社分配制度的重新定位。之前的合作社原则在分配制度上都是要求限制或是控制资本报酬,而这一原则将其更改为资本报酬适度。其含义在于,第一,允许资本在合作社中取酬;第二,资本报酬要适度,其言外之意是资本报酬应合理,适可而止,不要改变合作按照交易额分配的最初原则。这一具有革新性的话语为鼓励合作社进行资本积累和发展壮大提供了空间。③加入了可以开展"合作社之间的合作",说明在世界合作社运动实践中,合作社之间的联合已经普遍存在,这也为合作社联合社的产生和发展提供了制度基础。而且,新原则对基层合作社和非基层合作社(联合社)做出了区分:基层社仍然坚持一人一票制,而联合社等非基层组织则可以变通。由于联合社在成立时,其基层组织的成员规模和资产规模均存在较大差别,如果实行一社一票制,实际上并不民主,不利于联合社和加入联合社的基层社的发展,所以联合社可以享有更多的表决权,这一规定使合作社在实现了民主制度上的重要突破。

5)目前使用的合作社原则(1995年)

20世纪末,世界范围内的垄断资本主义已经形成,世界经济一体化程度提高,市场竞争日益激烈,合作社要在竞争中生存和发展,必须注重效益,提高盈利水平。所以,当代合作社运行的前提变成了更多地强调经济价值。此外,随着合作社事业的发展壮大,合作社内部自我管理的模式逐渐弱化,专业管理人员(如职业经理人)和雇员开始出现,管理人员和合作社所有者(合作社社员)之间的委托—代理问题浮出水面,管理人员对合作社的控制力加强,民主管理逐渐流于形式。而且,随着公共积累的扩大和公共产权定位的模糊,合作社内部"搭便车"的现象日益严重,损害了合作社提高效率的动力。上述变化迫切要求国际合作社联盟对现有的合作社原则进行修订。

1995年,国际合作社联盟在英国召开第31次国际代表会议,会议对合作社进行了明确的定义:"合作社是由自愿联合的人们,共同拥有和民主控制的企业,满足他们共同经济、社会和文化需要及理想的自治联合体。"同时,对合作社原则进行了修改和调整。修改后的合作社原则有7项,内容包括:①自愿和开放的社员;②社员民主控制;③社员的经济参与;④自治、自立;⑤教育、培训和信息服务原则;⑥合作社间的合作;⑦关心社区。

与1966年国际合作社联盟确定的合作社原则相比,这一原则做出了如下修改:①增加了关心社区的原则。合作社是一个经济组织,国际合作社联盟对其的定位是共同拥有和民主管理的企业,随着市场竞争的日趋激烈,合作社的经济功能必然会被放在首位,但是也不能因此弱化合作社成立的初衷,那就是自助、合作、友好、共同发展。所以,1995 年修改合作社原则时,将"关心社区"作为 7 大核心原则之一提出,给世界合作社运动发出了明确的信号,经济上获得成功只是手段,目的是人的共同发展。合作社支持社区也符合可持续发展的基本原则,是现今世界发展的主流。②增加了自治和自立原则。针对合作社发展过程中政府和其他组织的干预行为,国际合作社联盟提出了该原则,强调合作社不能过多依附外界,不能受到外界的干扰,要保持自身的独立性。这也是顺应当时世界合作社运动中出现的问题而给出的对策。③经济参与原则上的变化。新的合作社原则将合作社经济参与的内涵从分配制度扩展到了产权、资产管理和分配制度三个方面。一是要求合作社社员公平入股并民主管理合作社资金,这一规定强调了公平入股的原则,成为合作社民主管理的基础。二是强调了社员管理资产的权利。即合作社资金的筹集、资产的运作、盈余的分配等都由社员民主决定。三是明确了分配的内容及方式。其包括入社时缴纳的股份、不可分割的公积金、盈余的分配、社员追加的投资。其分配方式以社员代表大会通过的决议为依据。

2. 合作社经典原则及其演变

从 1895 年国际合作社联盟代表大会确立的"罗虚代尔原则"到 1995 年确定的现今通行的国际合作社原则,中间经历了 4 次调整,时间上跨越了整整 100 年的时间。这一个世纪中合作社原则的演变,揭示了国际合作社运动的发展方向。从表 2-2 国际合作社原则的演变内容可以看出,一些代表合作社本质特征的原则最终保留下来,经历了时间的考验,沉淀为合作社的经典原则。这些经典原则是:自愿与开放的原则;民主控制的原则;资本报酬有限的原则;盈余分配的原则;重视合作社及社员教育的原则。

1) 自愿与开放的原则

这条原则的实质是"社员原则"。除了 1921 年修改的国际合作社原则将此项删除之外,其他时期的合作社原则均将此项原则作为所有原则的第一条列入。自愿和开放是合作社的基本特征,它意味着合作社是一个包容性的组织,不论性别、年龄、种族、国籍、经济条件、社会制度、政治和宗教信仰等,只要承认合作社的章程,愿意承担加入合作社的责任和履行作为合作社社员的义务,都可以成为合作社的一员。"社员原则"的包容性也是国际合作社运动能够不断发展壮大、成为世界性组织的重要原因。

2）民主控制的原则

这条原则作为国际合作社原则中的核心原则，贯穿于合作社运动的始终，并经历了"一人一票"（1895年）、"平等投票"（1921年）到"民主控制"（1937年、1966年、1995年）的演变过程。从上述3种表述方式看，该原则不仅体现了合作社管理中的民主成分，而且体现了不同时代特征下的民主管理特点。"一人一票"是1895年"罗虚代尔原则"中提出的，当时的合作社以消费合作社为主要类型，合作社为社员提供服务，社员之间较为平等，"一人一票"最能够体现这种平等关系。随着合作社类型的多样化发展，社员之间入股比例、对合作社的贡献不一等因素的引入，使得民主的含义发生了变化，"一人一票"过于呆板，不能体现出社员对合作社的贡献以及合作社社员之间的关系，于是该原则发展成为"平等投票"，最终"民主控制"作为最为贴切的用语延续下来。这说明合作社并不是理想中的人人绝对平等，而是由民主控制的相对平等，民主表明了合作社的管理及其决策是所有人参与其中并且能够接受的，而且民主的方式并没有统一划定，只要是体现出能够以此方式实现对合作社的管理和控制即可。

3）资本报酬有限的原则

这一原则最能体现合作社的"人的联合"特征。从表述上看，该项原则经历了"合作社的事业应以自有资金经营，社员投资按普通利率支付股息"（1921年）、"股本利息应受限制"（1937年）、"资本报酬适度"（1966年）、"自治、自立"（1995年）的演变。其总的演变趋势是从细节规定向综合管控的方向发展。例如，该条款从最初的控制社员投资、不让资本控制合作社方面的具体规定，演变为允许资本进入但报酬适度的原则性条款，到最后没有明确限制资本但强调合作社要以自治和自立作为底线，整个思路是开放和适应时代的，同时也是坚守合作社基本底线的。这一原则为合作社发展壮大提供了动力来源，也为合作社内部人的联合、资本的联合、其他要素的联合以及混合联合等多种形式指明了合作社应该坚持的方向。

4）盈余分配的原则

盈余分配是合作社与其他类型组织的核心区别所在。从该项原则的演变内容看，经历了"按交易量分配盈余"（1985年）、"按交易额分配盈余"（1921年、

1937年)、"盈余该合作社社员所有"(1966年)、"社员的经济参与"(1995年)等变化。其总的演变趋势是从明确规定分配方式向强调合作社社员所有与参与的原则性方向转变。随着世界经济和国际合作社运动的发展,合作社内部的产权结构也越来越复杂,加上资本等其他要素的进入,必然要求合作社的分配方式要体现要素价值,呈现出多元化的趋势。在这种背景下,国际合作社原则必然要做出调整,既能适应合作社实践需要,也要为合作社经济分配明确方向。

5)重视合作社及社员教育的原则

这一原则贯穿合作社运动始终,每次修改国际合作社原则,这一条都稳稳地进入基本核心原则之中,从未被删除。这说明教育是合作社成立和运行发展的最为稳定的目标,提升合作社社员的个人素质和能力水平,是开展合作社运动一成不变的终极目标。

综上所述,虽然随着世界经济政治形势的变化,合作社制度经历了种种变迁,但合作社依然坚持了上述经典原则。可以预见,这些经典原则将贯穿于整个国际合作社运动的过去、现在和将来,1966年开始提出的"合作社之间的联合与合作"也将以上述经典原则为指导,成为未来合作社发展的重要方向。

8.1.3 宗旨与组织结构

1. 国际合作社联盟的宗旨

根据2003年9月4日国际合作社联盟大会通过的《国际合作社联盟章程》,国际合作社联盟作为全球各种合作社的代表,其宗旨如下。

(1)在互相帮助、自助和民主的基础上促进世界合作社运动发展。

(2)促进并保护合作社价值与原则。

(3)促进其会员组织间经济关系及其他互利关系的发展。

(4)促进人力资源的可持续性开发,促进经济、社会发展,从而为世界和平与安全做出贡献。

(5)在合作社运动内部所有决策及活动中促进男女平等。

(6)国际合作社联盟不应加入任何政治、宗教组织,并应在其一切活动中保持其独立性。

2. 国际合作社联盟的组织结构

国际合作社联盟的组织结构主要包括管理机构、行业组织和主题委员会。这些机构的设置均充分体现了民主管理的原则。

1）管理机构

国际合作社联盟的管理机构包括全球大会、理事会、地区大会、地区管理机构、审计和管理委员会。

全球大会是国际合作社联盟的最高权力机构，每两年召开一次会议。全球大会的职能有：负责制定国际合作社联盟和全球合作社运动的重要政策；批准联盟各个方面的工作计划；选举主席、理事会理事及审计和管理委员会成员；决定联盟秘书长的任命和罢免；修改联盟的章程、政策、程序和议事规则；管理联盟的财务；批准国际合作社联盟的行业组织和主题委员会的设立或解散等。

理事会是国际合作社联盟重要的决策和监督机构，负责制定联盟的全球战略，保证联盟的正常运转，监督联盟各项职能的发挥；同时理事会还负责对会员问题、投资问题及其他问题做出决定。

地区大会是国际合作社联盟在全球各地区最重要的管理机构。地区大会致力于促进国际合作社联盟的成员组织在地区层面上开展合作并讨论地区性问题。目前，国际合作社联盟在全球设立了4个地区大会：欧洲地区、亚太地区、非洲地区、美洲地区。不同地区的地区大会根据地区特点有不同的职能和工作方向，但是，从本质上说，联盟各地区大会均负有组织地区成员对影响本地区合作社运动的重大问题进行探讨和决策的基本职能。

地区管理机构由国际合作社联盟在每个地区大会上选举产生的主席、副主席和其他成员组成，其任期一般为4年。它们在本地区的职能与联盟理事会的职能相似，是各地区重要的决策制定、执行和监督机构。

审计和管理委员会负责监督国际合作社联盟的财务状况，负责对联盟财务，包括会费问题以及相关问题进行研究、管理和监督，并就联盟的财务状况向理事会和全球大会提交报告。

（2）行业组织

国际合作社联盟有9个行业组织，包括国际合作社农业组织（ICAO）；国际合作社银行协会（ICBA）；国际合作社渔业组织（ICFO）；国际卫生合作社组织（IH-

CO);国际合作社住房组织(ICA Housing);国际合作社和互助保险联合会(IC-MIF);国际工业、工匠和服务生产者合作社组织(CICOPA);全球消费者合作社组织(CCW);国际旅游合作社协会(TICA)。这9个行业组织均由其成员进行民主管理,主要职能是帮助解决各个行业合作社运行中存在的问题。

国际合作社农业组织是国际合作社联盟下属的一个行业组织,成立于1951年。农业是合作社运动非常重要的行业之一,主要工作内容包括:举办研讨会、讲习班等活动;促进农业合作社在发展中国家的建设,促进农业合作社发展;积极改善和促进农产品的销售,同时提高食品安全保证;采取各种行动保护环境,促进行业的健康发展。

3)主题委员会

国际合作社联盟设有4个主题委员会,包括合作社研究委员会、资讯委员会、全球人力资源开发委员会、性别平等委员会。

国际合作社联盟合作社研究委员会旨在让更多的人了解合作社领域的学术研究成果,尤其是面向合作社管理者和社员,提供具有建设性的研究成果,并努力促进研究成果能够被应用到解决合作社运动现有的问题上。

国际合作社联盟资讯委员会的工作目标在于为合作社运动资讯工作服务,提高国际合作社联盟下属组织中负责合作社信息沟通和传播工作的媒体和人员的专业能力和工作效率,致力于合作社媒体和新闻资源的开发和利用,促进合作社媒体之间的交流与合作。

国际合作社联盟全球人力资源开发委员会向合作社及相关组织负责人力资源开发的工作人员、合作社的领导人和管理者提供关于合作社教育和培训等方面的信息和指导。该委员会的宗旨是在全球、地区、国家等各个层次上促进和支持合作社的人力资源开发计划的开始和深入,提高它们在社会和经济方面所发挥的作用。

国际合作社联盟性别平等委员会的任务是积极促进男女之间的性别平等以及推动女性投身于合作社运动,实现社会和谐发展。它在不同层面上与联盟的其他组织开展合作,配合实施联盟的性别战略并开展针对不同性别特点的各项活动。该委员会还积极搜集按照性别分类的统计数据,从而为了解妇女在合作社运动中的状况提供依据。

8.1.4 启示与借鉴

世界合作社运动发展史充分说明,合作社的存在和发展具有历史必然性,合作社之间的联合与合作是历史发展的必然趋势。国际合作社联盟是全球合作社运动发展的最高组织形态,随着时代的变迁,合作社联盟的基本原则在不同历史时期不断被赋予新的内涵。作为当今世界人口最多的发展中国家,中国的农民合作社事业必将成为世界合作社运动最为重要的组成部分。国际合作社联盟的原则、宗旨和组织结构对我国农民合作社联合社的发展也具有重要的启示和借鉴意义。

1. "合作社之间的合作"是合作社发展的必然

从世界上成立第一个具有现代合作社特征的合作社发展至今,170 多年的世界合作社运动史证明,合作社之间的合作是合作社发展过程中的必然。1966 年召开的第 23 次国际合作社联盟大会上,联盟将"合作社之间的合作"纳入国际合作社原则,并一直沿用至今,说明合作社之间的合作在世界范围广泛存在,且发展势头良好,并得到了国际社会的认可。从组织发展的角度看,合作社之间进行合作,能够满足组织发展过程中的潜在需求,如组织规模扩大节约成本导致的规模经济、组织分工深化提升效率产生的集约经济、组织业务扩展降低交易成本形成的范围经济,这些潜在的组织化利润将通过合作社之间的联合与合作得到实现,成为联合社产生和发展过程中的内生动力机制。所以,中国国内出现的农民合作社联合社,不论是从国际发展环境还是内生发展机制上来说,都具有客观必然性。这就要求社会各界正确认识和理解目前我国农民合作社联合社的产生和发展,为其继续发展提供良好的环境。

2. 民主控制是联合社的核心组织原则

从国际合作社联盟成立并发展至今,民主原则虽然在表述方式上经历了不同的变迁,但一直作为国际合作社运动的核心组织原则,保留下来并经历着时代的考验。目前,国际合作社联盟对民主原则的准确表述是"民主控制"(democratic member control):"合作社是由其社员民主控制的组织,社员制定组织规章和参与组织决策。选举出的社员代表对社员负责。初级合作社中成员享有平等投票权利(一人一票),其他层次的合作社以民主形式组织。"①联合社是合作社之间的联合,属于高级层次上的合作社,所以联合社的组织原则也应体现上述民主控制原则。我国《农民专业合作社法》对农民专业合作社内部民主决策的表述为:"农民专业合作社成员大会选举和表决,实行一人一票制,成员各享有一票的基本表决权。"②"理事会会议、监事会会议的表决,实行一人一票。"③"一人一票"的规定体现了我国农民合作社"人的联合"的本质特征。然而,在我国农民合作社发展实践中,基层真正实现"一人一票"的合作社却是凤毛麟角。所以,在下一步修改《农民专业合作社法》或制定关于农民合作社联合社的规章制度时,建议借鉴国际合作社联盟关于"民主控制"的核心原则,并将其作为合作社(联合社)的民主组织形式,不必再强调"一人一票"(或是"一社一票")。而且,民主控制的表述也较符合当前中国农民合作社发展的基层实践。

3. 妥善处理资本与"人和"之间的关系

当今世界资本主义和社会主义两大阵营并存的国际政治经济格局,决定了合作社运动必然受到意识形态和经济发展方式的影响。从世界第一个合作社——罗虚代尔公平先锋社成立的初衷来看,是为了实现社会弱势阶层(纺织工人)享有社会物资产品的公平的权利,罗虚代尔先锋社设立的一切合作社原则都体现出"人和"的本质特征,即"人"是合作社的基本组成要素,如一人一票、盈余按交易量分配、政治宗教独立等。然而,随着世界合作社运动的发展,以及合作社自身的发展壮大,资本进入合作社并成为合作社发展不可或缺的要素资源,成为客观必然。要素需要实现自身的价值,所以正确处理资本和合作社内部"人和"之间的关系,也成为合作社必须面临的重要问题。国际合作社联盟在处理资本介入的问题上,也经历了一个不断发展的过程,从最初的限制资本进入,到最近的"自治、自

---

① 1995 年国际合作社联盟原则中"民主控制"原则的原文表述是:"2. Democratic Member Control: Co-operatives are democratic organizations controlled by their members, who actively participate in setting their policies and making decisions. Men and women serving as elected representatives are accountable to the membership. In primary co-operatives members have equal voting rights (one member, one vote) and co-operatives at other levels are also organized in a democratic manner."

② 《中华人民共和国农民专业合作社法》第十七条。

③ 《中华人民共和国农民专业合作社法》第二十六条。

立"原则(1995 年),国际合作社联盟对资本的态度发生了明显的变化,这是顺应时势、尊重客观规律的结果,也体现出了国际合作社联盟的包容与智慧。

从中国农民合作社的运作实践来看,资本已经成为合作社发展必不可少的重要要素资源。目前,很多合作社都是由企业牵头领办,合作社的发展壮大也离不开企业资金的支持。在此情况下,合作社内部的决策方式、分配方式、组织结构等必然受到资本的干预和影响。农民合作社联合社作为更高层次上的合作社的联合组织,其发展壮大也离不开资金的支持,所以设定农民合作社联合社的基本规则时,必须对此问题有明确的回答。借鉴国际合作社联盟的经验,本次研究认为不应回避联合社运作过程中的资本介入行为,资本只是联合社发展必不可少的要素资源,只要把住联合社"自治、自立"的基本底线,对于资本介入问题就能够有正确的认识,并得到因社而异的妥善解决。

4. 以联合社为组织载体实现更多服务功能

从国际合作社联盟的组织宗旨看,除了实现合作社自身的价值与原则外,合作社还承担着很多其他功能,如促进人力资源开发、促进男女平等等。国际合作社联盟的组织体系中,成立了诸如国际合作社农业组织这样的行业组织,承担着举办研讨会、讲习班等活动,促进农业合作社在发展中国家的建设,积极改善和促进农产品的销售,提高食品安全保证,采取各种行动保护环境,促进行业健康发展等重要职能。此外,国际合作社联盟还成立了合作社研究委员会、资讯委员会、人力资源开发委员会、性别平等委员会等 4 个主题委员会,为国际合作社运动发展提供研究和咨询服务。

上述这些重要功能的发挥都是以国际合作社联盟作为组织载体实现的,体现了合作社联盟在全球合作社运动发展中作为"协调员"和"分析家"的积极作用,也为中国农民合作社联合社的未来发展提供了重要借鉴。随着中国城镇化进程的加快推进,中国村庄的"空心化"和"老龄化"趋势日益明显,农村社会、经济、人文发展比例严重失调,农民专业合作社的加快发展促进了农村经济组织的快速复苏和发展,但农村社会、文化等重要社会功能均处于凋敝状态,长此以往,农民赖以生存和依附的乡土文化将逐渐弱化,中国农村将会成为现代农业的制造工厂。农民合作社联合社的发展壮大为实现中国农村的振兴提供了契机和重要的组织载体,如果能以合作社联合社为依托,除了发展联合社的经济功能外,将联合社的社会、文化、生态、人力资源开发等功能共同开发,中国的农村、农民、农业实现和谐发展将可期待。

8.2 发达国家联合社(会)发展概况

8.2.1 国外联合社的主要类型

合作社在欧美国家得到快速发展开始于 19 世纪中后期,突出表现在数量的急剧增加,同时出现了横向和纵向联合的现象。合作社之间联合与合作的主要原因在于技术革命带来的市场竞争压力,单个合作社为了在激烈的市场竞争中立于不败之地,迫切需要扩大规模、降低成本、提升市场竞争力。这些合作社通过建立联合社来达到组织扩张的目的,联合社又通过联合、合作、兼并、重组等方式不断扩大规模,例如,合作社组建基层联合社,基层联合社又组建地区联合社,地区联合社又发展成为全国总联盟。联合社的服务内容涉及生产、储运、加工、销售、消费、金融、住房、医疗、教育等领域,并向环保、IT 等现代产业延伸。从组织形式上看,这些国家的联合社组织形式各异,有的是大型合作社(如美国、荷兰、德国),有的是合作社集团(如英国、法国),有的则以综合农协的形式出现(如日本、韩国)。从经营内容上看,又可以分为消费型联合社、营销型联合社、信用型联合社、综合型联合社。

1. 消费型联合社

1844 年,世界上成立的第一个具有现代意义的合作社——罗虚代尔公平先锋社就属消费型合作社。此后,英国的消费合作社数量快速增加,合作社之间也出现了联合与合作的趋势。1850 年,英国出现了首个消费合作社联合社——合作社中央代理点。1863 年,英国 300 个消费合作社成立了北英格兰批发联合社,用于解决合作社的货源问题。1873 年,北英格兰批发联合社联合英国其他消费联合社,成立了英国消费合作社联盟,从而形成了基层合作社、地区联社、中央联社三级组织体系。

随着消费联合社在英国的兴起,联合社业务也实现了快速拓展,由最初的联合批发扩展到食品、百货、保险、银行、农业、殡葬、房地产、汽车销售、旅游、医药等与人们生产生活密切相关的领域,满足了成员多样化的需求,促进了经济社会的发展。例如,在罗虚代尔公平先锋社的基础上,英国各地 80 个独立的合作社联合演变成为英国合作社集团,拥有 720 万个成员,开设各类平价商店 5000 多家,设有 48 个地方委员会和 7 个地区理事会,年营业额超过 150 亿英镑,雇员超过 10 万人。

2. 营销型联合社

营销型联合社的主要业务发生在产品销售领域。此类型联合社在美国、荷兰较为典型。例如,荷兰早在 19 世纪中后期便成立了奶制品的市场销售联盟,该联盟主要为社员合作社进行奶制品的销售,并在采购、加工和信贷环节提供相应的服务。目前,荷兰境内几乎所有的奶牛养殖户(场)都加入了奶制品市场销售联盟。荷兰最大的合作社集团是赛贝科国际有限公司,该公司由荷兰 30 多个地区的联合社组成,下设 100 多家公司,生产销售的食糖、牛奶、饲料数量均超过荷兰全国产量的 60%。

美国的农业合作社联合社分为地方性和区域性两种。前者由社员直接组成,服务范围仅限于一个社区、一个或几个县,职能相对简单;而后者既可由农场主直接组成,也可以由地方性合作社构成,或者由两者混合构成,服务地域一般大到几个县、整个州或几个州,服务内容更为广泛。例如,FFR 是美国 Southern States 公司成立的全球最大的合作社育种研究机构,该机构在 20 世纪 60 年代兼并了 10 个区域性合作社而成为一个大型联合社。[①] 1998 年兼并了大型饲料企业 Gold Kist 的农资供应系统,将经营业务从美国南部扩展到东南部。2000 年,该社又收购了 Agway 公司的饲料批发系统,增加了 10 多个州的销售网络和 1 个客户服务中心,经营实力和服务能力大幅提升。此外,美国还有一些号称全国性的合作社组织,但这些组织的主要职能是协调和游说,通常不进行直接经营。

3. 信用型联合社

信用型联合社的主要业务是为联合社社员开展金融服务。此类型联合社在

[①] 农民专业合作社联合社发展研究课题组. 农民专业合作社联合社调查研究报告. 农业部经管总站,2014 年 4 月 16 日。

德国发展较好。例如,1872 年,德国莱茵地区出现了世界上第一个农村信用合作联社——莱茵农业合作银行。随后,各地以开展信用合作为主要宗旨的合作社或联合社迅速发展。1876 年,各地的信用合作联合社又联合起来组成了信用合作社的中央机构,成为德国莱弗艾森合作社总联盟。该联盟的直接会员是 8 家地区性合作社协会、21 家区域中心合作社和 3 家全国性中央合作社。在此基础上,经过100 多年的发展和整合,形成了沿用至今的德国赖夫艾森合作银行。目前,德国已形成了以德意志合作银行为龙头、区域性中心合作银行为骨干、赖夫艾森合作银行和其他信用合作社为基础的现代合作金融体系。

4. 综合型联合社

日、韩、台农协是综合型联合社的典型代表。以日本为例,日本农业协同组合(简称"农协")是日本主要的农业合作组织,其发展历史可以追溯到明治维新以后出现的由农民和手工业者自发组织的,从事产品和生产资料的共同销售和购买、生产资金相互融通的"同业组合"。1900 年,日本颁布了历史上第一部关于合作社的法律——《产业组合法》,对合作组织予以扶持和鼓励,从此"产业组合"在日本农村迅速发展和普及。1947 年,日本参照美国《农业合作社法》的基本理念,在改组农会的基础上成立了日本农业协同组合。

在近百年的实践中,日本农协已经形成了一个包括地方性组织和全国性组织在内的完整体系,自下而上建立了基层农协、县级农协、全国农协三级网络,即"市町村—都道府县—中央"三级系统(图 8 - 1)。农协开展的主要业务是针对农户家庭生产经营开展生产指导、农产品销售、生产生活资料供应、信贷、储蓄、保险以及成员福利等综合性合作与全方位服务。日本农协作为政府行政力量的重要补充,在农业指导与政策执行中扮演着重要角色,相当于农村的"第二行政系统"。农协通过政治活动,凭借农民选票转化而来的政治能量,促使执政党在制定、实施农业政策时注意保护农民利益。

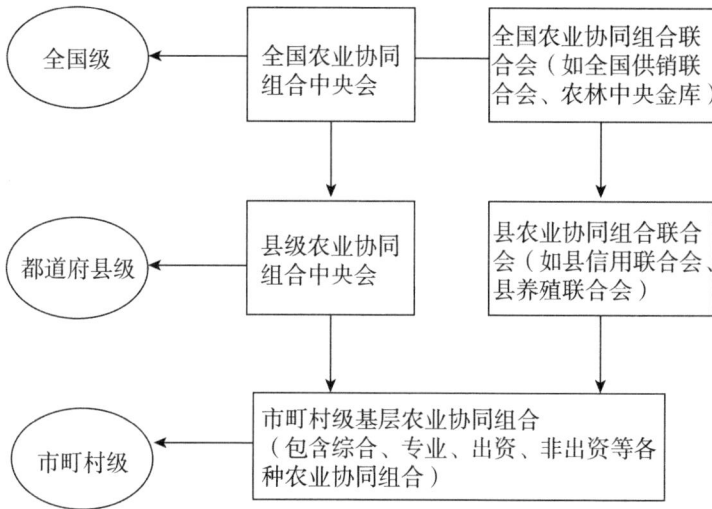

图 8-1 日本农业协同组合组织结构图

8.2.2 国外联合社(会)的典型特征

世界上合作经济发达的国家普遍成立了国家级、地区级、基层级合作社联合社(会),形成了纵向组织体系。从发展趋势看,发达国家的合作社数量在减少,合作社之间联合与合作的规模越来越大。例如,从20世纪中期至20世纪末,荷兰全国范围内的牛奶加工合作社就从426家减少为6家,这6家奶业合作社生产的牛奶产量占据了荷兰全国牛奶产量的85%;德国境内的农村合作社数量则从1950年的23 842家减少到4221家,缩减幅度达82.3%,而同期合作社社均成员数量则从137户增加到711户,规模明显扩大。

1. 联合社(会)发展路径受政府干预的影响出现明显的分化

世界范围内合作社运动的发展都不同程度地受到各国政府支持与干预政策的影响,导致不同国家的合作社联合运动产生了不同的演进路径。总体来说,发展中国家和亚洲国家的合作社运动还处于发展中期,政府干预较多、力度较大。例如,日本农协作为政府较多干预合作社发展的典型国家,从国家层面到基层层面的合作社与联合社体系,均体现出政府推动成立官民一体的综合性农村治理组织的国家意志,政治色彩非常浓厚;欧洲的农民合作社运动则更加注重遵循国际合作社联盟的经典原则,政府行政意志对合作社的干预较少,合作社发展比较重视入社自愿、民主控制、盈余分配和合作社的自治自立等,侧重发展合作社在金融领域和流通领域的合作与联合;美国合作社发展则更加民主和注重市场,在第二次世界大战后出现了被称为"新一代合作社"的新型合作形态,集中表现为纵向一体化、经营链条的延伸,治理结构呈现出封闭性、公司化的典型特征,并注重通过横向联合和合并扩大规模。

2. 金融服务成为各国联合社(会)的重要业务之一

世界合作社运动170多年的发展历史证明,金融服务贯穿于各国农业合作社及其联合社发展的始终。原因在于合作社产生的一个重要原因就是带领合作社社员摆脱高利贷的盘剥。例如,在泰国,信贷合作社就先于其他类型合作社出现,1916年出现了第一个为小农户提供服务的信贷协会;德国于1862年建立了安森豪信贷协会,形成了德国农业合作的"莱弗艾森体制"。到1871年,德国"莱弗艾森体制"系的信贷银行协会达到77个。近年来,为摆脱农业生产经营资金短缺的窘境,各国通过政府投入补贴、扩大社员规模、自办合作金融、引入社会资本等形式,解决合作社或联合社发展过程中的资金困难。此外,面对国际化背景下的竞争压力,发达国家合作社或合作社联合社(会)还通过建立子公司、实行股权投资、发行外部可转债、转让交货合同等新的融资方式,促进联合社的发展。

3. 联合社(会)成员关系契约化趋势明显

随着世界经济一体化进程的加快推进,合作社发展的外部环境发生了明显变化,农产品贸易自由化、经济活动社会化、技术变革快速化、农业工业化和消费者需求多样化等趋势,使得农业合作社面临着较大的发展压力。这些压力必然要求农业合作社自发地进行调整来适应这种变化,以保持自身的竞争优势。这些调整包括持续的重组和并购、纵向一体化联合、运营机制多样化、筹资渠道多元化等。在变革的过程中,突出的表现就是合作社之间的契约关系越来越牢固,越来越紧密。例如,欧美"新一代合作社"的一个重要特点就是受限制的交货权,具体来说就是实行以销定产,即事先在联合社(或合作社)内部约定好交纳给联合社(或合作社)的产品数量,并对产品质量进行约定,然后合作社各成员单位再根据约定数量和质量确定生产数量。契约化使联合社(合作社)的货源更为稳定,也减少了合作社的风险。

4. 合作社的联合具有多样性和多维性

从世界各国合作社之间联合与合作的形式来看,呈现出典型的多样性和多维性特点,基本特征表现为横向联合、纵向联合、交叉联合或多层次联合。合作社的联合既有区域性的也有专业性的,既有生产经营性的也有金融保险性的,既有地方性的也有全国性的,既有联社等服务性机构也有企业等经营性机构,形成多层次、多环节交错综合的立体化星网结构。从合作社之间联结契约的紧密程度看,以服务作为主要业务内容的联合社内部合作社之间的联结较为松散,但是在以资本或者产业为纽带的合作社联合社中,成员社之间的联结关系则非常紧密。

8.2.3　启示与借鉴

发达国家合作社联合社的实践经验,为我国农民合作社联合社的未来发展提供了很好的借鉴。

1. 建立健全联合社法律法规

健全的法律法规不仅能起到促进联合社规范运行的作用,而且也能为联合社持续健康发展提供良好的制度保障。通过多层次立法,明确联合社的权利与责任、原则与宗旨,联合社的发展便有据可依。世界发达国家在本国联合社的发展过程中,均出台了相应的法律作为联合发展的依据。例如,日本在1947年制定了《农业协同组合法》,赋予农协合法地位,对农协的设立、管理、合并与解散等作了详细规定,还明确规定农协的运行不受政府行政干预。随着经济环境的变化,日本政府不断对法律进行修正和调整,为农协的经营活动提供了法律保障。美国在1922年通过的《卡帕—沃尔斯坦德法》规定,农业经营者可以以合作社、公司或其他形式组织起来,确定了农业合作社和联合社的合法地位,并从反垄断法中得到豁免。1926年,美国颁布的《合作社销售法》规定农业生产者和他们的合作社可以合法地生产、销售其产品,并为合作社的进一步联合经营提供了反托拉斯豁免的条款。1937年通过的《农业营销协议法》规定允许农业合作社联合起来,增强行业自律。

2. 完善联合社发展支持政策

国外实践表明,联合社作为弱者的"再联合",其发展壮大离不开政府的鼓励与支持。美国以法律形式给予合作社和合作社联合社有限豁免待遇、税收优惠、信贷支持,为合作社合并与联合提供了发展空间。英国在 1870 年成立了合作社中央委员会(后改名为合作社联盟),专门负责合作社及其联合社的行业管理,并协助其处理好与各级政府的关系。日本政府则直接对农协给予经济补助,补助的范围包括基层农协、县一级联合会、中央一级联合会。对于各级农业共济联合会举办的农业保险,政府在给予政策指导的同时,还给予大量补贴。此外,日本还对农协实行低税制,例如,一般股份公司的所得税率为 62% ,而农协的所得税率只有 39% 。

3. 鼓励联合社发展合作金融

国际经验表明,发展合作金融成为促进联合社做大做强的有效手段。日本农协的合作金融业务尤其发达,几乎涵盖了农村地区的全部金融业务。日本农村合作金融体系是农协的一个子系统,也是一个具有融资功能的独立信用合作体系。合作金融组织归农协会员所有,农户入股参加基层农协成为农协会员,基层农协入股参加信用农业协同组合联合会,信用农业协同组合联合会又入股组成农林中央金库。目前,日本基层农协的各项存款余额呈逐年递增的趋势,70% 以上的涉农贷款都来自于农协的合作金融机构。

4. 加强联合社专业人才培养

"教育和培训"是国际合作社联盟的核心原则之一,且随着国际合作社运动的开展,该项原则成为国际合作社联盟原则中最为稳定的基本原则,得到联盟和各国合作社的认同。几乎所有的发达国家都很重视对联合社人才的教育和培训。英国的合作社联盟专门成立了合作社学院,为成员社提供必要的教育和培训。日本农协发展的一条重要经验就是重视对人才的培养,特别是对农协带头人及核心成员的培养。日本农协建有完整的教育体系,国家设有农协中央学院,各地设有40 多所农协大学及各种研修中心。美国的地方农业院校一般都设有农业技术和市场管理人员的相关课程,为联合社提供人才培训。以色列高度重视教育,以基布兹联合体为例,每个基布兹无论大小都设有专门的教育委员会,有自己的小学,甚至还开办了职业中学和高等学校。

第9章

农民合作社联合社修法及政策建议

9.1 修法建议

我国从 2007 年 7 月 1 日开始施行《农民专业合作社法》至今,已经近 10 个年头。这 10 多年,是我国农民合作经济组织数量快速发展、质量逐步规范、内涵渐趋多样的重要阶段。据统计,我国在工商部门注册登记的农民专业合作社数量从 2007 年底的 2.6 万家,增加到了 2017 年 7 月的 193.3 万家,数量增长了 74 倍。与此同时,农民合作社也正在由数量扩张向数量增长与质量提升并重的阶段转变,全国各级农民合作示范社在促进我国农民合作经济组织快速发展、活跃农村经济、带动农民致富增收等方面发挥了积极作用。农民合作的形式也由发展专业合作向鼓励兴办专业合作、股份合作、资金互助合作等多元化、多类型转变,合作领域由单一要素合作向劳动、资金、技术、土地等多要素合作方向拓展,合作方式由注重生产联合向产加销一体化方向迈进。农民合作社的法人主体地位基本得到市场认可,各部门支持合作社快速、规范发展的合力初步形成,农民合作社之间的联合与合作不断深化。

9.1.1 将联合社纳入修法内容

农民合作社数量的不断发展壮大,使得农民合作社联合社的成立与发展逐渐具备了成员基础。广大农民和合作社在更高层次上产生合作的要求、走向联合,成为农民专业合作社发展的必然趋势。据农业部门统计,目前基层自发探索成立

193

的农民合作社联合社已经超过 7000 家。据供销部门统计,供销社系统内部发展成立的联合社超过 6000 家。联合社的发展势头良好,在有些地方已经成为当地现代农业生产要素的重要组织载体和现代农业经营体系的重要组成部分。但是,由于 2007 年颁布施行的《农民专业合作社法》中并没有对联合社的相关问题给出明确的解释,导致基层在联合社发展实践中还处于"摸着石头过河"阶段,特别是在工商登记及联合社的组织原则与发展方向上,各利益相关主体均比较困惑,政府在指导过程中也只能以《农民专业合作社法》作为依据,而往往有些时候忽视了农民合作社联合社自身的特点。此外,业务指导部门对联合社的组织原则及开展业务的方向也缺乏准确的把握,例如,农民合作社联合社的成员资格如何界定,企业能否作为联合社的组成成员? 联合社究竟联合到什么层级比较合适? 联合社内部开展资金互助合作是否符合法律依据,开展的范围和规模究竟多大才能既满足社员需求,又不至于形成金融风险? 联合社的组织原则和决策机制是否和农民专业合作社一样,实行"一社一票"? 等等。上述问题,都急需在对《农民专业合作社法》进行修订时,专门予以明确。所以,课题组建议,以调查研究为基础,将农民合作社联合社的相关问题纳入修法内容,专门在新修订的农民专业合作社法中增加农民合作社联合社的相关章节。

9.1.2　规范法律中的相关提法

2007 年 7 月 1 日通过的《农民专业合作社法》第二条提出:"农民专业合作社是在农村家庭承包经营基础上,同类农产品的生产经营者或者同类农业生产经营服务的提供者、利用者,自愿联合、民主管理的互助性经济组织。农民专业合作社以其成员为主要服务对象,提供农业生产资料的购买,农产品的销售、加工、运输、储藏以及与农业生产经营有关的技术、信息等服务。"这一条款将该法律内容的实施主体确定为农民专业合作社,以区别于我国已有的农村信用合作社、农村供销合作社、农村资金互助社等合作经济组织。随着我国农村改革的逐步深入和合作社事业的快速发展,农村中出现了很多新型的农民合作经济组织,如农村土地股份合作经济组织、农村社区股份合作组织、农民合作社联合社等,这些农村合作经济组织与农民合作社共同存在、共同发展。2013 年在中央 1 号文件中,将"农民专业合作社"的说法变更为"农民合作社",并提出要"鼓励农民兴办专业合作和股份合作等多元化、多类型合作社",从此以后农民合作社的内涵更加丰富,专业合作社成为农民合作社的一种类型。自从 2013 年 1 号文件变更提法以后,中央及农业部门出台的规章、制度、文件中均沿用了"农民合作社"的提法,而且 2014 年、2015 年、2016 年的中央 1 号文件中也继续使用"农民合作社"的提法,如此一来,原有法律中关于"农民专业合作社"的提法与现有官方文件中的提法存在差异。

所以,借助《农民专业合作社法》的修订,首先应该规范法律内容中的相关概念,建议将法律名称修改为"农民合作社法",将法律条款中的"农民专业合作社"修改为"农民合作社",增加关于合作社联合社的内容,也将其名称确定为"农民合作社联合社"较为合适。

9.1.3 明确联合社的成员资格

农民合作社联合社的成员资格问题,在本书第 5 章已经进行了详细的阐述。在法律层面,针对农民合作社联合社成员资格,应该明确两个原则:一是保持农民合作社联合社的为农服务属性;二是保证农民合作社联合社内部能够实现农民组织的民主控制。这两个原则是互为表里、互相促进的。而且,这两个原则有一个共同点,就是要坚持农民合作社联合社的自立和自治原则。

之所以提出这两个原则,与我国目前农民合作社联合社的发展实践有关。我国现阶段的国情、农情决定了"小农经济"在一个阶段还将长期存在,而且这些"小农"的土地规模较小、生产要素缺乏、市场谈判能力较弱,通过农民合作社或合作社联合社这样的组织载体实现联合与合作,就成为农业现代化进程中实现规模经济、有效应对市场和提升农业竞争力的必然选择。然而,从分散的小农到规模化的合作社再到规模更大的联合社,组织形态的转变必须要有具备相当能力的经营主体站出来,承受制度变迁的成本,并通过自身能力,实现转变前所预期的潜在利润。在我国,普通的小农是没有这个实力和能力的。所以,我们在实践中看到的农民合作社或者农民合作社联合社,往往都是由农村的能人大户、龙头企业、供销社、基层政权组织或是具有上述背景的混合经济体创办或领办的。这符合客观经济规律,如果不允许这些有能力的经济实体创办或领办合作社,至少从目前我国的政治经济发展环境来看,中国的合作社根本发展不起来。那么,既然承认了这些农村生产经营主体在农民合作社或联合社发展过程中的作用,下一步需要明确的就是,如何有效地引导这些存在于合作社中的精英的行为,让其在自身需求得到满足的同时,起到引领现代农业、繁荣农村经济、带动农民致富的作用。事实证明,通过有效的引导,是能够实现上述目标的。关于农民合作社在发展现代农业的过程中发挥的重要作用,中央和农业部门已经有了明确结论,这从历年中央1号文件中提出的针对农民合作社和联合社发展的要求中就可见一斑。

实践是检验真理的唯一标准。在肯定农民合作社或农民合作社联合社在发展现代农业实践中的作用的同时,我们对于实践中出现的屡被专家学者所诟病的企业参与或领办农民专业合作社或联合社的现象,应该有更加深入的认识和判断,判断的基本标准就是:这些参与到合作社或联合社中的企业,是否为现代农业发展做出了贡献,是否有效带动了农民致富增收。有了这一标准,那些试图打着农业旗号参与组建联合社,实质上却有着农业外打算的企业,就无所遁形了。

在甄别了联合社成员的为农服务属性后,还有一个重要的组织原则,就是在联合社内部的日常管理上,是否能够体现民主原则。这一条是国际合作社联盟经历170多年风雨历程后坚持下来的合作社的经典原则,也是合作社区别于其他经济组织的核心原则之一。如果企业在联合社内部,与其他社员是平等关系,联合社的决议能够通过所有社员的协商进行民主决策,那么可以认为该联合社是实现了民主控制的组织。否则,如果联合社社员之间的实力差距过于悬殊,连基本的对话机制都没有,那么该联合社则不能视为合作社组织。

所以,在对《农民专业合作社法》进行修订时,关于农民合作社联合社的成员资格问题,上述两条基本原则必须在法律中予以明确。至于是否应该明文规定,允许或禁止企业可以加入联合社从而具备成员资格等问题,课题组认为,法律在原则上应该明确农民专业合作社才是农民合作社联合社的创办主体,具体操作,可以交给地方根据自身实际情况,在各自的法律实施办法中予以说明。此外,可以要求联合社组成成员在加入联合社时必须缴纳一定的股金,这样能够激发联合社成员的所有权意识,从而为实现联合社的民主管理提供必要的物质基础。

9.1.4 修改"一人一票"原则

合作社原则是合作社的行动指南。从国际合作社联盟成立(1895 年)至今,120 多年世界合作社运动的发展史告诉我们,作为国际合作社原则中的核心原则,民主原则贯穿于合作社运动的始终,并经历了"一人一票"(1895 年)、"平等投票"(1921 年)到"民主控制"(1937 年、1966 年、1995 年)的演变过程。[①] 从上述 3 种表述方式看,该原则不仅体现了合作社管理中的民主成分,而且体现了不同时代特征下的民主管理特点。"一人一票"是 1895 年"罗虚代尔原则"中提出的,当时的合作社以消费合作社为主要类型,参加消费合作社的都是处于社会底层的工人阶级,资本是稀缺要素,有的只是无法计量的劳动力,工人们入股金额较少,而且较为平均,所以社员之间较为平等,"一人一票"最能够体现这种平等关系的。随着合作社类型的多样化发展,社员之间入股比例、对合作社的贡献不一等因素的引入,使得民主的含义发生了变化,"一人一票"显得过于呆板,不能体现出社员对合作社的贡献以及合作社社员之间的关系,于是该原则发展成为"平等投票",以适应合作社内部社员关系的演变。而随着合作社内部要素资源的不断丰富,资本、技术、土地等生产要素也作为合作社发展的重要组成部分,成为合作社剩余索取权的衡量标准时,"平等投票"一词就不能涵盖其所有内涵了,最终"民主控制"作为最为贴切的用语延续下来。这说明合作社并不是理想中的人人绝对平等,而是由民主控制的相对平等,民主表明了合作社的管理及其决策是所有人参与其中并且能够接受的,而且民主的方式并没有统一划定,只要是体现出能够以此方式实现对合作社的管理和控制即可。

我国颁布的《农民专业合作社法》第十七条规定:"农民专业合作社成员大会选举和表决,实行一人一票制,成员各享有一票的基本表决权。"第二十六条规定:"理事会会议、监事会会议的表决,实行一人一票。"从立法的层面看,这些关于"一人一票"的规定,严格体现了合作社的基本原则。然而,从我国目前农民专业合作社的实践经验来看,用"理想很丰满,现实很骨感"来描述基层合作社内部的民主决策机制一点也不为过。由于我国特殊的国情农情,农村精英和弱势小农在合作社内部同时并存,于是出现了典型的"中心—外围"结构,即合作社内部分为核心社员和非核心社员两个群体,合作社内部的民主决策机制往往只是写入了合作社章程挂在墙上。在我国农民合作社联合社的发展实践中,虽然"一人一票"无法得

[①]　国际合作社联盟确定的合作社原则经历了 1895 年、1921 年、1937 年、1966 年、1995 年 5 次修改。

到准确的落实,但绝大部分联合社内部的决策还是建立在民主协商的基础之上,联合社的实际控制者经常聚集在一起讨论联合社的发展事宜,新上一个项目能否顺利通过,也要听取内部各方的意见,这其实也是民主决策原则的一种体现。

所以,在修法过程中,建议将"民主控制原则"写入新修订的农民合作社法,修改原来法律条款中的"一人一票"制,改为实行内部民主控制。这样,既与国际合作社联盟关于合作社原则的提法保持了一致,也与我国的合作社发展实践更加契合,还可以有效避免社会各界的争议与质疑。

9.1.5 增加信用合作相关内容

近年来,中央高度重视农民合作社的融资问题。2008年,党的十七届三中全会决定提出,"允许有条件的农民专业合作社开展信用合作"。这是我国首次以中央文件的形式允许有条件的合作社开展信用合作业务。2013年11月,党的十八届三中全会通过的《中共中央关于全面深化改革若干重大问题的决定》中明确指出,"允许合作社开展信用合作"。这为我国新一届政府执政时期的农村金融改革指明了方向。2014年中央1号文件提出"坚持社员制、封闭性原则,在不对外吸储放贷、不支付固定回报的前提下,推动社区性农村资金互助组织发展",为合作社内部开展信用合作明确了原则、划定了范围、指明了方向。2015年,中央1号文件指出"积极探索新型农村合作金融发展的有效途径,稳妥开展农民合作社内部资金互助试点,落实地方政府监管责任",明确了合作社开展信用合作的监管部门。2015年11月,中共中央办公厅、国务院办公厅印发的《深化农村改革综合性实施方案》提出,"稳妥开展农民合作社内部资金互助试点,引导其向'生产经营合作+信用合作'延伸",明确了政府引导农民合作社内部资金互助试点的方向。2016年,中央1号文件进一步提出,"扩大在农民合作社内部开展信用合作试点的范围,健全风险防范化解机制,落实地方政府监管责任"。2016年3月17日发布的《国民经济和社会发展第十三个五年规划纲要》提出"稳妥开展农民合作社内部资金互助试点。"上述文件充分说明,中央对于农民合作社内部开展信用合作的部署安排呈现出连续性、渐进性和明确化等特征。既始终重视支持农民合作社内部开展信用合作,又针对实践变化做出了一些阶段性调整,并对培育农村资金互助社、发展合作金融和落实监管责任提出了相应的要求。

一些地方按照中央的要求,自发开展了信用合作试点探索。据了解,山东省于 2015 年开始进行农民合作社内部信用合作全省推进试点,这也是到目前为止全国唯一的全省推进试点。此外,安徽金寨、广西田东、湖南沅陵等农村改革试验区也将农村金融改革作为重点领域,农民合作社内部信用合作业务也是金融改革的试点内容之一。据调研了解,为社员开展信用合作业务的农民合作社联合社也较为普遍,如山东潍坊临朐县志合奶牛专业合作社联合社、北京清水腾达乡村旅游专业合作社联合社、武汉荆地养蜂专业合作社联合社等均利用联合与合作的优势,创新联合社内部信用合作机制,满足联合社社员对资金的需求。

鉴于中央的高度重视和基层的广泛实践,顺应农民合作社的发展趋势,农民合作社内部开展信用合作业务也得到了立法部门的重视,在此次《农民专业合作社法》的修订中,将合作社内部开展信用合作的相关内容纳入法律的呼声很高。所以,建议在法律中加入允许农民合作社联合社内部开展信用合作的相关内容,对合作社联合社开展信用合作的规模、范围等规定要适应联合社自身的特点,与专业合作社要有所区别。

9.1.6 调整联合社的政策导向

在 2007 年颁布施行的《农民专业合作社法》第七章"扶持政策"部分,分 4 条分别就我国农民专业合作社的项目扶持、财政扶持、金融扶持、税收优惠等事项进行了明确,为我国农民专业合作社提供了非常优越的政策环境。这也是近 10 年来我国农民专业合作社迅猛发展的主要原因之一。然而,以政府补助、项目支持等为内容的刺激政策固然可以在短期内见效,大批的合作社在短期就能够筹建起来,但是由于法律中没有明确规定合作社的监督及退出机制,各种不规范的合作社也大量产生。政府的扶持政策日益陷入一个悖论:政府希望通过政策扶持,促进农民合作社发展壮大,带动更多的农户实现产业发展和增收致富,但实际上政府的扶持没有或者很少惠及广大农户,而是在农民合作社内被少数农村精英群体获得。社会各界对于农民合作社的诟病和争论也主要聚焦于此。这种情况值得政府部门深思,农民合作社扶持政策的政策导向究竟出了什么问题?

因此,课题组建议,在修订《农民专业合作社法》时,法律中的"扶持政策"部分要体现出激励与监管并重的政策导向。在农民合作社或合作社联合社发展的过程中,要完善政府政策体系,将农民合作社视作和企业一样的市场主体,建立对合作社的第三方监督机制,完善审计抽查制度,完善惩处制度,建立合作社退出机制,减少直至杜绝上述政策的负面效应,实现以激励促发展,以监督促规范。

9.2　政策建议

发展农民合作社联合社对建设现代农业、繁荣农村经济、增加农民收入有重要意义,既符合中央精神,也顺应了农民期盼和合作社发展趋势,有广阔的发展空间。为引导联合社健康发展,立足联合社发展实践,借鉴国内外的做法和经验,课题组提出以下促进联合社发展的政策扶持体系。

9.2.1　指导思想和基本原则

构建农民合作社联合社发展的政策扶持体系,要高举中国特色社会主义伟大旗帜,以邓小平理论、“三个代表”重要思想、科学发展观为指导,以促进农业增效、农民增收为落脚点,进一步解放思想,推动农业现代化建设。

合作社联合社扶持政策体系的构建应该坚持以下 3 项基本原则。

第一,效率优先,兼顾公平。农民合作社联合社属于农民合作社的高级形态,从基本属性上看,联合社也是市场经济主体,与其他市场经济主体之间是平等的竞争关系。所以,从政府扶持的角度来看,要尽量为联合社的培育与发展创造一个良好、公平的市场环境,培育联合社发展能力方面的政策,要优先考虑提升联合社的市场竞争力,做到效率优先、兼顾公平。

第二,包容发展,扶持有“度”。我国农民合作社联合社发展还处于起步阶段,从目前的联合社发展现状来看,扶持政策应该以鼓励农民合作社之间的联合为政策的出发点和落脚点,只要有利于提升农民合作社的市场竞争力,只要有利于提高合作社社员的收入水平,都应该营造环境,鼓励其发展,尊重基层农民合作社的首创精神,鼓励其自由联合、自主经营,而不应局限于某些条条框框。此外,出台的政策措施应该以引导和指导为主,而不应该是政府大包大揽,干扰联合社的正常运行。

第三,因地制宜,突出特点。我国农民合作社联合社发展类型多样,既有生产型,也有销售型,还有产业链型和综合型等多种类型,政府出台政策时,除给予联合社充分的自主空间外,还要从当地已有的或潜在的资源优势出发,合理引导、因地制宜,从发展当地优势产业的角度,整合各种有利因素,实现以联合促发展。

9.2.2 联合社政策扶持框架

推进联合社的发展,需要构建一系列的相关政策措施,以形成扶持合作社联合社发展的政策体系。总体而言,包括工商政策、产业政策、财政政策、税收政策、金融政策、人才政策、科技政策、土地政策、用水用电等几个方面(图9-1)。

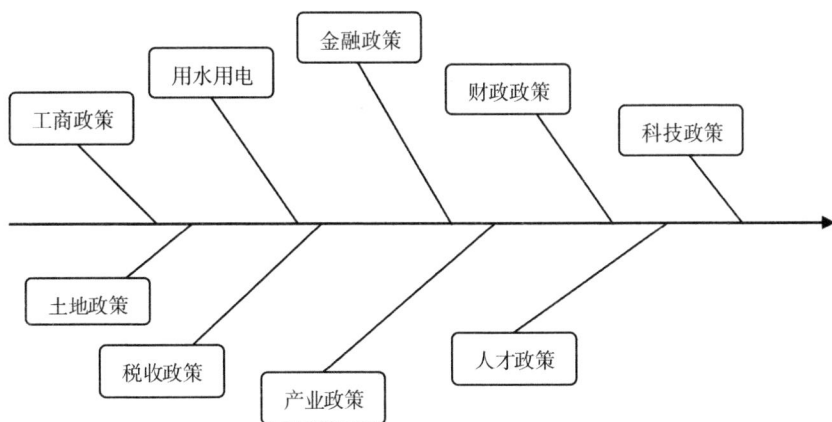

图9-1 联合社扶持政策鱼骨图

1. 工商政策

联合社的发展要有法可依,有章可循。建议将联合社的登记等相关内容纳入《农民专业合作社法》修订范围,明确赋予联合社法人地位,规范联合社设立标准、成员登记、治理结构及盈余分配方式,明确联合社的组成成员为农民专业合作社。积极探索和研究制定联合社登记管理办法,对联合社设立、变更、注销及备案登记等事项应做出详细规定。研究制定联合社示范章程,突出体现联合社的特点,为联合社内部运行制度提供可借鉴的范本。工商部门要设立绿色通道,简化登记程序,为办理联合社设立、变更等手续提供方便;放宽登记范围,准许农村手工业、乡村旅游、农业社会化服务等行业登记成立联合社;允许农民、合作社等经营主体以实物、技术、知识产权、土地承包经营权等向联合社出资。

2. 产业政策

产业支撑是联合社发挥竞争优势,实现有效运行的必要条件。要从产业政策上给农民合作社联合社提供必要的支撑。第一,国家支持发展农业和农村经济的建设项目,可以委托和安排有条件的联合社实施。联合社可以作为项目实施单位,独立申报、承担各级农业综合开发建设、农产品优势区域建设、优势产业带建设、扶贫开发(以带动广大贫困户增收的种植业、养殖业)建设等工程项目,以及农、林、牧、渔等农产品加工重点工程项目,同等条件下予以优先安排,对联合社带动基地所在区域的基础设施建设项目、固定资产投资项目优先安排;第二,以联合社作为各地谋划"一村一品、一品一社、一乡一业、一业一企"发展格局的抓手,把专业村镇、专业区县建设成为联合社的专业化、规模化生产基地。

3. 财政政策

财政资金是支持联合社发展的重要手段,要发挥财政资金一两拨千斤的作用,加快出台支持农民合作社联合社发展的财政政策。

第一,各级政府要积极筹措资金,加大对联合社的扶持力度。采取直接补助、贷款贴息等方式,支持联合社开展信息服务、人员培训、农产品质量标准认证、农业生产基础设施建设、市场营销和技术推广等。

第二,各级财政要逐步加大资金投入力度,有农业的区县要建立专项扶持资金。对新开办且达到规模标准的联合社补助开办和当年运营费用。各级财政部门要积极发挥职能作用,管好、用好扶持联合社发展资金,会同涉农部门共同搞好对联合社扶持项目、补助和奖励的申报、审查和验收工作。

第三,对中央和省支持的农业生产、农业基础设施建设、农业装备能力建设和农村社会事业发展的财政资金项目和预算内投资项目,要优先委托和安排符合项目实施条件的联合社承担。

第四,提供涉农项目支持。有关区县要整合涉农资金优先投向联合社及与联合社相关联的项目。农业部门要将所负责的项目和补贴优先投向合适的联合社。财政部门要将农业综合开发、农田基本建设等投资项目优先安排给合适的联合社承担。各级发展改革委要将联合社作为重点发展内容纳入国民经济和社会发展规划,对符合政府投资补助政策的联合社建设项目,优先安排投资。商务、科技、经济和信息化、水务等部门要将联合社纳入项目申报范围,优先予以安排。

4. 税收政策

联合社是更高层次的合作社,因而在税收政策上,我们认为联合社应享有与合作社同样的优惠措施。

第一,税务部门要不断完善对联合社的税收管理措施,在税务登记、纳税申报、发票领用等环节,为联合社提供优质、便捷的服务。

第二,落实联合社享有合作社的税收优惠政策。对联合社从事农、林、牧、渔业项目的所得,免征或减征企业所得税。对联合社提供农业机耕、排灌、病虫害防治、植物保护、农牧保险服务和相关培训业务以及家禽、牲畜、水生动物的配种和疾病防治服务免征营业税。农产品初加工项目所得免征企业所得税。

第三,对联合社销售本社成员生产的农产品,视同农业生产者自产品免征增值税。对联合社向本社成员销售的农膜、种子、种苗、化肥、农药、农机等,免征增值税。

5. 金融政策

金融政策对于联合社的发展壮大至关重要,但该政策也是目前联合社发展的瓶颈所在。

第一,金融机构要根据农民合作社联合社的特点和需要,研究制定支持联合社的信贷政策。政策性金融机构要研究设立适合联合社发展需要的贷款项目。商业性金融机构要制定联合社专项贷款指南,为联合社提供多种形式的金融支持和服务。农村合作金融机构要把联合社纳入信用评定范围,将农户、合作社信用贷款和联保贷款机制引入联合社,满足联合社小额贷款的需求。对于经营规模大、带动作用强、信用评级高的联合社,特别是县级以上示范社牵头组建的联合社,实行贷款优先、利率优惠、额度放宽、手续简化。同时,应探索适应合作社联合社特点的担保抵押方式。

第二,各地农业部门、金融办、银监局要研究具体政策,支持金融机构面向联合社开展订单农业、农用生产设施、农业机械、土地承包经营权、林权、水域滩涂使用权等抵(质)押贷款业务。

第三,允许联合社内部开展资金信用合作。联合社内部的信用合作是内生性地解决其融资困难的重要方式。因而,允许联合社在坚持"对内不对外,吸股不吸储,分红不分息"的原则下开展内部信用合作。

第四,政策性担保机构要研究制定准入条件,将符合条件的联合社纳入贷款担保服务范围,并优先提供担保服务。支持商业性担保机构为联合社提供贷款担保。联合社用于贷款的担保费用建议由财政分级承担。保险机构要优先为联合社办理生产保险,并适当降低保险费率。

6. 人才政策

发展联合社,对人才提出了更高的要求。要充分重视人才在农民合作社联合社发展中的重要作用,制定留得住人才的人才政策。

第一,在现有的合作社人才培养项目中加入联合社内容,宣传联合社的作用,介绍创建联合社人才培养的具体做法。

第二,将联合社负责人和经营管理人员作为培训重点,加大培训力度,提升其组织管理、产品营销、风险控制、文化建设等方面的能力。

第三,采取"引进来、送出去"的办法,支持鼓励联合社采取多种形式培养领军人才,鼓励引进职业经理人,鼓励大学生及返乡青年参与联合社的建设。

第四,优先扶持大学生村干部领办和创办农民合作社联合社。到联合社工作的全日制普通高校毕业生,享受国家和当地规定的高校毕业生到基层就业的相关待遇。

第五,将联合社助理岗位纳入支农、支教、支医、扶贫"三支一扶"计划,具体实施办法由各地人力社保局和农业部门共同研究制定。人力社保部门要为到联合社工作的大中专毕业生提供人事档案保管、户籍管理、党团组织关系挂靠等服务。

7. 科技政策

联合社的发展需要科技的支撑。要相信"科学技术是第一生产力"的著名论断,动员一切力量促进联合社提升农业科学技术水平。

第一,农业和科技部门对农民合作社联合社引进新品种、应用新技术的项目应优先立项,并补助相关费用。鼓励农业科研人员、农技推广人员以技术入股联合社。另外,加大联合社对信息技术应用的投入力度,提高联合社生产和经营管理的信息化建设水平。

第二,支持联合社开展科技兴社。农技推广机构要积极为联合社提供生产技术服务。农业科研机构通过资金和技术合作,与联合社联合建立技术服务中心、种子种畜生产服务中心、动植物疫病监测防治中心等科技服务机构。鼓励大专院校、科研推广机构在联合社建立试验示范基地,开展新品种、新技术、新成果、新项目方面的合作。支持有条件的联合社申报农业科研推广项目。鼓励联合社科技人员参加职称评定,加快联合社科技人才队伍建设。

8. 土地政策

农民合作社联合社的发展离不开基地建设。然而,现实情况却是大多数联合社都缺乏建设用地。因此,我们应在土地政策方面对联合社给予倾斜。

第一,对农民合作社联合社因农业生产需要,建造的直接用于养殖的畜禽舍、工厂化作物栽培或水产养殖的生产设施用地及其相应的附属设施用地和农村宅基地以外的晾晒场等农业设施用地,符合《国土资源部、农业部关于完善设施农用地管理有关问题的通知》(国土资发〔2010〕155 号)要求和土地利用总体规划的,视为设施农用地,并按规划办理相关手续。联合社兴办加工企业等所需要的非农建设用地,在符合土地利用规划、城市规划和农业相关规划的前提下,各地国土资源部门应重点支持。

第二,联合社的农产品生产基地、种植养殖场、农机示范推广用地和设施农业用地、农机停放场(库、棚)等凡未使用建筑材料硬化地面或虽使用建筑材料但未破坏土地并易于复垦的用地,以及农村道路、农田水利用地,可以按照农业用地管理,不纳入农用地转用范围,不占建设用地指标。

第三,农村"四荒地"、废弃学校等土地的申报使用,有必要向联合社倾斜。涉及占用耕地的,联合社自行落实耕地占补平衡,经验收合格后,土地资源部门不再收取耕地开垦费。联合社从事种养业的,其种植、养殖生产用电执行农业生产电价标准。

9. 用水用电

在农民合作社联合社经营过程中,涉及用水和用电的相关政策,应给予优惠:

第一,自来水厂应为联合社开辟用水渠道,对联合社从事生产的用水,执行优惠价格。

第二,供电企业应开辟联合社用电业务办理绿色通道,对联合社从事蔬菜、桑、茶、果树、花卉、苗木等种植业用电以及各种畜禽产品养殖、水产养殖用电,执行农业生产用电价格。

9.2.3　政策推进时序与着力点

联合社的扶持政策应循序推进，短期内应注重为联合社提供工商政策、土地政策、用水用地政策等方面的支持，长期应该注重为联合社提供产业政策、财政政策、金融政策、税收政策、人才政策与科技政策等方面的支持。

1. 短期政策推进与着力点

短期政策要着重解决目前农民合作社联合社的身份认定及运行过程中面临的紧迫问题。

第一，最需要出台的是全国性的有关联合社的登记注册政策，即工商政策。一方面，全国工商总局与农业部应联合出台联合社的登记管理办法，制定联合社的示范章程，指导联合社参照示范章程，设立符合自身发展需求、具有自身特点的章程，完善各项内部管理制度。另一方面，在《农民专业合作社法》修订之际，将联合社纳入《农民专业合作社法》之中，明确赋予联合社法人地位。

第二，各级国土部门应积极支持联合社用地。较为重要的是，村级组织也应积极配合联合社用地，将村内"四荒地"、废弃学校等优先给予联合社使用。

第三，水务部门和电力部门要积极配合联合社用水用电，落实执行优惠价格。

2. 长期政策推进与着力点

长期政策的着力点在于如何让联合社成为带动农民进入市场、带动市场的主体，成为与企业、家庭农场、专业大户等新兴农业经营主体齐头并进的农村力量，长远来看，需要金融政策、产业政策、财政政策、人才政策与科技政策的共同支撑。

第一，建立金融支持联合社发展的长效机制。这需要做好如下几方面工作：一是提高金融部门对联合社的认识，要求各级农业部门和金融部门统一思想，树立扶持联合社、合作社就是扶持农民，发展联合社、合作社就是发展现代农业的观念，努力为联合社做好金融服务工作；二是落实建立政策性、商业性、合作性金融机构对联合社的支持政策，创立适合联合社的金融产品；三是在完成农村确权工作之际，金融机构应建立土地、农机等抵押担保贷款制度；四是在3—5年内建立对联合社的征信体系；五是为联合社提供保险服务，落实联合社的金融保险扶持政策，拓展融资渠道和担保方式，扩大农业保险覆盖面和创新农业保险品种；六是建立联合社的内部信用合作机制,建立内生性金融制度。

第二,产业政策的着力点在于通过扶持联合社来促进产业的发展。将联合社、合作社纳入国家财政政策支持"三农"的主体与抓手,在财政项目资金安排上,优先向合作社联合社倾斜。

第三,人才政策与科技政策是促进联合社持续健康发展的重要手段,应建立长久工作机制。人才政策的重点是依托"阳光培训"的实施,持续为联合社培养懂经营、懂管理、懂市场的人才。同时,着重建立科研院校与联合社的连接通道,畅通科技入社通道。

9.2.4　制度保障与配套措施

发展农民合作社联合社的扶持政策体系,还需要建立相应的制度保障与配套措施。

第一,加强调查研究。调查研究是基础,要积极开展联合社综合试点和课题研究,及时了解掌握农民合作社联合社发展的新趋势、新特点,总结推广各地的好经验、好做法,解决联合社发展中面临的理论和实践问题。从联合社发展现状来看,各地联合社的做法五花八门,多元化特质明显,要科学界定联合社的内涵和边界。课题组认为,联合社是合作社之间根据发展需要,自愿联合、民主管理的互助性经济组织,是农民及其他农业经营主体在合作社基础上的再联合、再合作。联合社发端于合作社,与合作社同属于合作经营范畴,都是互助性经济组织,都体现了民主管理特征。同时,其成员身份一致、产品或服务多元、内部治理层级复杂等特点,又与农民专业合作社有明显不同。联合社不是合作社的简单叠加,与合作社和农户应各有优势、各有分工。联合社规模大、实力强,在发展加工、流通、销售,与其他市场主体交易等方面更有基础;合作社贴近农民成员,在为农民成员提供服务方面更有条件;农户决策效率高,在直接从事农业生产方面更有优势。发展联合社,对内应形成联合社、合作社、农户功能互补的有机体系,对外应形成与其他市场主体既有竞争又有合作的发展格局,实现在市场中的共赢、多赢。

第二,搞好指导服务。各级、各部门要认真贯彻执行国家有关联合社发展的法律法规和方针政策,把促进联合社健康发展作为推进农业转型升级的重要措施,提上议事日程,切实加强指导。同时,要加强联合社党组织建设,使联合社成为农村经济发展的新型经营组织、农民增收致富的新型合作组织和党员队伍建设的新型基层组织。各级发展改革、经济和信息化、科技、民政、财政、国土资源、交通运输、水利、农业、海洋与渔业、商务、环保、税务、工商、林业、旅游、金融、畜牧兽医、农机以及供销社、共青团、妇联等部门和单位，要依据各自的职责做好相关的指导、扶持和服务工作，形成促进联合社发展的强大合力。

第三，做好宣传发动。从各地实践来看，联合社不仅增强了专业合作社的发展能力，更推动了农业的规模化经营，促进了现代农业产业体系构建，加快了现代农业建设步伐。因此，各地要做好宣传发动工作。更为重要的是，发展联合社要坚持市场经济规律，合作社有内在需求才联合，在经济上能划得来、可持续才联合，要规模适度、讲求实效，防止迎风而动、一哄而起。坚持平等自愿，不管采取什么方式，在哪些环节、什么时候开展联合与合作，都应当由合作社平等协商、自主决定。坚持自下而上，不管联合社的层级有多高、范围有多大，都应当由有意愿的合作社提出动议，不得采取自上而下、行政命令的方法强行推动设立联合社。坚持经济性、服务性、民主性的定位，在功能定位上注重经济性，让合作社通过联合取得经济效益，让农民成员得到更多实惠，避免被别有用心的人利用，异化为政治压力集团；在价值取向上体现服务性，坚持服务成员的宗旨，提供低成本、便利化的服务，而不是"建庙供菩萨"，增加联合社的负担；在内部管理上，坚持民主性，坚持成员平等、民主办社，体现成员合作社和广大农民的利益诉求，防止"一社独大"、少数人说了算。

参考文献

［1］Alchian, Armen, Demsetz, et al 1972. . Production, information costs, and economic organization ［J］. *A. Econ. Rev*, 62,5:777 – 795.

［2］Anderson, James. 1999. Manufacturer working relationships performance ［J］. *Journal of Marketing*, 4:33 –49.

［3］Procassini A A. *Competitors In Alliance: Industry Associations, Global Rivalries and Business – Government Relations* ［M］. Quorum Books, USA,1995.

［4］Barton D G, Schroeder T C,Featherstone A M. 1993, Evaluating the feasibility of local cooperative consolidation: a case study ［J］. *Agribusiness*,9(3)281 –294.

［5］Bateman D I, J. R. Edwards J R LeVayc. 1979. *Agricultural Cooperatives and the Theory of the Firm* ［J］. Oxford Agrarian Studies,1979(8):63 –81.

［6］Cook M L. 1995. The future of U. S. agriculture co – operatives: a Neo – Institutional approach ［J］. *American Journal of Agricultural Economics*, (77): 1153 –1159.

［7］Dong X, DowG. 1993. Does free exit reduce Shirking in production team? ［J］ *Journal of Comparative Economics*, (17) :472 –484.

［8］Emelianoff I V. 1942. *Economic Theory of Cooperation* ［M］. Ann Arbor: Edward Brothers.

［9］Enke S. 1945. Consumer cooperatives and economic efficiency ［J］. *American Economic Review*,35(1):148 –155.

［10］Hardin G. 1968. The tragedy of the commons ［J］. *Science, New Series*, 162

(3859):1243 – 1248.

[11] Harris A, Stefanson B, Fulton M. 1996. New generation cooperatives and cooperative theory [J]. *Journal of Cooperatives*, 15 – 28.

[12] Helmberger, Hoos P G S. 1965. Cooperative Bargaining in Agriculture [J]. *University of California, Division of Agricultural Services*.

[13] Moran J. 1994. *Fabulous Fragrances* [M]. Crescent House Pub.

[14] Jensen, Meckling. 1976. Theory of the firm: managerial behavior, agency costs and ownership structure [J]. *Journal of Financial Economics*, (3):305 – 360.

[15] Katz J P. 1997. Managerial behaviour and strategy choices in agribusiness cooperatives [J]. *Agribusiness*, 13(5)483 – 495.

[16] Lorendahl B. 1996. New cooperatives and local development: a study of six cases in Jaemtland, Sweden [J]. *Journal of Rural Studies*, 12(2)143 – 150.

[17] Macleod W. 1988. Equity, efficiency and incentives in cooperative teams [J]. *Advances in the Economic Analysis of Participatory and labor Managed Firms*, (3):5 – 23.

[18] Nilsson, J. 2001. Organisational principles for cooperative firms [J]. *Scandinnavian Journal of Management*. 17:329 – 356.

[19] North D. 1990. *Institutions, Institutional Change and Economic Performance* [M]. New York: Cambridge University Press.

[20] Perterson H C, Anderdon B L. 1996. Cooperative strategy: theory and practice [J]. *Agribusiness*, 12(4).

[21] Phillips R1953. Economic nature of the cooperative association [J]. *Journal of Farm Economics*, (35):74 – 87.

[22] Coase R H. 1937. The nature of the firm [J]. *Economica, New Series*, 4 (16):386 – 405.

[23] Auty R M Mikesell R F. 1998. *Sustainable Development* [M]. New York: Publication Clarendon Press Oxford.

[24] Ross S. 1973. The economics theory of agency: the principal's problem [J]. *American Economic Review*, (63):134 – 139.

[25] Sexton R J. 1990. The formation of cooperatives: a game – theoretic approach with implications for cooperatives finace, decision making and stability [J]. *American Journal of Agricultural Economics*, 72(3):709 – 720.

[26] Staatz M. 1983. The cooperative as a coalition: a game – theoretic approach [J]. *American Journal of Agricultural Economics*. (65):1084 – 1089.

[27] Tirole. 1999. Incomplete contracts: where do we stand? [J] *Econometrica*, 67(4):741 – 781.

[28] Williamson O E. 1985. *The Modern Corporation: Origipals, Evulutian, Attributes* [M]. New York Free Press:95.

[29] Williamson O E. 1971. The vertical integration of production: market failure considerations [J]. *American Economic Review*, 61:112 – 113.

[30] Willliam M, Michael B. 2002. Design for the Tripe Top Line: new tools for sustainable commerce [J]. *Corporate Environmental Strategy*, 9(3)251 – 258.

[31] Zusman P. 1982. Group choice in an agricultural marketing cooperative [J]. *The Canaian Journal of Economics*. 15(2):220 – 234.

[32] 奥尔森著. 陈郁等译. 1995. 集体行动的逻辑[M]. 上海:上海三联书店.

[33] 奥斯特罗姆 V, 菲尼 D, 皮希特. 1992 制度分析与发展的反思——问题与抉择[M]. 王诚等译. 北京:商务印书馆.

[34] 白立忱. 2006. 农民专业合作社简明读本[M]. 北京:中国社会出版社.

[35] 曹利群. 2000. 农村组织形态创新:现状与问题[J]. 农业经济问题, (10)12 – 16.

[36] 陈晓华. 2010. 总结经验,明确任务,促进农民专业合作社又好又快发展——在全国农民专业合作社经验交流会上的讲话[J]. 中国农民合作社, (10)9 – 13.

[37] 程瑜. 2009. 政府预算监督的博弈模型与制度设计——基于委托代理理论的研究视角[J]. 财贸经济, (8)48 – 52.

[38] 池泽新. 2004. 中介组织主导型市场农业体制探索[M]. 北京:中国农业出版社.

[39]储成兵.2011.农民专业合作社联合社的法律属性[J].合作经济与科技(429)124 – 125.

[40]储成兵.2011.农民专业合作社联合社的内部治理结构研究[J].现代农业,(12)108 – 109.

[41]储成兵.2011.农民专业合作社联合社治理机制法律分析[J].合作经济与科技,(430)127 – 128.

[42]德姆塞茨.1995.产权论[J].天津社会科学,(1):35 – 41.

[43]德姆赛茨.1999.所有权、控制与企业[M].北京:经济科学出版社.

[44]杜吟棠,潘劲.1998.我国新型农民合作社的雏形[J].管理世界,(1)161 – 168.

[45]段文斌等.2007.组织、激励与制度——对非价格机制的经济分析[M].北京:中国财政经济出版社.

[46]范小健.1999.关于我国农村合作经济发展有关问题的思考[J].中国农村经济,(4)6.

[47]方云中,王祥.2011.创新农民专业合作社联合社登记制度[J].中国工商管理研究,(2)68 – 70.

[48]冯根福.2004.双重委托代理理论:上市公司治理的另一种分析框架——兼论进一步完善中国上市公司治理的新思路[J].经济研究,(12)16 – 25.

[49]冯开文.2000.合作社:兼顾公平与效率的经济组织[J].农村合作经济经营管理,(1)12 – 14.

[50]傅晨.1999.农村社区型股份合作制的治理结构——一个交易费用经济学的透视[J].农业经济问题,(6)5.

[51]傅晨.2006.中国农村合作经济:组织形式与制度变迁[M].北京:中国经济出版社.

[52]国鲁来.2005.合作社的经营规模与组织效率[J].农村经营管理,(9)3.

[53]哈特.1998.企业、合同与财务结构[M].上海:上海三联书店,上海人民出版社.

[54]韩俊.1998.关于农村集体经济与合作经济若干理论与政策问题[J].

中国特色社会主义研究,(6)9.

[55]韩俊.2007.中国农民专业合作社调查[M].上海:上海远东出版社.

[56]韩长赋.2010.中国现代化进程中的"三农"问题[M].北京:中国农业出版社.

[57]郝小宝,陈合莹.2007.农民专业合作社的内部人控制问题研究[J].调研世界,(5)12-15.

[58]何坪华,沈建中.2000.中介组织节约市场交易成本的理论与案例分析[J].农业经济,(6)16-18.

[59]黄胜忠,林坚,徐旭初.2008.农民专业合作社治理机制及其绩效实证分析[J].中国农村经济,(3)65-73.

[60]黄祖辉,徐旭初.2003.大力发展农民专业合作经济组织[J].农业经济问题,(5)41-45.

[61]加里·S.贝克尔.1995.人类行为的经济分析[M].王业宇、陈琪译,上海:三联书店.

[62]蒋晓妍.2011.国外合作社联合社制度设计及启示[J].农村经营管理,(4)22-23.

[63]科斯等.2004.财产权利与制度变迁[M].上海:上海人民出版社.

[64]孔祥智.202-04-20.应给予联合社相应的优惠政策支持[N].农民日报.

[65]李春艳.2011.合作社联合组织四大问题待解[J].农村经营管理,(4)18-19.

[66]林毅夫.2000.再论制度、技术与中国农业发展[M].北京:北京大学出版社.

[67]林毅夫.1994.制度、技术与中国农业发展[M].上海:上海三联书店.

[68]林滢,任大鹏.2010.农民专业合作社联合社法律制度探析[J].农村经营管理,(5)16-17.

[69]刘滨,陈池波,杜辉.2009.农民专业合作社绩效度量的实证分析——来自江西省22个样本合作社的数据[J].农业经济问题,(2)90-95.

[70]罗必良,欧晓明.2010.合作激励、交易对象与制度绩效:"公司+农户"的合作方式及其对"温氏模式"的解读[M].北京:中国农业出版社.

[71]马明洁,陆倩,孙剑.2014.农村合作经济组织内部治理结构与运行绩效的关系——基于湖北省长阳县农民专业合作社的实证分析[J].湖北农业科学,53(13)3211-3215.

[72]马培衢.2006.农民合作经济组织运营绩效的调查与思考[J].河南农业科学,(2)5-9.

[73]马彦丽,孟彩英.2008.我国农民专业合作社的双重委托—代理关系[J].农业经济问题,(5)55-60.

[74]马彦丽.2007.我国农民专业合作社的制度解析[M].北京:中国社会科学出版社.

[75]么振辉.2000.从交易费用角度探讨农民合作经营制度的绩效[J].农业经济,(3)18-20.

[76]聂辉华.2008.契约不完全一定导致投资无效率吗?——一个带有不对称信息的敲竹杠模型[J].经济研究,(2)132-143.

[77]聂辉华.2005.新制度经济学中不完全契约理论的分歧与融合——以威廉姆森和哈特为代表的两种进路[J].中国人民大学学报,(1)81-87.

[78]牛若峰,夏英.2000.农民专业合作经济组织发展概论[M].北京:中国农业科技出版社.

[79]潘劲.2013.对农民专业合作社成员边界问题的思考[J].理论研究,(2)69-73。

[80]让-雅克·拉丰.2002.激励理论:委托—代理模型[M].陈志俊等译,北京:中国人民大学出版社.

[81]任大鹏,郭海霞.2009.多主体干预下的合作社发展态势[J].农业经营管理,(3)22-24.

[82]孙亚范.2006.新型农民专业合作经济组织发展研究[M].北京:社会科学文献出版社.

[83]谭智心.2013.中国农民合作社运行机制、组织激励与合作绩效——不完全契约视角[M].北京:中国农业出版社.

[84]唐宗焜.2007.合作社功能和社会主义市场经济[J].经济研究,(12)11-23.

[85]万澍,柏能,张东方.2013.农民专业合作社联合社法律地位问题研究[J].法制与社会,(7)211-212.

[86]王立平,张娜,黄志斌.2008.农民专业合作经济组织绩效评价研究[J].农村经济,(3)124-126.

[87]徐旭初,黄祖辉.2005.中国农民合作组织的现实走向:制度、立法和国际比较——农民合作组织的制度建设和立法安排国际学术研讨会综述[J].浙江大学学报(人文社会科学版),(2)7.

[88]许英.2013.农民合作社联合行为豁免适用反垄断法问题研究[J].商业研究,(8)162-167.

[89]杨瑞龙,聂辉华.2006.不完全契约理论:一个综述[J].经济研究,(2)104-115.

[90]姚洋.2002.制度与效率:与诺斯对话[M].成都:四川人民出版社.

[91]尹腾腾.2012.农民专业合作社联合社立法若干问题研究[D].安徽财经大学硕士学位论文.

[92]苑鹏.2008.农民专业合作社联合社发展的探析——以北京市密云县奶牛合作联社为例[J].中国农村经济,(8)44-51.

[93]苑鹏.2011.发展合作社联合组织,政府何为?[J].农村经营管理,(4)20-21.

[94]苑鹏.2006.试论合作社的本质属性及中国农民专业合作经济组织发展的基本条件[J].农村经营管理,(8)16-21.

[95]张维迎.2000.企业的企业家——契约理论[M].上海:上海人民出版社.

[96]张晓山,苑鹏,国来等.1998.农村股份合作企业产权制度研究[J].中国社会科学,(2)17.

[97]张晓山.1991.合作社基本原则及有关问题的比较研究[J].中国农村观察,(1)1-10.

[98]赵铁桥.2011.正确引导联合与合作,不断提高市场话语权[J].农村经营管理,(4)1。

[99]郑少红,张春霞.2007.福建农民合作经济组织SCP分析探究[J].福建

农林大学学报(哲学社会科学版),(5)5-8.

　　[100]周振,孔祥智.2014.组织化潜在利润、谈判成本与农民专业合作社的联合——两种类型联合社的制度生成路径研究[J].江淮论坛,(4)67-75

附　录

调研提纲

问卷编号:_____

农民合作社联合社调研提纲

~~~~~~

调查时间:_____年_____月_____日　　地点:_____省_____市
_____县_____乡_____村

联合社全称:_____被访问者姓名:_____联系方式:_____

调查员姓名:_____联系方式:_____

~~~~~~

一、联合社的基本情况

1.联合社成立时间是_____年_____月;发起单位有_____家[其中,
合作社_____家,企业_____家,供销社_____家,自然人_____人,其
他(请注明)_____]。

2. 目前,联合社有成员单位_____家。所有成员单位覆盖农户_____
户,覆盖范围是_____ ①本乡镇　②跨乡本县　③跨县本省　④跨省

3. 联合社是否正式注册? ①是　②否

若正式注册,注册时间是_____年_____月;在哪个单位注册? _____
__①工商管理部门　②民政部门　③其他部门(请注明)_____

联合社注册资本＿＿＿＿＿＿万元,注册资本金中占比最多的成员单位占＿＿＿＿＿＿%

4. 联合社现有固定资产＿＿＿＿＿＿万元,流动资产＿＿＿＿＿＿万元;目前联合社负债＿＿＿＿＿＿万元。

5. 成立联合社的主要原因是:＿＿＿＿＿＿＿＿＿＿＿＿＿＿＿＿＿＿＿＿＿＿

6. 成立联合社中遇到了哪些困难:＿＿＿＿＿＿＿＿＿＿＿＿＿＿＿＿＿＿＿

如何克服上述困难的?＿＿＿＿＿＿＿＿＿＿＿＿＿＿＿＿＿＿＿＿＿＿＿

7. 联合社中各成员合作社之间的发展水平是否相当?＿＿＿＿＿＿①是 ②否;

如果选择"否",在联合社最具发言权的成员单位是＿＿＿＿＿＿①企业 ②供销社 ③农民合作社 ④自然人 ⑤其他(请注明)＿＿＿＿＿＿

8. 联合社属于哪种类型?＿＿＿＿＿＿①生产型联合 ②销售型联合 ③产业链型联合 ④综合型联合

二、联合社负责人的基本情况

9. 联合社的负责人是其中一家合作社的理事长吗?＿＿＿＿＿＿①是 ②否

如果选择"是",该合作社是＿＿＿＿＿＿①企业领办 ②领办企业 ③供销社参股 ④纯粹的农民合作社

如果选择"否",该负责人是＿＿＿＿＿＿①企业负责人 ②供销社成员 ③政府成员 ④其他＿＿＿＿＿＿

10. 联合社负责人性别:＿＿＿＿＿＿①男 ②女;年龄(周岁):＿＿＿＿＿＿;

是否中共党员:＿＿＿＿＿＿①是 ②否;已任职＿＿＿＿＿＿年。

文化程度:＿＿＿＿＿＿①未接受正式教育 ②小学 ③初中 ④高中 ⑤大学及以上

11. 联合社负责人有没有在联合社领工资或者误工补贴?＿＿＿＿＿＿①有 ②无

12. 联合社负责人有如下经历吗?＿＿＿＿＿＿(多选)

①乡镇干部 ②村干部 ③个体户 ④企业员工 ⑤农技人员 ⑥产销大户 ⑦其他＿＿＿＿＿＿

三、联合社的组织运行

13. 加入联合社是否需要向联合社入股_____ ①是 ②否

如果选择"是",入股形式是:①必须资金入股,最少要出资_____元 ②可以以土地、固定资产或技术入股,折成股份后最少要有_____元 ③其他形式入股_____

如果选择"否",具体情况是:①完全自愿 ②其他条件(请注明)_____
_____

14. 社员退出联合社有无限制? ①有 ②无

如果选择"有",退出的条件是_____

15. 联合社的组织结构是怎样的?(画出组织结构图)

16. 联合社是如何进行决策的? _____①按股份 ②按交易量 ③一人一票 ④其他_____

17. 联合社内部利益联结机制为_____①松散型 ②紧密型

四、联合社的产品经营核算

18. 联合社主要经营的农产品是_____(填写最主要的3种)

主营农产品近3年来的市场变化情况是:_____①变小 ②不变 ③变大

主营产品在本地市场(县域)的销售比例是_____%

19. 联合社是否要求成员单位按照联合社要求实行标准化生产? _____①是 ②否

20. 联合社有无统一商标品牌? _____①是 ②否

联合社产品品牌的知名度如何? _____①较低 ②一般 ③较高

21. 联合社现在是否是独立核算单位? _____①是 ②否

联合社有无亏本? _____①有 ②无

联合社有无盈利? _____①有 ②无

如果有盈利,如何分配? _____①完全按交易量分配 ②完全按股份分配 ③同时考虑交易量和股份因素,两者的分配比例是_____

22. 近2年来,联合社的平均利润率是_____①小于5% ②6%—10%

③11%—20%　④大于20%

联合社社员收入与当地农民平均水平相比较_____①小于　②持平　③略多　④较多

23. 联合社是否有严格的财务管理规章制度?　_____①有　②否

联合社是否有专职财务工作人员(如会计、出纳等)?　_____①有　②否

联合社的会计资料是否完整?　_____①很不完整　②较完整　③很完整

24. 联合社是否向成员合作社公开财务和运营情况?　_____①是　②否

公开情况:①全部公开 ②部分公开 _____(注明向哪一级公开)③不公开

25. 联合社是否有各成员合作社的资金账户?　_____①是　②否

联合社是否有各成员合作社的产品交易记录?　_____①是　②否

联合社是否有各成员合作社的农资交易记录?　_____①是　②否

五、联合社提供的服务

26. 联合社给各成员合作社提供产前农资采购服务吗?　_____①是　②否

27. 联合社给各成员合作社提供产中农技服务和农业培训吗?　_____①是　②否

28. 联合社给各成员合作社提供产后销售服务吗?　_____①是　②否

29. 联合社给各成员合作社提供运输、加工与储藏服务吗?　_____①是　②否

30. 联合社给各成员合作社提供资金服务吗?　_____①是　②否

31. 联合社是否有资金互助业务?　_____①是　②否

32. 联合社提供公共服务吗?　_____①是　②否

如果提供,提供的公共服务共有_____种(请详细说明_____)

33. 联合社对基础设施和公益事业的投入程度?　_____①没有　②较少　③较多

34. 联合社是否进行固定资产投资?　_____①是　②否

如果选择"是",投资资金来自_____①政府项目　②自筹

35. 联合社年培训人员数量是_____人次,联合社解决的就业人数有_____人。

六、联合社发展的外部环境

36. 联合社在成立过程中是否得到了政府的支持？ _____ ①没有 ②有支持,力度一般 ③有支持,力度很大。支持的具体情况是：_____

37. 政府在联合社运作过程中是否存在行政干预？ _____ ①没有 ②很少干预 ③较多干预

干预的具体情况是：_____

38. 联合社与产业上下游的关系_____ ①稳定 ②不稳定

39. 联合社在销售过程中是否经常遇到买方降价的情况？ _____ ①是 ②否

40. 联合社在生产经营过程中是否经常遇到违约和欺骗的情况？ _____ ①是 ②否

七、联合社存在的问题

41. 联合社在内部运作方面存在问题吗？各个合作社发展水平不一样对联合社的发展有影响吗？联合社在做决策时的效率如何？

_____

_____

42. 联合社在资金、用地、设备方面存在困难吗？需要政府的哪些帮助？

_____

_____

43. 联合社现在最缺哪方面的人才？您觉得如何解决最好？

_____

_____

44. 联合社还存在其他问题吗？请您详细谈谈。

_____

_____

八、联合社发展前景

45. 合作社抱团成立联合社的作用明显吗? 与单个合作社相比,联合社现在已经体现出哪些优越性? 请具体举例子。

_____

_____

46. 请谈谈联合社未来的发展规划。您看好联合社的未来发展吗?

_____

_____

47. 联合社现在主要和政府哪些部门联系? 政府支持的方式怎样? 政府支持是否有改进的空间?

_____

_____

48. 您觉得需要出台联合社的相关法律法规吗? 您有什么建议?

_____

_____

感谢您的支持和配合!

后 记

　　本书是在国家社会科学基金青年项目"契约选择视角下的农民专业合作社联合社运行机制研究及其政策设计"(13CJY080)的研究总报告基础上修改完善而成的。本书的出版,既是对此次研究项目的系统性总结,也是对我十余年来从事农村合作经济研究在认识上的一次梳理。

　　从2007年7月1日颁布实施《中华人民共和国农民专业合作社法》至2017年,正好10个年头。这一阶段,正是我国农民专业合作社发展的黄金10年。2007年,我正在中国人民大学从事硕士研究生阶段的学习,在导师的指导下,初次接触到农民专业合作社这一研究领域,当时我国合作社的发展才刚刚起步,全国在工商部门登记的合作社数量仅为2.6万家,对于很多农民来说,合作社还属于新鲜事物。此时,关于合作社的研究主要集中在法律的解读、合作社的本质特征、合作社的历史溯源等方面,合作社理论和在中国的发展前景还有待实践检验。

　　进入博士研究生阶段以后,调研次数逐渐增多,我对农民专业合作社案例的积累和感性上的认知也逐步丰富,通过对已有文献的查阅和研读,感性认知逐渐上升到理性思维、理论思维的层面。当时,在国家法律和相关部门的支持和推动下,我国农民专业合作社迅猛发展,2007—2011年合作社数量年均增长率达到111.6%。与此同时,实践中也出现了一些与经典合作社理论不相符的情况,如合作社成员内部出现分化、民主机制与法律规定之间存在矛盾、"挂牌社""空壳社"不断增多等一系列问题,于是关于农民合作社的研究,则主要聚焦在合作社成员"异质性"、合作社中国化、合作社宏观管理等方面,合作社的理论和实践经受了巨大的考验。

　　然而,不论现实和理论之间存在多大的分歧,中国的农民专业合作社就像开闸的水一样,迅速融入到农业农村生产生活的各个角落,成为农业产业的重要支撑、组织管理的有效载体、现代农业的实现保障、农民增收的重要渠道。实践证明,合作社的发展代表了中国农业的发展方向。正如1990年邓小平同志在与中央负责同志谈话中指出的:"中国社会主义农业的改革和发展,从长远的观点看,要有两个飞跃。第一个飞跃,是废除人民公社,实行家庭联产承包为主的责任制。这是一个很大的前进,要长期坚持不变。第二个飞跃,是适应科学种田和生产社会化的需要,发展适度规模经营,发展集体经济。"如今,27年过去了,中国的农业农村正是沿着邓小平"两个飞跃"思想的轨迹在演进着。

　　为了深入研究具有中国特色的农民合作社理论,我将合作社作为博士论文的写作方向,最终确定将契约经济学中的不完全契约理论应用到我国农民专业合作社的研究中去,重点研究了农民合作社的激励问题,期望在理论和现实之间搭起一个桥梁,用于解释中国本土化的合作社理论和实践问题,同时也为合作社领域提供一种新的研究方法。后来,我将博士论文整理成《中国农民合作社运行机制、组织激励与合作绩效——不完全契约视角》一书,在2013年11月由中国农业出版社予以出版。

　　博士研究生毕业以后,我进入到农业部农村经济研究中心工作,幸运的是得到了农村经济研究中心领导和农业部经管总站专业合作处的支持,能够继续从事关于农民专业合作社的研究工作。这一阶段,是我国农民专业合作社多元化、全方位发展的新阶段,合作社股份合作、信用合作、合作联合等开始在基层出现探索和实践,合作社的功能和作用进一步拓展。此时,由于工作性质,我也将研究视角从学术研究转向了政策研究。通过与农业部经管总站专业合作处同志们在一起的调研、交流、讨论和写作使我更加深刻地了解到政策的出台背景及其过程,能够从政策制定方的角度对政策执行过程中出现的问题进行考量,并且站在国家和全局的高度思考解决问题的思路。这对于完善和提升我对农民专业合作社的思考与认识，具有非常重要的帮助和指导意义。此外，走上工作岗位以后，能够有机会主持和参与很多部内外大大小小的课题研究，虽然这些课题涉及农业经营体系、农业产业、农村金融、食品安全、农民收入、农业市场化、城镇化等多个领域，但所幸的是，每次到农村调研，都绕不开农民专业合作社这一重要的农业生产经营主体，而且可以经常下到农民专业合作社内部就不同的调研主题进行实地调查与访谈，这为我从农业、农村的各个方面和不同视角了解农民专业合作社的地位、作用、运行机制、发展方向以及政策支持等问题，提供了丰富且全面的一手材料。

对农民专业合作社联合社的关注也是源于一次课题研究项目的调研。后来在调查研究中发现基层的联合社逐渐多了起来，有些是合作社自己意识到联合起来会更有优势，有些是市场环境倒逼合作社之间开展联合和合作，有些是在地方农业部门的指导下开展的联合与合作。不管成立初衷怎样，都表明合作社的发展有了新的需求和方向。这种需求是内生的、自发的，既符合事物发展规律，也与市场经济和农业市场化的方向相一致，因此必须研究清楚其内生机制与发展规律，并从政策层面加以保护和引导。于是，我便申请了国家社会科学基金青年项目的支持。

从接到项目支持到本书成稿，共分为三个阶段。第一阶段是利用各种调研机会，到全国各地开展广泛的调研，搜集各种类型的农民专业合作社联合社的案例，掌握国内联合社的发展动态，整理出各种联合社的案例报告，这个阶段大约为3年时间。第二阶段是在充分占有一手资料和感性认识的基础上，根据项目研究思路和写作框架，完成项目报告的写作工作。第三阶段是充分开展讨论和交流，并与国内外合作社研究领域的专家交换意见，结合农民专业合作社法颁布10周年之际的修法讨论，完善和丰富项目报告，并最终成稿。

在项目研究及书稿出版的过程中，得到了很多人的关心、帮助和支持。感谢对我的工作和生活给予极大关怀的韩长赋教授，感谢引导我进入合作社研究领域的孔祥智教授；感谢农业部农村经济研究中心的领导和同事对我工作的大力支持;感谢农业部经管总站赵铁桥副站长和专业合作处的支持;感谢在调研途中提供支持和帮助的地方领导、合作社理事长和朋友们;感谢人民日报出版社刘天一编辑对书稿耐心细致的编辑与指导。最后,由衷地感谢我的妻子陈瑜及所有亲友的支持与付出。

　　农民合作社是一份事业。在从事合作社研究的时间里,有幸认识了很多关心、支持和为中国合作社事业辛苦付出的官员、学者、合作社理事长、企业家、农民朋友及社会有识之士,正是因为大家有共同的愿景并付出努力,合作思想才能得到广泛的传播与认可,中国的合作社事业才能发展得如此迅速。我也将继续关注和支持中国农民合作社的本土化发展,力尽自己的绵薄之力。

　　在本书即将出版之际,衷心祝愿中国农民合作社事业越来越红火。

谭智心

2017 年 10 月 23 日于北京